川派中医药名家系列丛书

曾彦适

曾上劼　编著

U0736740

中国中医药出版社
·北　京·

图书在版编目（CIP）数据
川派中医药名家系列丛书．曾彦适 / 曾上劼编著．—北京：
中国中医药出版社，2022.4
ISBN 978-7-5132-6652-9

Ⅰ．①川… Ⅱ．①曾… Ⅲ．①曾彦适—生平事迹②中
医临床—经验—中国—现代 Ⅳ．① K826.2 ② R249.7

中国版本图书馆 CIP 数据核字（2021）第 006488 号

中国中医药出版社出版
北京经济技术开发区科创十三街 31 号院二区 8 号楼
邮政编码　100176
传真　010-64405721
廊坊市祥丰印刷有限公司印刷
各地新华书店经销

开本 710×1000　1/16　印张 14　彩插 0.5　字数 235 千字
2022 年 4 月第 1 版　2022 年 4 月第 1 次印刷
书号　ISBN 978－7－5132－6652－9

定价　59.00 元
网址　www.cptcm.com

服 务 热 线　010-64405510
购 书 热 线　010-89535836
维 权 打 假　010-64405753

微信服务号　zgzyycbs
微商城网址　https://kdt.im/LIdUGr
官 方 微 博　http://e.weibo.com/cptcm
天猫旗舰店网址　https://zgzyycbs.tmall.com

慈祥和蔼的曾彦适先生晚年照

1962年沈绍九成都的八个弟子合影

（前排左一为曾彦适，后排左一为曾彦适夫人李霁云）

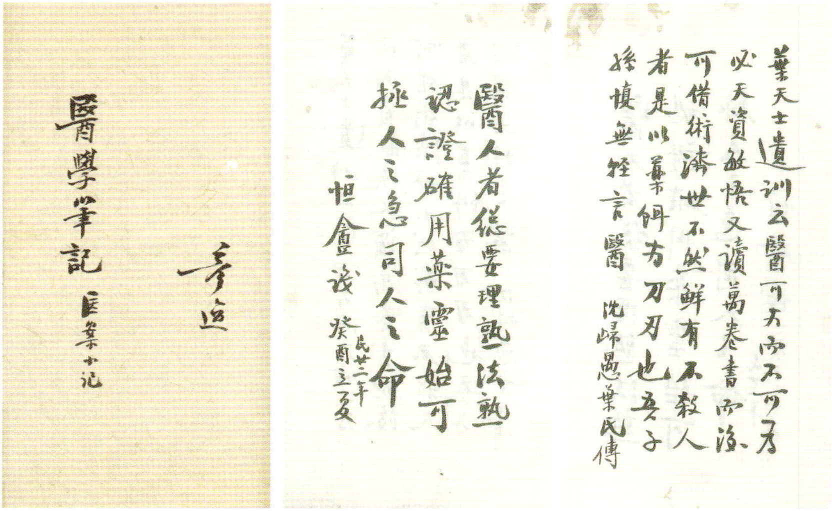

曾彦适先生在其《恒盦医学笔记》扉页题字手迹

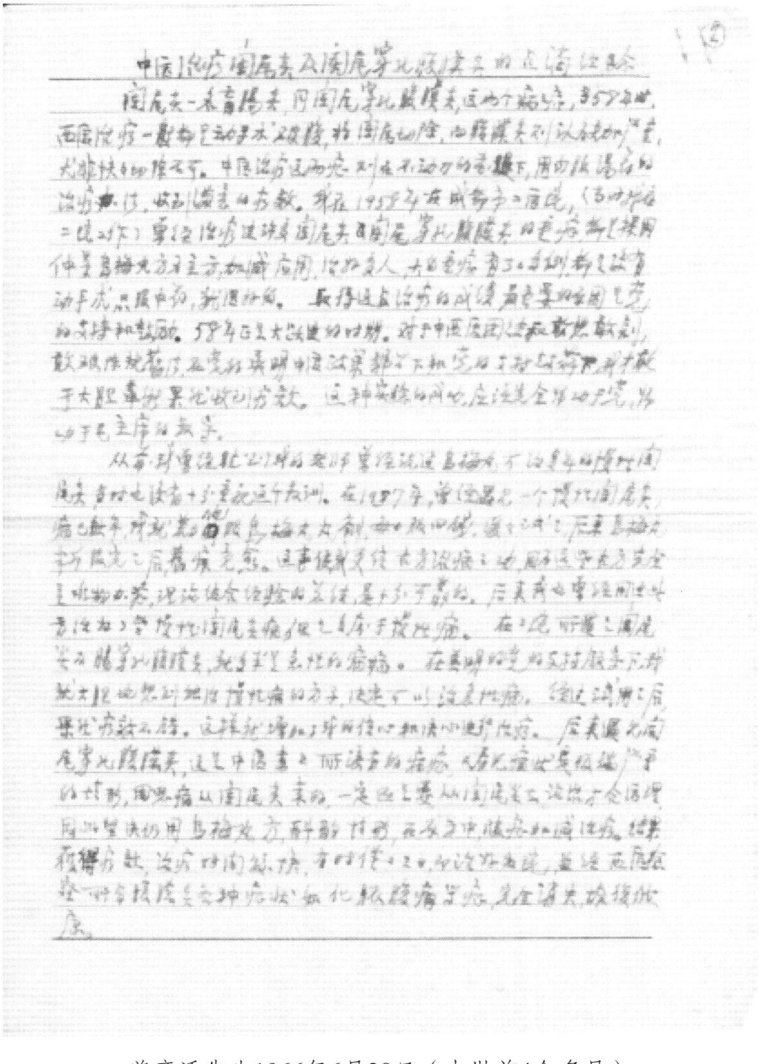

曾彦适先生1966年6月28日（去世前4个多月）

在成都中医进修学校二班的讲话手稿（1）

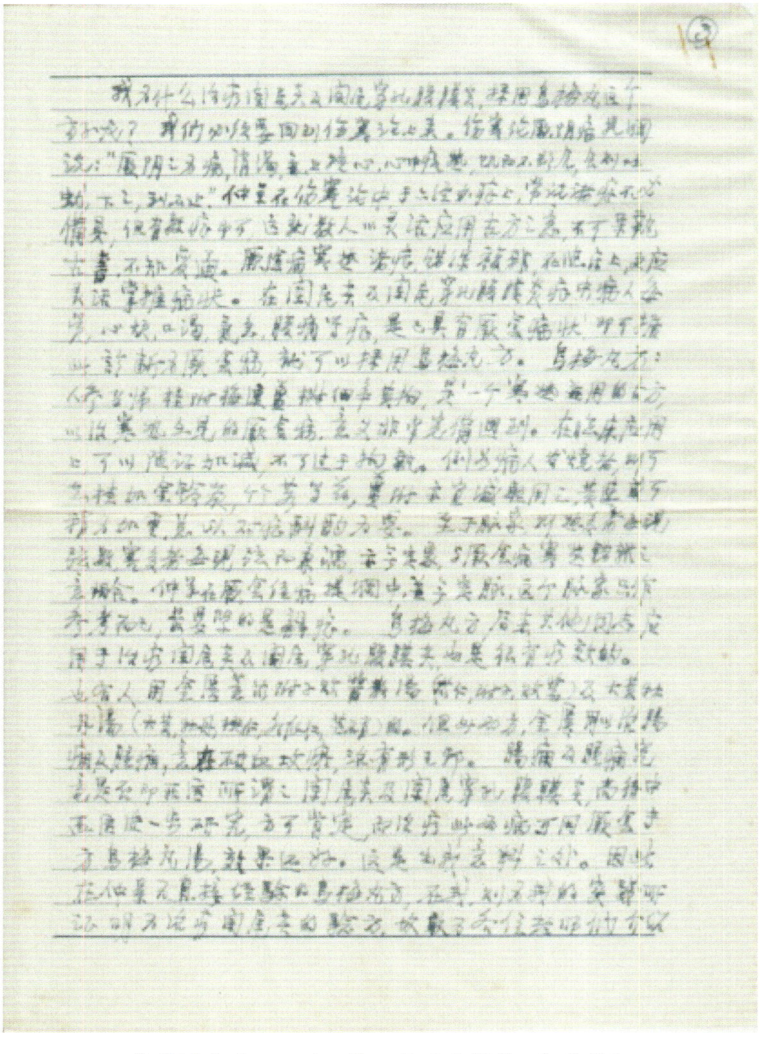

曾彦适先生1966年6月28日（去世前4个多月）

在成都中医进修学校二班的讲话手稿（2）

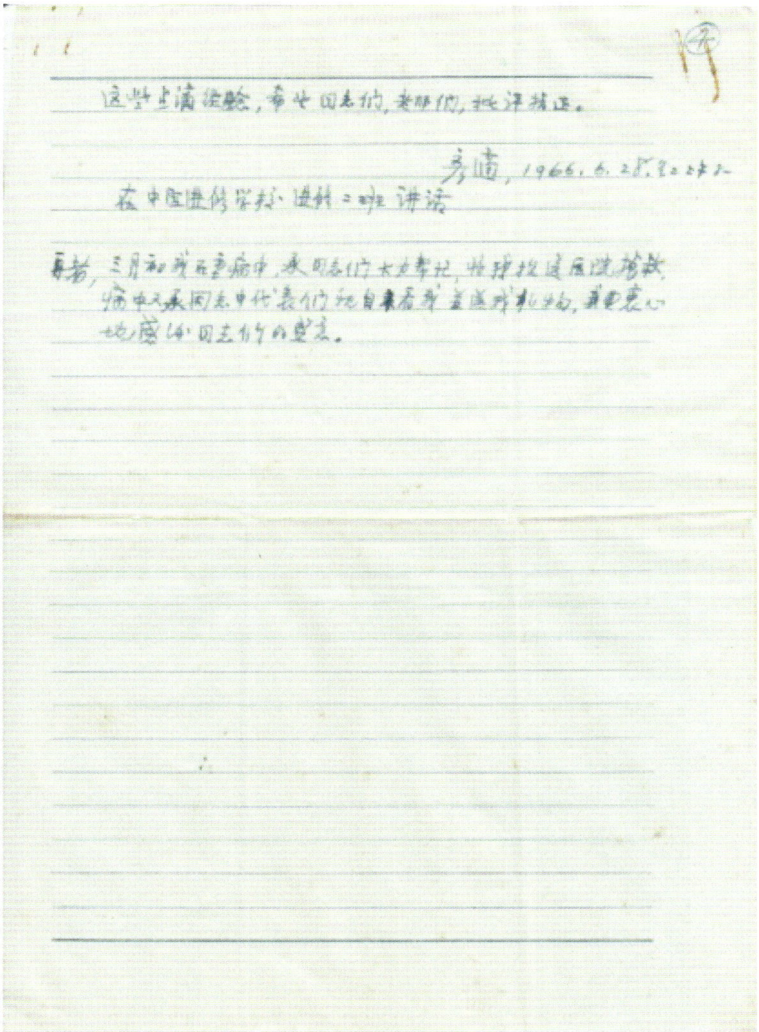

曾彦适先生1966年6月28日（去世前4个多月）

在成都中医进修学校二班的讲话手稿（3）

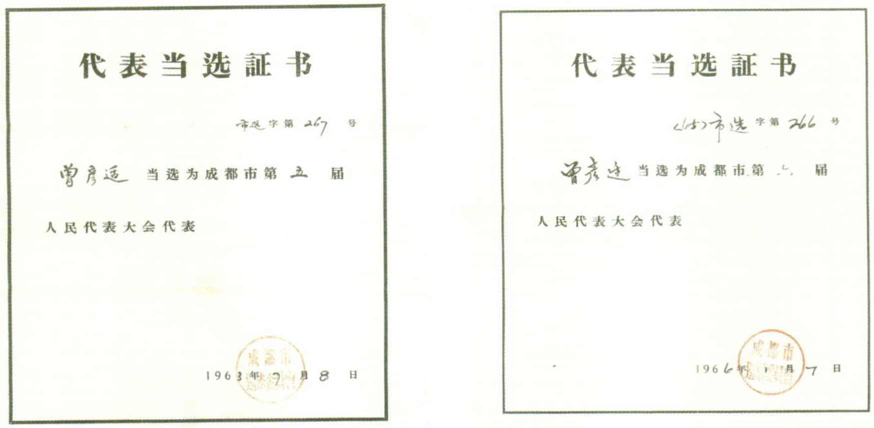

代表当选証书

市选字第 267 号

曾彦适 当选为成都市第 五 届

人民代表大会代表

1963年7月8日

代表当选証书

(66)市选字第 266 号

曾彦适 当选为成都市第 六 届

人民代表大会代表

1966年1月7日

曾彦适先生分别于1963年7月和1966年1月，当选成都市第五届和第六届人民代表大会代表。这两份是当时的“代表当选证书”。

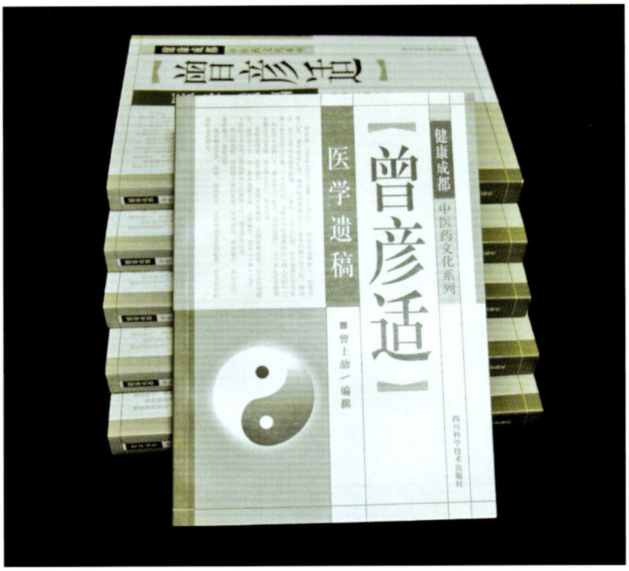

《曾彦适医学遗稿》（四川科学技术出版社2015年11月出版）书影

《川派中医药名家系列丛书》编委会

总 主 编：田兴军　杨殿兴
副总主编：杨正春　张　毅　和中浚
编写秘书：彭　鑫　贺　莉

《曾彦适》

编著：曾上劼

总序——加强文化建设，唱响川派中医

四川，雄踞我国西南，古称巴蜀。成都平原自古就有天府之国的美誉，天府之土，沃野千里，物华天宝，人杰地灵。

四川号称“中医之乡”“中药之库”，巴蜀自古出名医、产中药。据历史文献记载，从汉代至清代，见诸文献记载的四川医家有1000余人，川派中医药影响医坛2000多年，历久弥新；川产道地药材享誉国内外，业内素有“无川（药）不成方”的赞誉。

医派纷呈　源远流长

经过特殊的自然、社会、文化的长期浸润和积淀，四川历代名医辈出，学术繁荣，医派纷呈，源远流长。

汉代以涪翁、程高、郭玉为代表的四川医家，奠定了古蜀针灸学派。郭玉为涪翁弟子，曾任汉代太医丞。涪翁为四川绵阳人，曾撰著《针经》，开巴蜀针灸先河，影响深远。1993年，在四川绵阳双包山汉墓出土了最早的汉代针灸经脉漆人；2013年，在成都老官山汉墓再次出土了汉代针灸漆人和920支医简，带有“心”“肺”等线刻小字的人体经穴髹漆人像是我国考古史上的首次发现，应是我国迄今发现的最早、最完整的经穴人体医学模型，其精美程度令人咋舌！这又一次证明了针灸学派在巴蜀有悠久的历史，影响深远。

四川山清水秀，名山大川遍布。道教的发祥地青城山、鹤鸣山就坐落在成都市。青城山、鹤鸣山是中国的道教名山，也是中国道教的发源地之一，自东汉以来历经近2000年，不仅传授道家的思想，道医的学术思想也因此启蒙产生。道家注重炼丹和养生，历代蜀医多受影响，一些道家也兼行医术，如晋代蜀医李常在、李八百，宋代皇甫坦，以及明代著名医家韩懋（号飞霞道人）等，可见丹道医学在四川影响之深远。

川人好美食，以麻、辣、鲜、香为特色的川菜享誉国内外。川人性喜自在休闲，养生学派也因此产生。长寿之神——彭祖，号称活了800岁，相传他经历了尧、舜、夏、商诸朝，据《华阳国志》载，“彭祖本生蜀”“彭祖家其彭蒙”，由此推断，彭祖不但家在彭山，而且他晚年也落叶归根于此，死后葬于彭祖山。彭祖山坐落在眉山市彭山县。彭祖的长寿经验在于注意养生锻炼，他是我国气功的创始人，其健身法被后人写成“彭祖导引法”。他善烹饪之术，创制的“雉羹之道”被誉为“天下第一羹”，屈原在《楚辞·天问》中写道：“彭铿斟雉，帝何飨？受寿永多，夫何久长？”这也反映了彭祖在推动我国饮食养生方面做出了重要贡献。五代至北宋初年，四川安岳人陈希夷，为著名的道教学者，著有《指玄篇》《胎息诀》《观空篇》《阴真君还丹歌注》等。他注重养生，强调内丹修炼法，将黄老的清静无为思想、道教修炼方术和儒家修养、佛教禅观会归一流，被后世尊称为“睡仙”“陈抟老祖”。现安岳县有保存完整的明代陈抟墓，以及陈抟的《自赞铭》，这是全国独有的实物。

四川医家自古就重视中医脉学，成都老官山汉墓出土的汉代医简中就有《五色脉诊》（原有书名）一书，其余几部医简经初步整理暂定名为《敝昔医论》《脉死候》《六十病方》《病源》《经脉书》《诸病症候》《脉数》等。经学者初步考证推断这极有可能为扁鹊学派已经亡佚的经典书籍。扁鹊是脉学的倡导者，而此次出土的医书中脉学内容占有重要地位，一起出土的还有用于经脉教学的人体模型。唐代杜光庭著有脉学专著《玉函经》3卷，后世王鸿骥的《脉诀采真》、廖平的《脉学辑要评》、许宗正的《脉学启蒙》、张骥的《三世脉法》等，均为脉诊的发展做出了贡献。

昝殷，唐代四川成都人。昝氏精通医理，通晓药物学，擅长妇产科。唐大中年间，他将前人有关经、带、胎、产及产后诸症的经验效方及自己临证验方共378首，编成《经效产宝》3卷，是我国最早的妇产科专著。该书与北宋时期著名妇产科专家杨康侯（四川青神县人）编著的《十产论》等一批妇产科专论一起奠定了巴蜀妇产学派的基石。

宋代，以四川成都人唐慎微为代表撰著的《经史证类备急本草》，集宋代本草之大成，促进了本草学派的发展。宋代是巴蜀本草学派的繁荣发展时期，陈承的《重广补注神农本草并图经》，孟昶、韩保昇的《蜀本草》等，丰富、发展了本草学说，明代李时珍的《本草纲目》正是在此基础上产生的。

宋代也是巴蜀医家学术发展最活跃的时期。四川成都人、著名医家史崧献出了家藏的《灵枢》，校正并音释，名为《黄帝素问灵枢经》，由朝廷刊印颁行，为中医学发展做出了不可估量的贡献，可以说，没有史崧的奉献就没有完整的《黄帝内经》。虞庶撰著的《难经注》、杨康侯的《难经续演》，为医经学派的发展奠定了基础。

史堪，四川眉山人，为宋代政和年间进士，官至郡守，是宋代士人从医的代表人物之一，与当时的名医许叔微齐名，其著作《史载之方》为宋代重要的名家方书之一。同为四川眉山人的宋代大文豪苏东坡，也有《苏沈内翰良方》（又名《苏沈良方》）传世，是宋人根据苏轼所撰《苏学士方》和沈括所撰《良方》合编而成的中医方书。上述著作加之明代韩懋的《韩氏医通》等方书，一起成为巴蜀医方学派的代表。

四川盛产中药，川产道地药材久负盛名。以回阳救逆、破阴除寒的附子为代表的川产道地药材，既为中医治病提供了优良的药材，也孕育了以附子温阳为大法的扶阳学派。清末四川邛崃人郑钦安提出了中医扶阳理论，他的《医理真传》

《医法圆通》《伤寒恒论》为奠基之作，开创了以运用附、姜、桂为重点药物的温阳学派。

清代西学东渐，受西学影响，中西汇通学说开始萌芽。四川成都人唐宗海以敏锐的目光捕捉西学之长，融汇中西，撰著了《血证论》《医经精义》《本草问答》《金匮要略浅注补正》《伤寒论浅注补正》，后人汇为《中西汇通医书五种》，成为“中西汇通”的第一种著作，这也是后来人们将主张中西医兼容思想的医家称为“中西医汇通派”的由来。

名医辈出　学术繁荣

中华人民共和国成立后，历经沧桑的中医药受到党和国家的高度重视，在教育、医疗、科研等方面齐头并进，一大批中医药大家焕发青春，在各自的领域里大显神通，中医药事业欣欣向荣。

四川中医教育的奠基人——李斯炽先生，在 1936 年创立了“中央国医馆四川分馆医学院”，简称“四川国医学院”。该院为国家批准的办学机构，虽属民办但带有官方性质。四川国医学院也是成都中医学院（现成都中医药大学）的前身，当时会集了一大批中医药的仁人志士，如内科专家李斯炽、伤寒专家邓绍先、中药专家凌一揆等，还有何伯勋、杨白鹿、易上达、王景虞、周禹锡、肖达因等一大批蜀中名医，可谓群贤毕集，盛极一时。该学院共招生 13 期，培养高等中医药人才 1000 余人，这些人后来大多数都成了中华人民共和国成立后的中医药界领军人物，成为四川中医药发展的功臣。

1955 年国家在北京成立了中医研究院，1956 年在全国西、北、东、南各建立了一所中医学院，即成都中医学院、北京中医学院、上海中医学院、广州中医学院。成都中医学院第一任院长由周恩来总理亲自任命。李斯炽先生继创办四川国医学院之后又成为成都中医学院的第一任院长。成都中医学院成立后，在原国医学院的基础上，又会集了一大批有造诣的专家学者，如内科专家彭履祥、冉品珍、彭宪章、傅灿冰、陆干甫；伤寒专家戴佛延；医经专家吴棹仙、李克光、郭仲夫；中药专家雷载权、徐楚江；妇科专家卓雨农、曾敬光、唐伯渊、王祚久、王渭川；温病专家宋鹭冰；外科专家文琢之；骨科、外科专家罗禹田；眼科专家陈达夫、刘松元；方剂专家陈潮祖；医古文专家郑孝昌；儿科专家胡伯安、曾应台、肖正安、吴康衡；针灸专家余仲权、薛鉴明、李仲愚、蒲湘澄、关吉多、杨介宾；医史专家孔健民、李介民；中医发展战略专家侯占元等，真可谓人才济济，群星灿烂。

北京成立中医高等院校、科研院所后，为了充实首都中医药人才的力量，四川一大批中医名家进驻北京，为国家中医药的发展做出了巨大贡献，也展现了四川中医的风采！如蒲辅周、任应秋、王文鼎、王朴城、王伯岳、冉雪峰、杜自明、李重人、叶心清、龚志贤、方药中、沈仲圭等，各有精专，影响广泛，功勋卓著。

北京四大名医之首的萧龙友先生，为四川三台人，是中医界最早的学部委员（院士，1955 年）、中央文史馆馆员（1951 年），集医道、文史、书法、收藏等于一身，是中医界难得的全才！其厚重的人文功底、精湛的医术、精美的书法、高尚的品德，可谓“厚德载物”的典范。2010 年 9 月 9 日，萧龙友先生诞辰 140 周年、逝世 50 周年，故宫博物院在北京隆重举办了“萧龙友先生捐赠文物精品展”，以缅怀先生，并表彰先生的收藏鉴赏水平和拳拳爱国情怀。萧龙友先生是一代举子、一代儒医，精通文史，书法绝伦，是中国近代史上中医界的泰斗、国学家、教育家、临床大家，是四川的骄傲，也是吾辈的楷模！

追源溯流　振兴川派

时光飞转，掐指一算，我自 1974 年赤脚医生的“红医班”始，到 1977 年大学学习、留校任教、临床实践、跟师学习、中医管理，入中医医道已 40 余年，真可谓弹指一挥间。俗曰：四十而不惑。在中医医道的学习、实践、历练、管理、推进中，我常常心怀感激，心存敬仰，常有激情和冲动，其中最想做的一件事就是将这些中医药实践的伟大先驱者，用笔记录下来，为他们树碑立传、歌功颂德！缅怀中医先辈的丰功伟绩，分享他们的学术成果，继承不泥古，发扬不离宗，认祖归宗，又学有源头，师古不泥，薪火相传，使中医药源远流长，代代相传，永续发展。

今天，时机已经成熟，四川省中医药管理局组织专家学者，编著了大型中医专著《川派中医药源流与发展》，横跨近2000年的历史，梳理中医药历史人物、著作，以四川籍（或主要在四川业医）有影响的历史医家和著作为线索，厘清历史源流和传承脉络，突出地方中医药学术特点，认祖归宗，发扬传统，正本清源，继承创新，唱响川派中医药。其中，"医道溯源"是以清代以前的川籍或在川行医的中医药历史人物为线索，介绍医家的医学成就和学术精华，作为各学科发展的学术源头。"医派流芳"是以近现代著名医家为代表，重在学术流派的传承与发展，厘清流派源流，一脉相承，代代相传，源远流长。

我们在此基础上，还编著了"川派中医药名家系列丛书"，汇集了一大批近现代四川中医药名家，遴选他们的后人、学生等整理其临床经验、学术思想，编辑成册。丛书拟选择100人，这是一批四川中医药的代表人物，也是难得的宝贵文化遗产。今天，经过大家的齐心协力终于得以付梓。在此，对为本系列书籍付出心血的各位作者、出版社编辑人员一并致谢！

由于历史久远，加之编撰者学识水平有限，书中罅、漏、舛、谬在所难免，敬望各位同人、学者，提出宝贵意见，以便再版时修订提高。

中华中医药学会　副会长
四川省中医药学会　会　长
四川省中医药管理局　原局长　杨殿兴
成都中医药大学　教授、博士生导师

2015年春于蓉城雅兴轩

自序

阅读着恩师曾彦适老师嫡孙——曾上劼编著的《川派中医药名家系列丛书·曾彦适》书稿，很容易把我的思绪拉回到 50 多年前。1962 年我拜师于恩师门下，跟师学习传统中医的那些难忘场景，历历在目，记忆犹新。恩师最为传统的中医教育对我整个行医生涯起到非常重要的作用。

我在拜师之前，已经接受过较为系统的西医学教育，让我感到意外的是，恩师并不排斥西医。他受过较好的中西文化教育，对待整个医学问题有着开阔的视野。恩师学习中医时，受过当时成都地区著名老中医沈绍九师爷、彭香谷师爷的教导，更有着自身 30 多年的临床经验积累，临床诊治疾病多能获得很好的疗效。但是恩师并不自满，他不断收集、整理、学习各种医疗技能，对于西医学更是一如既往地坚持学习。最令我这个徒弟佩服的是，恩师总能遵循传统中医辨证施治的原则，解决多种西医非常棘手的疾病，取得非常好的临床效果。如阑尾炎、蛛网膜下腔出血、尿潴留、老年性慢性支气管炎等。恩师遗作“中医治愈肠痈（阑尾炎、穿破腹膜炎）报告”，实为外科急症应用中医药非手术治疗的先驱。

恩师曾亲自带着我进行中医临床实践，甚至还带着我远赴重庆会诊疑难重症。恩师耳提面命地指导我的处方用药，传授他数十年来的丰富临床经验，让我获益匪浅。在这样的跟师学习过程当中，我充分吸收着恩师丰富的中医临床经验，体会恩师的学术思想，不断把恩师丰富的临床经验和学术思想，融入我的中医临床及中医教学实践当中，获得很好的医疗和教学效果。

1987 年，我根据自己跟师学习经历和临床实践的体会，撰写了“曾彦适老师学术思想及临床经验简介”，从辨证精当、药善温补、补泻有度、治疗手段多样四个方面重点介绍了恩师的主要学术思想和临床经验。这篇文章发表于《四川中医》1987 年第 10 期，这不仅是徒弟对恩师学术思想和临床经验的总结，更是作为徒弟的我对恩师的深切怀念。

值得庆幸的是，恩师嫡孙曾上劼能够继承祖业，刻苦学习，勤于实践，谦虚求教，作为恩师弟子的我和温如秀老师都毫无保留地把恩师对我们的教诲传授于他。除此之外，他还接受师母李霁云老师的教导。1980 年，他从成都中医学校（今已并入成都大学医护学院）以优异的成绩毕业之后，被分配到成都市第一人民医院（亦即成都市中西医结合医院），又师从恩师挚友王文雄老师，继续接受传统中医的熏陶。看着他在中医领域的不断成长，我和温如秀老师都由衷地高兴。

曾上劼现在已经是主任中医师，并先后获得“成都市名中医”和“四川省名中医”的荣誉称号。他于 2015 年编撰了《曾彦适医学遗稿》，由四川科学技术出版社出版发行，现又编著本书。从恩师的生平简介、临床经验、学术思想、学术传承、论著提要、学术年谱等方面综合论述了恩师的中医生涯，这是一件非常值得肯定和赞扬的事情。相信本书能够对继承和发扬传统中医有较好的借鉴作用。受曾上劼医生之邀，欣然为此序。

曾彦适亲炙弟子

白淑仪　时年八十三

2020 年 10 月

白淑仪简介：主任中医师。1962 年拜师曾彦适先生门下。曾任成都中医学校（即 1976 年之前的成都中医进修学校，后于 2006 年并入成都大学医护学院）校长，全国中医药职业技术教育学会理事，四川省中医药学会理事，四川省卫技高职评委会委员、专业组副组长，成都中医药学会副理事长。她在校期间执教《伤寒论》、中医内科学等基础课程，编写全国统编教材，并一直从事中医临床工作到现在，深受患者好评和同道们的敬重。

温序

恩师曾彦适先生辞世已经有 50 多年了，在这 50 多年里，每当我回想起拜师受业与恩师亲密接触的学习生活，总是心潮起伏，怀念不已，感慨良多。

恩师是成都地区著名中医师之一，经他救治的患者不计其数，特别是对一些疑难重病，更有“起死回生”的效果。不仅如此，恩师晚年在坚持临床医疗的同时，兼顾中医教学，并响应政府号召，积极以师带徒的形式传授中医学，把他高超的临床医疗技术结合在中医教学工作中，对我们后学者产生了巨大的影响。

我有幸成为恩师的亲炙弟子，按照当时的跟师要求，必须“随身”而且“带心”向恩师学习。在 5 年的中医基础理论知识的学习过程中，恩师更多的是以理论联系实际的方式，亲临一线指导徒弟临床实践。恩师还经常在课余闲话之时，给徒弟传授他颇有心得的典型临床案例及临床经验。这样既紧张又活泼的学习生活，使我耳濡目染地接受着恩师的中医教育。这些犹如涓涓细流，汇集成江河，使我辨证施治的思维和技能得到不断提升。

我的中医成长倾注着恩师的心血，恩师在对我水滴石穿、润物无声的中医教育过程中，让我学习并逐步掌握了恩师的一些中医诊疗技巧。不仅如此，我更感受到了恩师诊治疾病认真负责、非常尊重个体生命状态、全心全意为患者服务的高尚医德。

恩师嫡孙曾上劼有幸继承祖业，从事中医临床工作，并取得了很好的成绩，现为成都市第一人民医院（成都市中西医结合医院）主任中医师、四川省名中医。我为他在学习和继承传统中医道路上的进步感到非常高兴。继2015年他完成《曾彦适医学遗稿》的编撰工作之后，又编著此书，系统而有条理地论述恩师的临床经验，总结出恩师在中医学上“对生命状态的养生健康观、对证候状态的病机要点观、对病机要点的灵活调治观、对疾病状态的分步治疗观”等学术思想。作为恩师亲炙弟子的我，感到莫大的欣慰，庆幸恩师的医疗技术、学术思想后继有人。

衷心期望曾上劼医生能在中医学的继承和发展中更有建树，做出更大的贡献，服务人民，造福社会。以此殷切的希望和嘱托为之序。

曾彦适亲炙弟子

温如秀　时年七十八岁

2020年11月

温如秀简介：主治中医师。1960年拜师曾彦适先生门下，一直坚持基层中医临床工作。曾担任成都市职工中医研究会常务理事。1997年曾被聘为成都中医药大学附属门诊的专职医生，工作到现在。她的诊疗风格深受曾彦适先生影响，专注于中医技术，疗效颇佳。更引领先生嫡孙拓展有着“刺络泻邪”特色的中医刮痧术的研究和临床应用。

前言

2015年，我在父亲曾远期及各位亲友的协助下，编撰了《曾彦适医学遗稿》。此书不仅完成了《健康成都系列丛书》的中医文献收集整理的任务，而且把先祖父几十年积累践行传统中医学的点点滴滴，通过文献的形式进行了一次较好的梳理，让承载着先祖父学术思想和临床经验的重要文献资料得到较好的保存与继承。恰逢此时，在2015年7月又有四川省中医药管理局发标的“川派中医药名家学术思想及临床经验研究专项”课题摆在了我的面前，我以“曾彦适中医学术思想及临床经验总结研究”为题中标。

我申请这一课题的初衷，在于先祖父是一位被社会认可的四川省名中医，我又刚刚完成能够充分反映其临床经验和学术思想的《曾彦适医学遗稿》的编撰，掌握着丰富而有条理的材料，更有我接受科班中医教育的同时，不断受着以家传和师传教育为特点的传统中医氛围影响，还有我在40年间从事中医临床工作中的深切体会与感悟。

2009年至2011年，我先后中标“四川省中医药‘治未病’中心健康工程项目”和“成都地区中医健康管理体系建设方案研究”课题。我认为以中医养生理念和方法对健康状态的维护，以及用各项中医适宜技术对人体功能失调状态有效调理，可以积极有效地防治各种疾病，甚至一些重大器质性疾病，在预防医学领域具有显著优势。我以这一观点立论，在课题中建立起有中医特色的健康评估、健康教育、健康干预的中医健康管理工作程序，受到相关专家的肯定。“成都地区中医健康管理体系建设方案研究”课题获得了“研究水平居省内领先”的评价。2019年3月，成都中医药学会对中医健康管理专业委员会进行了改组，由我担任主任委员，正式改名为“成都中医药学会中医健康管理专科分会”，让中医健康管理体系在成都地区有了学科建设的雏形。鉴于此，我认为很有必要利用“川派中医药名家学术思想及临床经验研究专项”课题机会，对我刚刚编撰完成的《曾彦适医学遗稿》的相关资料，结合我们后辈的实践体会，对先祖父丰富临床经验、学术思想再进行一次深入分析与研究，总结出更具学术价值、更有效指导临床工作的学术成果。

在20世纪30年代至70年代，像先祖父这样的大多数传统中医医生都身处大时代变迁之中，社会医疗条件极差，同时受着外来文化和外来医疗技术的干扰，全凭着师父的口传心授，加上自身对古代医学文献的不断研修，通过漫长而艰苦的临床实践积累，最终才成为一方名医。这样一条名医之路，更多的是在深厚的中国传统文化根基中，通过他们在医学领域不断辛勤耕耘而造就的。这样的成就，对于中医学的继承与发展弥足珍贵，非常值得深入研究。

先祖父作为一代名中医中的一员，出身书香门第，禀性聪颖，启蒙于私塾，有着深厚的国学基础。在青年时期，受过西方文化的陶冶，20世纪20年代初，他在上海圣约翰大学文学系就读时，曾担任过校学生英语辩论会主席，养成了讲求实际、善于思辨的学风。在他与先祖母李霁云组建家庭之后，由于连续丧子，悲痛至极，夫妇俩乃奋而学医。先祖父母师从当时成都地区一流名医沈绍九祖师爷和彭香谷祖师爷，在名师的指点之下，先祖父母从理论到实践都有了扎实的中医学基础。特别是先祖父经过他自己几十年不间断的中医临床历练，积累了丰富的临床经验，形成自己的诊治风格和临床特色。

先祖父在临床工作中，特别能够谨遵师训，重视在辨证施治中，准确把握证候的病机要点。面临重危病证，他既能大胆使用重剂温热毒性药物（比如三生饮）成功救治病势垂危的老年患者（被人赞誉为“火神菩萨”）；也能果敢使用大剂寒凉（如神犀丹）解救高热昏厥的小儿。对待疑难病证，其手段更是出奇。比如，他既能巧妙使用经方乌梅丸加减成功救治阑尾炎、阑尾穿孔腹膜炎急腹症患者；也善用偏方验方，以狗口涎解救需要手术才能治疗的鸡骨卡喉患者。如此等等，都彰显着先祖父的技术特长。除此之外，先祖父还能将自己学习和践行的中医学经历，融入后半生的中医教学之中，并以师徒传授方式有效带教学徒。这些都是先祖父独具的中医学特色，实为川派名医之一角。

先祖父晚年从事中医教学工作时有较充足的精力总结自己的学术经验，撰写临床经验总结，编撰临证医案、教案等有学术价值的论文，最终形成了先祖父重视生命、针对证候及不同病机要点，灵活调治各种人体失调功能状态治疗疾病的中医学术思想。

本课题的研究关键，在于以什么样的方式，从什么样的角度去认识、分析、研究先祖父丰富的临床经验和学术思想。

作为先祖父嫡孙的我，有幸从事家传师授的传统中医工作。在我自己的传统中医生涯中，始终秉承家传，严守师训，恪守中医辨证施治原则。40 年来，我坚持工作在中医临床一线，充分认识到传统中医最大特色，是其所具有的整体观念和辨证施治的观点与方法。传统中医不仅把人体作为一个有机的整体，而且把人体整个生命状态（包括疾病状态）完全放在整体宏观的自然社会环境中去认识和干预。这种认识更多的是对人体各种功能状态所表现出的寒热虚实等性质、脏腑经络等部位，以及各种变化趋势上的准确辨认——精准辨证，而其治疗干预是在辨证诊断的基础上，按照最朴素的虚则补之、实则泻之、寒则热之、热则寒之等治法，对人体功能状态失调的综合治疗干预，最终让人体恢复和维护能够顺从自然规律生存的养生健康状态。这应该是本课题研究先祖父临床经验和学术思想的根本出发点。

纵览先祖父的中医历程可以清晰地发现，先祖父所有的学术成就都没有背离中医整体观念和辨证施治的观点和方法。因此，以中医整体观念和辨证施治的观点和方法研讨先祖父的临床经验、学术思想及行医经历，既能够充分体现他重视人体整体生命状态，从人体功能失调状态的中医证候入手，灵活巧妙地施展中医技术的医学才华，也能充分体现先祖父成为一方名医的特质。这正是本课题的立论根据，也是编著本书的基本宗旨。

按照“川派中医药名家学术思想及临床经验研究专项”课题要求，本书是对先祖父的生平简介、临床经验、学术思想、学术传承、论著提要、学术年谱等方面的系统研究与总结。我认为通过这样系统综合的研究方式，可以真实反映先祖父在卓有成就的中医临床实践中所积累的丰富临床经验，以及在此基础上建立起来的学术思想，同时可以真实反映先祖父学术思想、临床经验形成的渊源。

我们在深入挖掘、整理、总结先祖父中医临床经验和学术思想的过程中，发现先祖父一生的中医学术成就包括以下几方面：向沈绍九、彭香谷两位祖师爷认真学习、尊师重道、继承传统中医的学医经历；求实认真地继承传统中医的治学态度；坚持中医临床，理论联系实际，获得了非常显著疗效的临床实践历程；以师带徒形式传授白淑仪老师、温如秀老师临床经验、学术思想的教学经验。这样的渊源与背景，对继承发扬传统中医学有很好的借鉴作用，也对我们后辈影响颇深。

本书的大部分资料来自《曾彦适医学遗稿》，我平时记录先祖母李霁云、父亲曾远期、叔父曾道期口述资料，以及这次课题研究期间先祖父亲炙弟子白淑仪、温如秀老师提供的相关文字资料。本书是对这些资料的具体分析、归纳与总结的理性提升，即有效利用这些资料，从先祖父一生遵循和倡导的“认证确”“用药灵”“拯人急”“司人命”行医准则和医者素养的临床实践中，系统研究分析他在中医理、法、方、药、术各个方面的学术造诣，特别研讨先祖父在中医辨证施治过程中，灵活处治各类疾病的重要思路和技巧经验，进而系统阐述先祖父的学术思想。

对生平介绍及带教方面的总结，则重点根据先祖母李霁云留存的先祖父自己撰写的履历资料，先祖母和父亲曾远期、叔父曾道期、先祖父的徒弟，以及曾经带习、带教的一些学生，对先祖父的生平与医疗、教学、带徒经历的记述，探讨先祖父研习传统中医的重要历程、秉性特点等。据此分析先祖父成为著名中医医生的一些要素，以冀为后学学习和继承传统中医提供有益的借鉴。

本书在正文中将《曾彦适医学遗稿》简写为《遗稿》，“恒龠医学笔记”简写为“医学笔记”；“恒龠问学笔记”简写为“问学笔记”；“华阳曾彦适医学语录”简写为“语录”；“恒龠医案”简写为“医案”；“曾彦适临证教学医案选编”简写为“选编”；“伤寒论新讲”简写为“新讲”；“曾彦适对重症温热病、阑尾穿孔腹膜炎的治疗思路讲解”简写为“思路讲解”。书中对所引案例或相关文字的解释、说明、评价、论述等，特别注明【笔者按】。

本书是《川派中医药名家系列丛书》之一，为了符合丛书编写体例要求，本应有“附录”部分。这部分内容主要包括：钟淑君记者写的“孜孜不倦的老中医——曾彦适”；白淑仪写的“曾彦适老师学术思想及临床经验简介”；曾上劼、温如秀写的“曾彦适治疗老年病经验”；曾远期、曾道期写的“中医曾彦适先生传”。因这 4 篇文章均已录入《曾彦适医学遗稿》的附录部分，故本书不再重复，有需求的读者可阅读《遗稿》相关内容。

本课题虽然由我担任主要研究任务，并主要由我编著本书，但是这项工作离不开先祖父亲炙弟子——白淑仪、温如秀老师的鼎力支持。她们不仅为本书的撰写补充材料，还帮助我审核书稿，并为本书作序。更值得一提的是，她们遵循着先祖父的教诲，始终不放弃中医临床工作，在各自的工作岗位上都取得了不菲的成绩。在我从事传统中医工作中，她们不忘先祖父的恩情，始终给予我无微不至的关爱，向我传授先祖父的有效临床经验，以及她们在实践传统中医过程中应用先祖父临床经验和学术思想的心得体会，帮助我在中医这块土壤里健康成长。她们对我的关爱、传授、教导、帮助，都让我深深体会到她们对先祖父的怀恋和思念之情，这里我要向我尊敬的白淑仪、温如秀两位老师表示深深的感谢。

2017 年，我的儿子曾甫进（先祖父重孙）结婚，儿媳李韦维女士有缘与我正式签约成为我的徒弟，立志学好中医。为了让她更多接触先祖父的临床经验与学术思想，我让她参与本书后期的修订与校正。她的参与不仅有利于她的学习，也为我分担了些许修订校正工作。在此，我也要向我的儿媳徒弟表示感谢，更希望她倍加努力地继承好有沈彭二氏中医学术基因的曾彦适学术思想与临床经验，掌握好有这样家传和师授背景的中医各项技术，更好地服务社会。

我在编著本书近一年的过程中，以及在后期的修订工作中，多有熬夜写作不能自已之时。在万籁俱静的深夜，我神思飞扬，遐想连篇，天地悠悠，时空变幻，光阴荏苒，转眼间先祖父已经辞世半个多世纪，先祖母也已经离开我们二十多年。读着他们留下的文字，编著着他们在生活工作中的往事，犹如他们就在眼前。他们对我的慈爱、关心，特别是先祖母对我学业方面积极向上的督促、教诲，在我从事中医工作之后，从医古文入手，学习经典，传授先祖父的临床经验，带着我给患者看病的场景，历历在目，我更加怀念我慈爱的先祖父母……

我始终坚信继承是发展的基础，我将继续努力，把具有先祖父临床经验和学术思想特色的传统中医继承好、传承好，并不断学习，认真临床实践，积累更丰富的临床经验，全心全意服务社会，以告慰先祖父母在天之灵。

曾上劼

2021 年 10 月

目　录

生平简介

川派中医药名家系列丛书

曾彦适

曾彦适（1899 年 1 月—1966 年 11 月），名志坚，又名存孙，字彦适，号恒盦，别号牧叟，汉族。出生于四川省华阳县，后华阳县和成都县合并为成都市，故籍贯属四川省成都市。

先生出生于书香之家。出生时，因母亲产后大失血亡故，先生便由祖母抚养成长，故有"存孙"之名。其祖父曾瑞华为清代举人，其父亲曾天宇系德国柏林大学政治经济学博士，曾为厦门大学、武汉大学、四川大学教授，并曾任四川大学法学院院长。1956 年秋，被中国人民大学校长吴玉章聘请赴北京，任该校中国语言文学系教授。

先生幼时曾接受私塾教育，1906 年起先后在成都、华阳、南城就读小学。1912 年考入华阳中学。1914 年 9 月随父去上海，考入圣约翰大学附中。1918 年 9 月考入圣约翰大学外文系，曾任该校学生英语辩论会主席。就读约 1 年，因家境渐差及患眩晕病而辍学回成都。

先生于 1920 年与李霁云（原名咏霓）结为夫妻，生育六子，三男三女。其中长女、次女及第四子相继夭折，存三子曾远期、五女曾静期、六子曾道期，这三个子女及后代中只有曾彦适嫡孙曾上劼继承祖业，从事中医工作。

1920 年 9 月，先生应聘为泸县川南师范学校英语教师。1922 年起任成都北城小学和华阳高小珠算教师各 1 年。1923 年年底开始，辗转出任成都中城小学与建国中学、华西协合中学、三英中学、天府中学、广汉中学、泸县川南师范学院、国立成都大学预科、公立四川大学工学院英语教师。

因两个爱女，后又有一子均误于医药而夭亡，先生生母生他时因产后大出血早逝（母子未见一面），抚育先生的祖母，又死于肿病，悲痛至极，先生乃立志发奋学医。当时因表姨妹罗某肢体瘫痪，蒙富顺来蓉的针灸名医蔡玉林治愈，先生趁执教之余，乃随蔡玉林学习针灸治病。1932 年 8 月，先生与夫人李霁云一道，拜久负盛名的名老中医沈绍九为师。先生对沈绍九极为崇拜，执弟子礼甚恭，昼随其治病聆教，夜则遵师训苦读医学书籍，每天趋前恭侍左右，每有闻问退辄有记，所获巨丰。至 1936 年沈绍九逝世前，先生已积医学笔记 28 册。

1934 年冬季，在夫人介引下，先生获交世医彭香谷姻长，并在 1936 年沈绍九去逝世之后，执弟子礼于彭香谷先生，更得请益质疑，收获良多。彭香谷自幼秉承家传，耳濡目染，为三代世医，虽未悬壶问世，然慕名上门求治者，特别是经其他医生治疗而不效者，接踵而至。起初，先生欲拜彭香谷为师，但因彭是先生连襟叔伯四弟媳的父亲，故彭婉言不从。因此，先生每尊称彭香谷为姻丈或谷丈。

先生有受过中西文化教育的良好经历，具有很好的文化修养，毋庸置疑，这对先生深入学习、掌握传统中医有极大的帮助。纵观先生在 30 多年的中医临床经历里，始终坚持不断学习、不断实践、不断总结的态度，特别有理论联系实践、非常切实的治学作风。

客观上讲，先生学习传统中医的主要导师是沈绍九和彭香谷。先生对他们的评价是“绍公之学宗叶（天士）、薛（生白），香公之学宗徐（灵胎）、喻（嘉言），二公皆深于仲景之书，根柢皆固，学有本源，攻补之术，各造其极”。先生非常尊重他的两位导师，在他们的亲切教导下，勤学《内经》《伤寒论》《金匮要略》等经典。不仅如此，先生还经常在案头、枕边放置《柳选四家医案》《兰台轨范》《医门法律》《徐洄溪医案》《温热经纬》等书籍，结合临床实践悉心研读，这为先生之后的中医临床、教学工作打下了坚实的基础。

先生常讲，学医是一辈子的事情，需要活到老、学到老。在先生的医疗实践过程中，从未间断过对医学知识的学习和钻研。先生不仅学习古医籍，还善于学习其他医学知识，包括西医学知识，更虚心向民间医生学习，收集各种偏方验方。在临床工作中，先生总是悉心收集临床第一手资料，书写临床病历，即便在 20 世纪 60 年代初的困难时期，先生仍利用废弃纸烟盒记录门诊病历。先生常讲“好记性不如烂笔头”。可惜的是，在“文化大革命”中，这些资料没有得到妥善保存，已经遗失。所幸的是，先祖母李霁云为有心之人，把先生 1959 年、1963 年、1964 年、1965 年间指导中医进修学校学生临床实习时，用当时小学生白纸作业本记载的 19 本临床教学病历悉心收藏，成为我们今天研究先生临床经验和学术思想的重要资料之一。

1934 年，沈绍九在世之时，先生征得沈祖师爷首肯，经相关行政部门审核批准，在文庙前街家中悬挂“国医曾彦适内科针灸科诊所”匾牌，就此正式操行医业，即使之后执业地址变换，也没有脱离中医临床，直至先生 1966 年去世。

先生于开业行医之初，还被聘为成都光华大学及朝阳学院特约校医。1951 年 8 月，任成都市立第一人民医院中医门诊部内科特约医师。1955 年 2 月，被聘为该院正式医师，后转调成都市第二人民医院任中医内科主任。1959 年，先生奉调到成都市高级中医学校（成都市中医进修学校、成都中医学校的前身，2006 年并入成都大学医护学院。）兼课任教。1961 年，先生正式从成都市第二人民医院调到成都市中医进修学校任教。任教期间，先生也没有脱离中医临床，带着学生们进行中医临床工作。

先生在行医之初，经常在周末去顺城街安乐寺内任成都益寿善堂义诊医师，因德艺并佳，声誉日隆。1945 年伏天，成都淫雨久阴，溽暑交蒸，霍乱流行，先生对脾肾阳衰、津液消脱所致重症霍乱以附子理中汤补益脾肾阳气，甚至以三生饮挽救危厄，获效神奇，活人无数，时人以“火神菩萨”誉之。随着医疗实践的深入，先生的医疗技艺更加成熟，能够熟练地把中医辨证施治技术应用于各种疑难杂症，甚至各种急重病证的救治之中，获得良好的临床疗效。尤其令人称道的是，1958 年先生任成都市第二人民医院内科主任期间，院方决定由他专门负责诊治住院部危重患者。先生按照中医辨证施治的原则，处治诸如蛛网膜下腔出血、脑卒中后的尿潴留，还有阑尾穿孔腹膜炎等危重病症，每多获效。

在先生 30 多年的执医经历中，一直坚持临床笔记，常写临床案例，积累了可贵的经验，逐渐形成了先生重视理法，“认证确”“用药灵”“拯人急”“司人命”的医疗风格和学术思想。其临床疗效深受病家称赞和信赖，更受到同行的敬重。

自 1954 年起，政府开始重视中医学的优势，提倡西医学习中医。先生于 1959 年年初奉调到成都市高级中医学校兼课任教，学员有 50 余人，均系成都市各医院的西医科主任或主治医师，先生每周讲中医医史 2 小时，中医内科学 4 小时。5 月初，又在成都市第二人民医院院办的业余中医学校讲中医治疗法则，每周 8 小时，学员分甲、乙两班，皆为本院高、中级医师及护士等，有百余人。这时的先生非常重视中医教学工作，认为中医教学工作更有意义。

1961 年，先生正式从成都市第二人民医院调到成都市中医进修学校任教，主讲《伤寒论》。先生熟谙经典，更有丰富的临床经验，能够从成功经验及失败教训的案例中，理论联系实际，深入浅出地授课。先生性情豁达、爽直，平易近人，更善以诙谐、风趣的语言生动授课，不论是课上课下，都能与学生广泛交流，使学生们易于领会、吸收中医理法方药术各个方面的知识。凡是接受过先生中医教育的学生，对先生中医学识和教学风格多有褒奖，称赞他“是一本活医书”。就连之后的四川省名中医、2005 年被授予“国医大师”称号的王静安先生也说：“曾老是我的老师，他的授课，令我受益匪浅！”

先生在成都市中医进修学校授课时，经成都市卫生局及学校选派，温如秀、白淑仪分别于 1960 年和 1962 年拜先生为师，跟师学习直至先生去世。她们常年跟师学习，先生待她俩如家人，有问必答，而且在师带徒的教学过程中，先生有更多机会阐发中医奥妙，对中医学特别是中医临证功夫，有不少精深见解。这样耳濡目染地聆听先生的教诲，白淑仪和温如秀获益匪浅。两位老师日后均成为深受病家喜爱的好中医，特别是白淑仪，还继承了先生的中医教学工作，在成都中医学校秉承先生的教学特长，执教《伤寒论》、中医内科学等课程，编写全国统编教材，之后还担任成都中医学校校长之职，并在 1987 年撰写了“曾彦适老师学术思想及临床经验简介”论文，发表于当年的《四川中医》第 11 期。

不仅如此，白淑仪和温如秀还把从先生那里学到的中医临床经验、学术思想等丰富知识，结合自己的临床实践，悉心传授给作为先生嫡孙的笔者，让先生的学术思想和临床经验得到很好的传承。

先生天资聪敏，禀性孝慈善良，工作认真负责，与人交往直率、坦诚，这样的个性不仅融入了先生平时的生活，更反映在先生的医学生涯之中。先生接受医学知识较快，领悟中医技术也非常敏捷，深受沈绍九和彭香谷两位祖师爷的喜爱和夸奖，在正式跟师沈绍九两年之后，沈祖师爷就督促先生自行开业行医。

“彦适兄是个大孝子”，这是先生挚友、笔者的恩师、已故成都市名老中医王文雄先生经常对笔者讲的一句话。20 世纪 60 年代是经济困难时期，先生仍然每月按时敦促夫人李霁云给远在北京的父亲寄去 40 元的补给，以尽孝心，有时生活拮据，往往借钱寄往北京。先生对膝下子孙更是充满着慈爱，笔者亲身体会、记忆犹新的是，在先生晚年身体状态不佳的情况下，还陪着不谙世事的孙儿，杵着拐杖，冒着夏天炎热，上街买小皮球玩耍。在先生行医的 30 多年里，他对患者表现出推己及人的爱护，更时时显现出他善良和慈怜的本性。任何时候，先生都为患者着想，特别是对一些家境贫寒的患者，不仅不收诊费，更为病家垫付药钱，甚至馈赠现金，救助危厄；在经济困难时期，还把自己积攒下来的核桃作为药引送给患者。

先生在临床及教学工作中，重视钻研技术，对于技术精益求精，对待患者更是认真负责，从不含糊。他特别重视患者所反映的病情细节，在带教徒弟和学生时总是强调："临证总要从容，要考虑季节、气候、环境因素，问病总要详尽，情志、好恶、精力、眠、食、二便皆与疾病有关，均须询问清楚；也须问及前医诊治情况。"这是先生能够提高临床疗效的诀窍所在，也反映了先生对待医疗工作一丝不苟的秉性与态度。

与人相处，先生总是直率坦诚，深得同事、朋友的信赖。先生与王文雄先生相识相知于20世纪50年代，每年大年初一先生必到王家拜年，而且不论是临床工作，还是生活方面都与王文雄先生有深入交流。先生晚年对徒弟有交代："以后有事，可向文雄老师请教！"笔者于1980年被分配到成都市第一人民医院（成都市中西医结合医院）工作时，王文雄先生亲自到人事部门向医院相关领导申请，"曾彦适的孙儿由我来带"。足见先生与朋友、同事的深挚情谊。同时先生还能以他诙谐幽默的语言，直接批评对工作不负责任的人和事。某年在成都市政协召开有关医务工作的会议，邀请各区主要医生参加。某区医生姗姗来迟，并高调声称工作繁忙，说："今日上午看了100多个病人。"先生立即打趣地说道："恭喜！恭喜！阎王殿又多了几个冤死鬼！"先生认为诊治患者不可图多、图快，绝不准草率行事，必须认真负责，这也从另一个侧面反映了先生对待患者高度负责的态度。

由于在中医学方面有所建树，先生在1950年出任成都市中医师学筹会（档案原文如此）第二分会副主任兼督导学习委员、成都市第二区人民政协卫生委员会委员。在1959年获成都市卫生先进工作者荣誉称号，1963年7月被选为成都市第五届人大代表，1966年1月被选为成都市第六届人大代表。

先生30多年来多繁忙于医务临床，很少有时间著书立说。现在所遗留下来的著述，主要是部分带教医案、教案，以及先生的学医跟师笔记。2015年，根据成都市卫生和计划生育委员会的要求，笔者在《健康成都系列丛书》中，将先生遗留的有关中医学稿件做了较为详细的整理，编撰为《曾彦适医学遗稿》，已经由四川科学技术出版社正式出版。其中包括先生7个方面的医学著述，即"恒龛医学笔记”“恒龕问学笔记”“华阳曾彦适医学语录”“恒龕医案”“曾彦适临证教学医案选编”“伤寒论新讲”“曾彦适对重症温热病、阑尾穿孔腹膜炎的治疗思路讲解”。其中“中医治疗阑尾炎及阑尾穿孔腹膜炎的点滴经验”，是先生去世前4个多月所著，详尽论述以辨证施治的思想为指导，治疗急腹症的重要思路，显得尤为珍贵。

先生去世已经有半个多世纪，回忆撰写先生生平，更让笔者产生对先生的无限思念。在笔者从事传统中医的工作中，经常会遇到曾经接受过先生救治的患者，以及接受过先生中医教育的学生，在谈起先生的往事时，都流露出对先生的怀恋和思念，更让笔者体会到他们对先生嫡孙能够更好继承传统中医的期望。作为先生后人，我们应该继承好先生在传统中医学方面的成果，更要像他那样不断学习中医，继承中医，让中医这门传统医学能够更好地为社会服务。诚如笔者父亲（先生长子）曾远期在先生夫妇合葬的墓碑上所写：

读书穷理学风熏后代

济世活人美德荫子孙

川派中医药名家系列丛书

曾彦适

临床经验

先生在30多年的行医经历之中，一直坚守中医临床一线。先生中医功底扎实，诊治疾病认真负责，临床疗效颇佳，深受患者的信赖。每每有慕名远道来求治者，日诊患者众多，特别是疾病高发季节，甚至应接不暇。在这样长期的临床实践中，先生积累了丰富的医疗经验。这些经验是形成先生中医学术思想的重要源泉。

这里笔者拟从辨证诊断和施治技能两个方面，系统总结并论述先生的临床经验。

一、辨认证候，抓准病机要点

先生诊治疾病，完全秉承中医辨证施治原则，对所有疾病的治疗无一不是针对疾病表现出来的人体在功能状态上的失调，纠正人体失调功能状态中阴阳气血、脏腑经络的各种偏差，让人体恢复到一种眠食二便均安的平衡状态，进而获得治疗疾病的良好效果。在先生留下的遗稿、诊籍，以及留给徒弟的记忆中，都能查证到先生遵循这一原则、中规中矩操行中医诊疗技术的珍贵资料。

在中医辨证施治的原则中，辨证诊断是施治方法的前提条件，没有准确的辨证诊断就不可能有正确的施治原则，更不可能确立正确的施治方法。因此先生在诊治疾病过程中十分重视对疾病证候的辨证诊断，先生常常告诫徒弟和学生:“医病容易，认病难啊！”

辨证诊断，就是对证候进行认识和判断。证候的实质，是人体失调功能状态的中医学分类。因此，中医辨证诊断的实质是从人体功能失调状态入手，对其进行有中医学特征的分类认识和判断。

中医对任何疾病的认识，都是把疾病的各种失调功能状态，按照阴阳、表里、寒热、虚实、脏腑经络、六经、卫气营血、三焦进行有效分类、评估和判断，然后根据评估判断——辨证诊断结果，准确抓住处治证候的关键点——病机要点，进行针对性极强的调理和治疗。

需要注意的是，从证候这种人体功能失调状态上去辨识疾病的性状特征，是比较困难的，因为这样的特征往往有着不稳定性，它会受到特定时空条件等多方面因素的影响，诸如患病时间、感邪轻重、个体体质、年龄、性别、治疗干预、生活习性等，使证候出现不稳定现象，特别是在证候性质的定量上，更显示出不稳定、不准确的特点，因此我们在对证候进行科学研究时，经常发现证候这个功能失调在定量上的偏差非常不易把握。

为了解决这种不稳定性，每一位有经验的中医医生都会在证候判断时，参考更多的客观条件，以帮助准确抓住证候中的病机要点。

也就是说，除了对人体功能状态本身进行有效评估与判断外，更多的还需要对导致人体功能失调的原因和条件进行有效评估和判断，进而做出某个阶段，特别是处治人体功能失调状态在当时特定时空条件下的证候特征——证候的“病机要点”诊断。

这种对阶段性的证候病机要点进行有效把控的诊断功夫，是需要临床医生反复历练之后才能掌握的。先生在这方面积累了大量的临床经验，主要包括以下两个方面的技术能力：第一个是在望、闻、问、切诊查手段的具体应用上，能够很好地收集客观反映人体功能失调状态——中医证候特点相关资料；第二个是能够切实通过四诊合参、综合分析临床各个方面的信息资料，准确判断各个阶段证候病机要点的思维判断能力。

这些经验不仅显现出先生诊治疾病的娴熟技艺，更体现着先生诊治疾病的智慧。

（一）搜集信息，注重个体病状特质

诊治疾病犹如打仗，必须首先了解敌情、我情。对于如敌情的病情状况，先生特别重视搜集调查临床症状体征的本身特点，以及形成这些症状体征的条件和因素。

在辨证诊断过程中，先生特别重视对证候相关信息进行全面而有重点的搜集。所谓“重点”，先生强调是在全面基础上的“重点”。在徒弟及学生们诊病时，先生总是说：“临证总要从容，要考虑季节、气候、环境因素，问病总要详尽，情志、好恶、精力、眠、食、二便皆与疾病有关，均须询问清楚；也须问及前医诊治情况。”（《遗稿》322 页）这正是先生强调辨证诊断，特别重视从多方面

搜集临床信息的真实写照，也是先生接受前辈教诲，认真体察病情的实在践行。

下面从症状、体征及其相关的时间和空间条件等方面，介绍先生在临床上的调查方法。

1. 搜集症状体征，重视调查失调状态特点

纵观《遗稿》中的医案，可知先生非常重视每个患者切身真实的不适体验和感受——症状、体征。这些症状、体征是人体失调功能状态最直接的临床反应。先生对这些症状、体征的记录，虽然在有的地方描述得并不十分标准和规范（比如：形容患者咯痰情况时，记录为“喉间蓄痰”；形容所咯痰液较稠黏时，记录为“坨坨痰”；形容患者的饮食状况时，记录为“健饭”“能饭二三盂”；形容口渴情况时，记录为“口渴但不敢多饮”；形容患者出汗状况时，记录为“全身排泄油类较多”；形容腿部状态时，记录为“腿软活”；形容子宫下坠时，记录为“子宫突出”；等等），但这些都是患者自己的真实体验和感受，如实记录充分反映了先生的感同身受。这是先生辨证诊断的基础性工作。

先生的这种基础性工作，主要有以下特点。

（1）重视单个症状体征本身的特点

先生特别重视调查单个症状和体征的特点，例如：①对疼痛的调查：疼痛性质，如胀痛、酸痛、软痛等；疼痛的时间或持续性，如疼痛夜晚尤甚，或有时疼痛、经常疼痛等；疼痛与冷热的关系，如遇冷疼痛加重、遇热疼痛加重等。②对口渴的调查，如口渴饮水多、口渴饮水不多、不欲饮、饮水作呕等。③对怕冷特点的调查，如畏寒、恶寒等。④对发热特点的调查，如发热、高热、身热、手脚心热、心中灼热等。⑤对人倦乏力的调查，要分清四肢乏力或周身困重的不同，也需了解人倦乏力是否伴随短气心累、是否活动后加重或活动之后减轻等。以上这些特点都是先生进行辨证诊断的重要素材。

（2）重视群体症状、体征的类别特点

人体是一个有机整体，牵一发而动全身，正所谓“一脉不和周身不安”。先生熟谙此理，在搜集症状和体征时，特别尊重患者所有的体验和感受，包括看起来与主诉并不直接相关的症状和体征。如某患者以腹泻腹痛、肢体寒冷为主诉就诊，但是还有口干口苦、睡眠不好、多梦等症状，对此，先生都会将其收纳并作为之后辨证的重要临床资料。

尤其值得注意的是，通过《遗稿》的众多医案，我们可以看出，先生深受前辈的影响，牢记阴阳两纲和六经纲要。先生把临床所搜集的所有症状、体征，都先归为阴阳两纲或六经纲要，然后进行证候分类。

全面收集和整理临床资料，重视阴阳两纲和六经纲要归类，这是先生在辨证诊断上的特色，也是先生重要的学术思想。

（3）重视把症状、体征落实到具体时段人的身上

辨认阴阳两纲及六经病证纲要，始终是中医辨证的基础，但是要真正对患者进行有效的调理治疗，只凭借阴阳两纲及六经纲要是不够的，还必须进行深入调查和分析，弄清楚寒热虚实、脏腑经络等在每个具体患者某阶段的证候状态特点。而要做到这一点，先生特别重视每位患者当下的症状和体征，从这里入手，才是进一步确定证候状态的关键点。

在先生现存较完整的临床医案资料中，他对每一位患者临床症状和体征的仔细描述与分析随处可见，在《遗稿》“选编”中更是屡见不鲜。

笔者对先生所留下的《遗稿》“选编”的医案做了基本的统计，发现所有病案没有一个案例只是凭借某一个疾病而拟定治疗方案和措施的，都是以翔实的、当下患者所具有的临床症状、体征为依据，辨识其证候状态中的病机要点，针对个体在不同阶段的各种不同的证候状态特点，做出证候病机要点诊断，拟定治疗方案和措施，进而遣方、加减变化用药，组成最适合当下病机要点的调理治疗汤方。

“选编”中的204个案例中，每个案例都有翔实的病情状况记录。笔者在研究这些资料的时候，特别对其中18个证候的23个案例做了系统分析，发现先生均是以这样的方式全面调查个性化临床信息资料的。

比如：

“风寒”王某案例（《遗稿》88页）

王某，男，32岁，三十中。1959年4月7日案：发冷恶油，咳痰白泡，能食，不渴，口无味，身痛，溲清，便行，有梦，头晕、痛已四日，寸略浮。

【笔者按】风寒证临床表现除了“发冷恶油，咳痰白泡”“身痛”“头痛”“溲

清”，脉“寸略浮”外，其兼夹的“能食，不渴，口无味”“便行，有梦，头晕”则形成了该案例在风寒证候当下时段的个性特点。

“阳虚”方某案例（《遗稿》110 页）

方某，男，50 岁，湖南人，住西安。1964 年 6 月 11 日案：心悸，咳、微喘，食少，寐少，不渴，苔白，苔黑甚久，手冷，二便正常，脉濡。喜烟、酒、茶、辣椒。

【笔者按】阳虚症状、体征主要表现在“心悸”“手冷”“不渴”“苔白，苔黑”。其兼夹的“咳、微喘，食少，寐少”“脉濡”，则形成了该案例在阳虚证候当下时段的个性特点。

“阴虚”厉某案例（《遗稿》150 页）

厉某，女，48 岁。1964 年 4 月 20 日案：头顶痛约二月（2 个月），大便干结，能食，梦多，寐少，腰酸痛，微渴，口干苦，59 年（1959 年）曾患子宫肌瘤，已将子宫后壁切除，经水停止，60 年（1960 年）曾患肾炎，已经治愈，61、62 年（1961 年、1962 年）曾患肝肿大，有小孩三人，曾怀孕五次，喉部红，喉干，有痰，头昏，手心发热，脉弦、细、数。

【笔者按】阴虚症状、体征主要表现为“头顶痛”“寐少”“喉部红，喉干”“头昏，手心发热，脉弦、细、数”，是一派阴虚阳热亢盛的特点。而其“大便干结，能食，梦多”“腰酸痛，微渴，口干苦”“有痰”等兼夹症状、体征，则形成了该案例在阴虚证候当下时段的个性特点。

除以上案例外，《遗稿》中还有“寒湿”李某案例（89 页），“湿热”彭某案例（98 页），“肺燥”冯某案例（102 页），“风湿”李某案例（103 页），“痰湿”邹某案例（106 ～ 107 页），“阳虚肝郁”李某案例（168 ～ 169 页），“阴虚肝郁”滕某案例（218 页），“肝郁”余某案例（228 页），“肝胃不和”王某案例（250 页）和张某案例（255 页），“中虚不运”雷某案例（261 页）和陈某案例（265 页），“气虚”马某案例（268 ～ 269 页），“血虚”程某案例（270 页），“肾虚”叶某案例、杨某案例、朱某案例（272 ～ 273 页），“下虚”罗某案例、颜某案例（274 ～ 275 页），“子宫虚寒”龚某案例（283 页）等。

如此，每一位患者身上大量各具特色的伴随症状和体征，都形成了相同证候患者不同的个性化特征。先生在进一步进行调查分析时，结合这样的特征，为每一位患者的调理治疗提供了非常有针对性的切入点——病机要点。这是提高中医临床疗效的关键所在，也是先生在诊治疾病中的重要临床经验。

2. 搜集发病源头，重视调查失调状态条件

临床上的疾病不像书本上描述的疾病证候那样标准和规范，中医证候往往存在着各种各样的兼夹和变化，证候所表现的程度特征更是千差万别，甚至人体功能失调的证候，经常会存在着各种各样的假象。如貌似大热之证，实质却是阴寒之证；貌似阴寒之证，实质却系阳热之证。这些都时时刻刻地考验着每一位临床医生的诊疗水平。先生在这方面积累了大量的经验。

比如：1951 年先生刚参加医院工作，一位常年求治于先生的艾姓老婆婆，某天因为发热、头痛、汗出恶风，口渴数日不解，来先生诊所就诊，恰逢先生出诊在外，遂请先生夫人李霁云诊治。夫人以伤寒太阳病"头痛、发热、汗出、恶风、脉浮缓"为依据，诊断艾婆婆"发热头痛，汗出恶风"系太阳表虚证，即举桂枝汤全方予之，数剂之后却没有效果。艾婆婆又求助先生，先生问病凭脉之后说，这的确是桂枝证，只是还应该加入附片二两。艾婆婆按方配药，煎汤服下，诸症悉愈。夫人问之缘由，先生说道，该患者长期阳虚，尺脉一向很弱，没有附片，不足以鼓舞肾中阳气驱逐病邪。夫人顾及其口渴，未用附片，其实口渴是艾婆婆阳虚失去蒸腾作用造成的，不必为温热附片所忌。

需要注意的是，先生在这则用附片案例中，除重视艾婆婆当下尺脉弱基础上出现的桂枝证以外，还重视了以下三点，才决定在夫人使用桂枝汤中再加附片二两。

第一，确认桂枝证用桂枝汤却没有效果。众所周知，病在太阳只要有"头痛、发热、汗出、恶风、脉浮缓"的"桂枝五症"，就可以使用桂枝汤。夫人使用桂枝汤可谓准确，但是没有效果，这是先生选择在桂枝汤中"加附片二两"的前提。

第二，先生重视素体阳虚的体质因素。在病史追踪里，先生重视艾婆婆在长期诊治疾病的经历，艾婆婆不仅是当下尺脉弱，而且是"尺脉一向很弱"——肾中阳气长期不足的功能失调特点。这样的特点，在当下使用附片的问题上，被先生提到相当高度，是让先生决意使用附片二两的主要动因。

第三，辨别出口渴的假热象。众所周知，桂枝汤证的使用要点在于“桂枝五症”，但是需要与有无“口渴、小便黄”的里热证进行鉴别诊断。使用桂枝汤必须没有口渴和小便黄的里热证，而艾婆婆有明显的口渴症状，先生却能以口渴为阳虚不能蒸腾的假热象的深刻认识，在桂枝汤中加入“附片二两”，确实在病机要点诊断上有卓越的见解。

当我们分析先生这种卓越见解的能力的时候，可以清晰地发现，先生在诊治疾病过程中非常重视病史调查，非常重视中医“审证求因”在诊断疾病中的应用。我们假设，如果没有先生夫人首先使用桂枝汤无效，更没有艾婆婆长期在先生处诊治阳虚病证的经历，先生就不可能在桂枝证出现口渴的时候还这样大胆使用“附片二两”。

由此观之，先生在辨证诊断中特别重视对各种证候状态的形成原因和条件的调查与分析。先生在重视每一个患者症状、体征的同时，更按照传统中医的观点，在辨证诊断过程中“审证求因”，详尽调查收集导致这些症状、体征的原因与条件，只有如此，方能“因证互参”，让证候与原因形成有力的证据链，进而进行相互比较，完成证候的病机要点判断。笔者认为，这正是先生获取上好临床疗效的关键所在。

如上一节介绍的《遗稿》18个证候的23个案例中，除了先生详尽记录的个性化的症状、体征以外，还有详尽的足以反映个性特点的原因和条件的记录。

如：

“寒湿”李某案例（《遗稿》89页）

李某，女，42岁，星桥69号。1959年6月18日案：身疼月余（5月1日起），腰背痛胀，肢软，手不能举，膝尤软痛，能食，不渴，有白带，数日一便，身疼碍寐，三四年来每至夏季辄患身疼，十余年来心悸未愈，心烦，手尖冷，从未生育，咳痰白浓，人倦，脉濡。

【笔者按】除去一般病历的基本情况记录之外，这则案例在“身疼”之后记录的“月余（5月1日起）”，能够说明患者现在身体疼痛具有较长时间的持续性，与短时间的几天疼痛所表现的程度是有差异的。

“心悸”之前特别记录的“三四年来每至夏季辄患身疼，十余年来……”，强调现在身体方面的疼痛，与旧有的“三四年来每至夏季辄患身疼”存在着密切的关系。“心悸”之后的“未愈”，提示了“十余年来”所患心悸“未愈”，因此，就患者心悸而言，不仅是现在的短时间存在，更是相当长时间存在的问题，这是在具体处治该案例、做出正确证候病机要点诊断，必须参考的因素。

最后还记录了“从未生育”，而且在其下还有着重符号（下划线），提示了该女患者所患寒湿病证，这一非常重要的个性化信息，直接影响对该患者使用驱逐寒湿病邪的具体措施。

“湿热”彭某案例（《遗稿》98 页）

彭某，男，51 岁，慈惠堂街 31 号。1964 年 3 月 3 日案：脚转筋，耳心痛，不思食，小便深黄，三日不便，思热饮，畏寒，微发热，咳而痰白浓，苔白、厚腻，脉弦、数。曾服姜、附、芪、术等药。

【笔者按】除去一般病历的基本情况记录之外，这则案例还补充了“曾服姜、附、芪、术等药”。这样的病史信息资料，不仅对湿热为患的证候病机要点诊断提供了重要佐证，而且影响对患者的治法，清热除湿的力度一定会大于没有误用姜、附、芪、术的力度。

“阳虚肝郁”李某案例（《遗稿》168 ~ 169 页）

李某，女，28 岁，632 信箱机械科。1959 年 4 月 7 日案：左胸痛及背脊正中两旁作痛，54 年（1954 年）起未愈，间歇性的发痛，当时在峨边县工作，时常工作在农村；痛发时延及左胁下，腹胀，气下坠；气行则人觉舒适；经停月余（末次月经是 2 月 21 日到 2 月 25 日），食欲不强，进两半盒，口苦，思饮，人倦，欲寐，多梦，心烦，手足无力，腿软活；有小孩 2 人，长年 9 岁，幼年 1 岁多；苔白、涎，脉濡。曾服中药数帖，效微。

另外，在学生书写该案例的旁边，先生特别添加了“元月丁母艰”5 个字，以示其与病情有关。

【笔者按】除去一般病历的基本情况记录之外，这名 28 岁女患者，自 1954 年起到 1959 年 4 月 7 日就诊时所患间歇性长达 5 年的“左胸痛及背脊正中两旁作痛”一定与短时间的疼痛存在着程度上的差异，而且“当时在峨边县工作，时常工作在农村”，工作的艰辛自是不必说。“有小孩 2 人，长年 9 岁，幼年 1 岁多"，带子辛苦，是导致该患者阳虚肝郁的重要因素。再有"曾服中药数帖，效微"，也是判断该患者阳虚肝郁，进行药物调理的重要根据。

需要特别注意的是，在这则案例的旁边，先生所添加的"元月丁母艰"5个字，提示1959年1月，患者母亲病逝，一定与当下的肝气不疏存在着直接关联。以上信息都影响着对患者阳虚肝郁程度的判断和治疗。

还有在上一节中介绍的三则案例，如：

"风寒"王某案例：除去一般病历的基本情况记录之外，其中的"已四日"，是指这则案例所表现出的"发冷恶油，咳痰白泡，能食，不渴，口无味，身痛，溲清，便行，有梦，头晕、痛"是在近4天出现的，系病程不久的新感伤寒病证。这与伤寒感冒日久的证候状态存在着非常显著的差异，治法上肯定也有着辛温解表的轻重不同。

"阳虚"方某案例：除去一般病历的基本情况记录之外，阳虚患者持续"甚久"的黑白苔比较短时间的黑白苔，其所反映的阳虚阴寒证候明显更加严重；而其"喜烟、酒、茶、辣椒"之个人习惯，容易滋生体内湿热等秽浊病邪，与没有这种个人习惯的阳虚的患者存在着一定区别。这样的生活嗜好会影响该患者的证候转归，也就一定会影响处治阳虚证候的方式。"二便正常"的补充，也提示着该阳虚患者腑气尚通的积极向好的重要信息。

"阴虚"历某案例：除去一般病历的基本情况记录之外，"约二月"的头顶疼痛，证明已经疼痛有相当长时间了，这与外感性疼痛时间较短存在着显著差异。而更重要的是，该患者"59年（1959年）曾患子宫肌瘤，已将子宫后壁切除，经水停止"，以及"60年（1960年）曾患肾炎""61、62年（1961、1692年）曾患肝肿大""有小孩三人，曾怀孕五次"等罹患重病、手术、生产劳损气血的病史过程，都是让先生坚定肝肾阴虚证候判断，并从长远着手进行调理治疗该患者的重要依据。

除此之外，读者在《遗稿》中查阅其他更多的案例资料，均会发现先生在病史诊查上所下的功夫。

下面对先生在辨证诊断之前的临床信息资料调查收集方法做一个归纳。

先生以传统中医的方式对临床症状、体征及相关信息进行的有效调查，重点收集两个方面的重要信息：

第一，注重收集临床上每一位患者所表现出来的各具特色的症状与体征。虽然先生胸有成竹，对症状体征进行有重点的收集，但是在临床具体操作中，不论患者症状、体征是否有寒热虚实、脏腑经络、六经、三焦、卫气营血的分类意义，先生总是给以足够的重视，特别重视患者当下的不适体验与感受（有个性特点的症状、体征），承认其客观存在，作为进一步以阴阳八纲、六经纲要等各种分类方法分析个性症状体征，判断证候病机要点的第一手资料。

第二，重视临床症状、体征出现的具体条件、形成原因及相关因素。从以上先生在《遗稿》“选编”中留下的弥足珍贵的病案当中，我们可以清晰地看见先生是如何重视收集整理除了症状体征之外，关乎个体健康的其他信息的。

在这些信息中，先生除注重个体的年龄、性别、居家地址、工作地址之外，更重视关乎个体健康的各种重要信息的搜集与调查。笔者认为，这样的调查方式，充分显露了先生熟练掌握有传统中医特点的“病史追踪”调查方法。

下面笔者再根据以上资料归纳总结先生“病史追踪”调查方法的经验要点。

一是搜集调查症状、体征出现的时间。比如：“风寒”案例中的“已四日”时间记载，“寒湿”案例中身痛“月余（5月1日起）”记载，“下虚”案例中的经停“十余年（32岁停经）”记载，“肺燥”案例中的“昨日咯血，今日痰中带血”记载……

二是搜集调查症状、体征的诱发因素。比如：“肝胃不和”案例中的“得之情绪不安”的记载，“肾虚”第三个案例中的“气候变化时增剧”的记载，“寒湿”案例中的“三四年来每至夏季辄患身疼”记载，“下虚”案例中的“自觉心烧，胸部皮肤痒，咳喘遂发”记载……

三是搜集调查个体的生活环境状态。比如：“阳虚肝郁”案例中“当时在峨边县工作，时常工作在农村”记载，“中虚不运”第二例案例中的“平日尚能劳动”记载……

四是搜集调查个体的性格脾气因素。比如：“阴虚肝郁”案例中的“平时性急”记载，“阳虚肝郁”例中的“元月丁母艰”的情绪记载……

五是搜集调查与病证相关的特殊嗜好。比如：“肾虚”案例中两例案例都有“喜饮酒”的记载，“阳虚”案例中的“喜烟、酒、茶、辣椒”记载，“下虚”第二例案例中的“素嗜酒”记载……

六是搜集调查个体的眠食二便特点。比如："血虚"案例中的"眠食二便尚安"记载，"肝胃不和"第二例案例中的"现在眠食尚安，二便正常，病发时大便干结（有黑色便样）"的记载，"肾虚"案例中的"能睡，二便通利"记载，"中虚不运"中的"每日略进稀粥五六匙""二便通利"记载……

七是搜集调查个体的旧有疾病证候。比如："阴虚"案例中的"1959年曾患子宫肌瘤，已将子宫后壁切除，经水停止，1960年曾患肾炎，已经治愈，1961、1962年曾患肝肿大"记载，"痰湿"案例中的曾有"风疹，经常头动摇"记载……

八是搜集调查曾经接受的治疗及反映。比如："下虚"第一例案例中的"曾注射氨茶碱治疗后，减轻"记载，"肾虚"案例中的"曾针灸服药，皆无效果"记载，"湿热"案例中的"曾服姜、附、芪、术等药"记载，"肝郁"案例中的"经一院门诊部诊断为虫症，服杀虫药后又未发现虫症"记载，"阳虚肝郁"案例中的"曾服中药数帖，效微"记载……

九是搜集调查患者体质禀赋等状况。比如："中虚不运"第二例案例中的"齿仅落6个，经西医检查，心、肝两脏完好"的记载……

十是搜集调查女性经带胎产的状况。比如："阴虚"案例中介绍的"有小孩三人，曾怀孕五次"记载，"子宫虚寒"案例中的"经前、经期小腹痛"记载，"气虚"案例中的"曾生育13次"记载，"中虚不运"第一例案例中的"新产7日"记载，"阳虚肝郁"案例中的"有小孩2人，长年9岁，幼年1岁多"记载，"寒湿"案例中的"从未生育"记载……

以上调查诊断方法，是我们应该学习的调查疾病病情的有效经验。

综上所述，先生之所以这样细致调查症状、体征及其形成的条件和因素，是因为这种调查方法有利于准确辨证，抓住病机要点。

要辨别证候及病机要点，唯有通过对个体复杂的各个症状体征，以及症状体征群体之间进行多层次的比较分析。要达到这样的比较分析效果，就必须让各个症状体征，以及症状体征群体，形成最丰富饱满的个性特点。

要获得这样丰富饱满的个性特点，首先要重视对各个症状体征，以及症状体征群体在各阶段调查基础上，进行宽范围的病史追踪，让各个症状体征及症状体征群体，呈现于具体的时空条件和多重因素之下。同时厘清各种条件和因素的关系，探寻形成原因、条件，为各个症状体征及症状体征群体赋予更具个性的病情状态特质——病状特质。

笔者认为，先生在辨证诊断之前重视全面搜集辨证诊断素材，最终形成患者自身丰富饱满的病状特质。在丰富饱满的个性病状特质中，对疾病从状态上进行轻重程度、矛盾主次比较，继而对各种疾病进行客观有效的辨证及病机要点诊断。这也是先生在中医辨证诊断上的重要特色。

（二）辨析病机，重视审证求因思维

先生能够在临床上取得良好的疗效，关键在于临证时非常重视在疾病的诊查判断阶段下功夫，特别是在详细搜集多方临床信息的基础上，通过分析判断，抓住处治疾病的关键点——病机要点。

先生为何有这等的判断能力？

先生在他《遗稿》“医学笔记”扉页上摘录的《沈归愚叶氏传》写着“叶天士遗训云：医可为而不可为，必天资敏悟又读万卷书而后可借术济世，不然鲜有不杀人者……”通过笔者反复阅读、学习，并不断实践着先生留下的医学遗稿的相关内容，认为先生正是凭借他聪慧的天资，并在有丰富临床经验的前辈指导下，通过自身不断地学习和反复临床实践，逐渐积累有效的临床经验，才逐步具备了这种思维判断能力。

如何学习和借助先生这种思维判断能力，以提升我们在诊治疾病过程中准确判断病机要点的准确性？

笔者认为，应该从分析先生在临床上针对每位患者所应用的具体判断病机要点的思维方式入手。如果能够弄清楚并掌握或借鉴先生在辨证诊断时判断病机要点的思维方式，一定有利于我们的学习和临证。

下面笔者通过先生在《遗稿》中“医案”的 8 个相关案例，分析先生在各个案例中，判断中医证候病机要点的一些思路，继而归纳总结先生在诊断证候病机要点上所具有的思维方式。

在《遗稿》“医案”当中的案例，都是经过先生总结整理过的有心得的教学医案。这些案例都具有较好疗效，为了深入理解先生在辨证诊断中的思维方式，笔者重点摘录 8 个案例中与辨证诊断相关的段落，加以分析。

1. 中风之阳证、热证案例摘要分析（《遗稿》71 ~ 72 页）

陆某，浙江人。男性，年24岁，已婚，某代号厂机械工人，系先进工作者。以壮热、头痛、项强、神识昏迷、便结、溲赤而入市二医院。经西医诊断为脑充血重症。服药、注射，疗效不多，乃改服中药。

余诊其脉，见其六脉细数而弦劲有力，察其舌则色赤而津液少，不能说话，神志不清，以水饮之，大口咽下，消水甚多，尤喜冷饮，人瘦。遂断其为阴虚火旺中风之阳证。询其爱人，知其平日工作努力，经常熬夜，更是证明阴虚生热之远因，于是信念益坚，乃投以犀角地黄汤加味合灵犀丹、大黄黄连泻心汤复方，处方如下：……。凡十余剂而愈。

……

【笔者按】这是先生治疗中风阳证、热证的一个成功案例。能够使先生果敢地“在西医诊断为脑充血重症”“服药、注射，疗效不多”的情况下，决意使用犀角地黄汤加味、灵犀丹、大黄黄连泻心汤复方重剂的原因，是先生能够准确把握住患者当下“阴虚火旺中风之阳证”的病机要点。

分析先生判断该患者当下“阴虚火旺之中风证”的因素主要有以下几条：

其一，有着阴虚火旺的症状和体征。患者有明显的“六脉细数而弦劲有力”，有明显的舌象“色赤而津液少”，有“壮热”“以水饮之，大口咽下，消水甚多，尤喜冷饮”，这些均是典型的阴虚火旺的阳热症状与体征。

其二，有着风中脏腑的兼夹证表现。患者有“不能说话，神志不清”这些典型的风中脏腑症状。

其三，有着阴虚内热的相关体质与证候。患者所具有的“人瘦”体质，以及一直就有“便结、溲赤”的腑实内热症状，“头痛、项强”的肝风内动症状，均是先生判断阴虚而风火内动的重要因素。

其四，有着过度劳损伤及阴分病史过程。患者“系先进工作者”，先生“询其爱人，知其平日工作努力，经常熬夜，更是证明阴虚生热之远因”。

其五，有着西医治疗缺乏疗效的治疗过程。“服药、注射，疗效不多，乃改服中药”，足可说明阴虚火旺阳热状态有一个西药治疗的演化过程。

其六，有着年龄性别所处环境婚姻状况背景。即：“男性，年24岁，已婚，某代号厂机械工人”，具有较好的体魄。

应该说，以上六点都是先生在当下准确判断“阴虚火旺中风阳热”证的依据，故先生果敢地投以犀角地黄汤加味合灵犀丹、大黄黄连泻心汤复方，获得可喜的临床疗效。归纳这六点因素，先生重视的是以下值得我们汲取的重要经验：

明察当下阴虚阳热症状：在这则案例中我们可以清晰地发现，先生非常详细地记述了该患者当下的症状和体征，这些症状和体征非常典型地反映了该患者阳热壅盛的证候特点。

重视当下风火内动程度：通过如上描述的阴虚阳热症状表现，先生清晰地辨认出阳热引动风火，蒙蔽神志的严重程度。

探寻阴虚阳热风动原因：在明察当下症状和体征之后，先生并不是马上就处方用药，而需要参考证候形成的多重原因和条件。对该患者平时工作生活状况的调查，都被先生提高到形成目前患者中风、阳证、热证的“远因”来认识。还有形成当下证候之前的发病经过、西医同行的治疗经过等，让我们体会到先生在处治当下证候的时候，非常重视该病的演变过程。这些都是导致当下证候严重程度的重要因素。

顾及性别、年龄、体质因素：在该案例中，先生在明确讲述了当下证候特点及其原因之后，也顾及患者形体瘦削的阴虚体质特点，而且患者为 24 岁的男性，尚属壮年，这些都是先生能够准确辨证、大胆用药的重要根据。

综上所述，能够让先生果敢使用大剂寒凉汤方获得理想临床疗效，在于先生能够准确辨别当下使用大剂寒凉汤方的病机要点，而准确辨别病机要点的经验，在于先生详细调查患者的症状和体征，并且重视导致这些症状、体征的各种因素。

具体地讲，在这则案例中，先生特别重视当下患者典型的阴虚阳热证候及其风中经络脏腑严重程度表现。在探寻导致该证候的原因方面，先生重视生活起居因素、体质因素和年龄、性别因素等远因，也重视该患者发病和治疗过程的近因，对这些证候表现与形成因素进行综合分析归纳，最后认定为“阴虚火旺中风之阳证”，果断投以大剂寒凉汤方，才获得转危为安这样可喜的临床效果。这是我们应该向先生学习的重要思维分析方法。

2. 中风之阴证、寒证案例摘要分析（《遗稿》73 页）

王某，男，年 25 岁，已婚，四川人，某厂机械工人。以口眼斜向左而右手右足偏中不举，入二医院治疗。西医诊断为脑充血症，疗效不大，乃挽余诊之。其人面白体壮，舌强语謇，手足厥冷，便行，不渴，食少溲清，苔薄舌润而色淡，脉弦大，重按无力，断为阳虚偏中之证，乃投以小续命汤加减，主以辛温祛风通阳之法，一服即效。后乃加重药力，以驱风寒之邪，加减服药十余帖而痊愈出院。……

【笔者按】这是先生治疗中风阴证、寒证的一个成功案例。能够让先生在“西医诊断为脑充血症，疗效不大”的情况下，敢于“主以辛温祛风通阳之法”“投以小续命汤加减”的原因，在于先生能够准确把握住患者当下“阳虚偏中之证”的病机要点。

分析先生判断该患者为“阳虚偏中之证”的依据主要有以下几条：

其一，有着阳虚阴寒症状和体征。如患者有明显的“手足厥冷”“不渴，食少溲清，苔薄舌润而色淡，脉弦大，重按无力”等阳虚阴寒症状、体征。

其二，有着风中经络脏腑兼夹症。如患者存在“口眼斜向左而右手右足偏中不举”“舌强语謇”等风中经络脏腑的症状、体征。

其三，有着阳虚痰湿体质的特点。如患者所呈现出的“面白体壮”，为阳虚痰湿的体质特点。

其四，有着西医治疗少效的经过。如“入二医院治疗。西医诊断为脑充血症，疗效不大”。这个前提不仅客观上为先生完全以中医辨证施治观点认识和处治疾病提供了可能，而且更为关键的是，这样的少效治疗也可以作为分析病情的依据之一。

其五，有着患者个人的信息背景。如“男性，年25岁，已婚，四川人，某厂机械工人”，患者有一个比较好的体魄，这也是先生敢于用大剂辛温散邪的重要原因。

其六，有着小剂试药诊断治疗的手段。在该案例的辨证诊断上，没有从源头调查到形成患者“阳虚偏中”的诱发原因，因此先生先以小剂量小续命汤加减，“主以辛温祛风通阳之法”，在“一服即效”之后“乃加重药力，以祛风寒之邪”，最终在10余剂之后获得了理想的临床效果。

应该说，以上六点都是先生准确判断“阳虚偏中”证，选择小续命汤加减，主以辛温祛风通阳之法，最终获得临床疗效的重要诊断根据。归纳这六点因素，先生重视的是以下值得我们汲取的辨证诊断经验：

明察当下阳虚阴寒症状：在这则案例中我们可以清晰地发现，先生非常详细地记述了该患者当下的症状和体征，这些症状和体征反映了该患者阳虚阴寒的证候特点。

重视当下中经中脏症状：除了如上述的阳虚阴寒症状表现外，先生还调查到风中经络脏腑的严重程度。

顾及性别、年龄、体质因素：在明辨患者阳虚阴寒中风证候的特点之后，先生继续探寻患者证候的体质、性别、年龄、治疗经过，以及处治证候的相应条件。

小剂药量试服验证诊断：对疾病证候做出准确的病机要点诊断是一项非常细致的工作过程，先生一直以非常谨慎的态度去对待它。以小剂量药物试服，然后观察服药反应，是先生把握病机要点的重要方法。

综上所述：现在临床能够使用像小续命汤这样辛温之剂的方法治疗中风的案例是很少的，能够让先生果敢使用这样的方法获得理想临床疗效的原因，是他能够准确辨别使用辛温祛风通阳之剂的证候病机要点。而准确辨别病机要点的重要思维与处治方法，在于先生详细地调查患者的症状和体征，并且重视调查分析这些症状、体征所具有阴寒证候的相应条件。如此则形成了先生反复思考的过程。

具体地讲，在这则案例中先生特别重视患者阴寒证候状态及其导致的风中经络脏腑的程度表现。在探寻导致这些证候的条件方面，先生重视体质、年龄、性别等因素，把这些证候表现与相应的因素进行综合分析归纳，最后认定为“阳虚偏中之症”；而在具体用药时，因为这样的阳虚偏中之症非常少见，同时在阳虚偏重的形成原因上，并没有查证到直接诱发原因，因此先生先以小剂量试方，在见效之后才加重药力，以祛风寒之邪。这样的诊疗方法，不仅显示了先生对于审查病机要点的谨慎，而且为我们诊断性治疗，准确把握病机要点做出了榜样。这是非常值得我们好好学习的重要临证思维方式。

3. 阳证似阴之温病案例摘要分析（《遗稿》73 ~ 74 页）

周某，女，35岁，宁波人，头痛如劈，发高烧，项强，不能饮食，素有痰，不喜饮水，舌赤津少，便行溲黄，呻吟难受。西医诊断为结核性脑膜炎，将取脊髓以察病，为病员及家属所拒绝，乃改服中药。余诊其脉，见其两手弦、细、数，关脉尤弦劲，头痛无片刻休。询之有子女六人，平时操持家务，炊洗钜细，一身当之，人瘦身长，心烦多梦，素患失眠，信水向来不调，经来量少，有白带。综合脉、症，断为阴虚肝热之温病，中室夹有痰湿。若但就其渴不消水、手足有时发厥、精神萎靡、时畏寒等现症而论，绝似阳虚现象。阴阳之辨，端在于脉象之有力、无力间分之，兼症中之头痛剧烈、失眠多梦、多育、辛劳，皆为耗血伤阴之特征，“阴虚则生内热”，伏热夹肝火以上犯，故头痛剧烈，若此况兼高热，则内外之热皆重，脉象弦劲而数，以脉参症，病情显明，遂可灼然若见。

处方以：……泻肝清热、镇木滋水、涤痰息风之品，直治肝肾两家，使内热清肃，则烧热头痛必退减，果然一剂即知效，原方二三剂后，头痛若失，烧退神清，改投养阴益胃、滋水涵木、甘寒清里之方：……出入加减，不过十剂，遂愈。竟未勉强抽取脊髓而出院。

【笔者按】这是先生治疗阳证似阴之温病的成功案例。能够让先生在西医初步诊断为“结核性脑膜炎”的情况下，并且有诸多阴寒表现中，敢于从该患者阴虚生内热，伏热夹肝火的证候状态入手，用中药“泻肝清热，镇木滋水，涤痰息风”而获得效果的原因，在于先生在患者寒热错杂的症状体征中，抓住了“阴虚肝热之温病，中室夹有痰湿”的病机要点。

分析先生能够判断该患者当下病机要点的依据主要有以下几条：

其一，有着阳热证的实据。该案例在阴阳错杂证候中当下有阳热症状、体征的实质存在。如案例中记述的“头痛如劈，发高烧，项强”“舌赤津少”“头痛无片刻休”“便行溲黄”，这些都是实实在在的阳热症状和体征。

其二，有着阴寒证的表现。该案例在阴阳错杂证候中有阳虚阴寒的兼夹症状和体征。如案例中记述的“不喜饮水”“渴不消水”“手足有时发厥，精神萎靡，时畏寒等”，这些都是实实在在的阴寒症状和体征。先生谓其为“绝似阳虚现象”。

其三，有着阴虚痰湿的病程。该案例在阴阳错杂证候中存在着阴虚痰湿的重要病史过程。如案例中记述的“素有痰”“心烦多梦，素患失眠”，睡眠长期不好，正是容易暗耗阴精的重要病史过程，而平素多痰湿，证明患者体内长期存在痰湿内阻的失调状态。

其四，有着阴虚证候的内因。该案例在阴阳错杂证候中存在着导致阴虚证候的内在原因。如案例中记述的“询之有子女六人，平时操持家务，炊洗钜细，一身当之，人瘦身长”，即“多育，辛劳，皆为耗血伤阴之特征”，这些都是导致阴虚证候的内在原因。

其五，有着阴虚夹湿的妇科因素。在阴阳错杂证候中存在着导致阴虚夹湿的妇科因素。如案例中记述的“信水向来不调，经来量少，有白带”，表现出月经长期不调，经量偏少，又有带下病患，证明患者具有气血不调和湿气偏重的证候特点，这是阴虚夹痰湿的妇科因素。

其六，有着凭脉参症的诊断手段。在阴阳错杂证候中存在着脉证相应的阴虚痰湿根据。如在案例中明确记述“阴阳之辨，端在于脉象之有力、无力间分之”，病者“脉象弦劲而数”而非细弱无力，再加之“兼症中之头痛剧烈，失眠多梦，多育，辛劳，皆为耗血伤阴之特征，‘阴虚则生内热’，伏热夹肝火以上犯，故头痛剧烈，若此况兼高热，则内外之热皆重，以脉参症，病情显明，遂可灼然若见”。先生明确告诉我们，在复杂病史中，脉症相参在病机要点定度中占有非常重要的地位。

以上六点都是先生在排除阴寒证假象，准确判断“阴虚肝热之温病，中室夹有痰湿”证，进行针对性调理治疗，最终获得临床疗效的重要诊断根据。归纳这六点因素，先生重视的是以下值得我们汲取的辨证诊断经验：

确认当下客观症状、体征：在复杂病证出现的时候，先生总是让患者认真全面地叙述所有病况，哪怕是看起来与诊断相反的症状和体征，先生也都是以客观的态度来听取。

明辨当下阴阳证候差异：在认真调查复杂证候的临床表现（症状和体征）之后，先生首先做的是对阴证和阳证的分辨，进而为权衡阴证与阳证的轻重缓急提供条件。

刻意探寻主要证候源头：分辨阴证与阳证之后，通过审证求因的方法，去探寻阴证与阳证各自的发生原因，是先生特别重视的诊断方法。这里先生通过刻意探寻导致阴虚证候的源头——导致阴虚肝热之温病，以及中室兼夹有痰湿的生活细节、发病过程、妇科因素等，继而判断为阳证似阴的温病，给予泻肝清热、镇木滋水、涤痰息风之品，获得理想的临床效果。

重视当下脉症相互考证：为了更准确地判断病机要点，在这则案例中，先生从脉象上进行分析，特别重视脉象与相关的临床症状、体征相互印证，最后做出准确判断。“以脉参症，病情显明，遂可灼然若见”，是先生做出最终决断的重要经验。

综上所述，在错综复杂阴阳互见的证候状态中，能够准确抓住疾病证候的病机要点的原因，在于先生能够详尽调查患者与疾病证候相关的多方面信息，并通过综合整体分析而达到目的。

在这则案例中，先生准确抓住病机要点的思路：首先以客观、实事求是的态度，承认该患者错综复杂的证候存在，搜集所有症状体征，并认真做详细的阴证阳证的归类认识。

把复杂证候归类阴、阳之后，最重要的是需要仔细辨别阴、阳两个相反证候的主次、主从关系问题，甚至需要明确辨识阴证与阳证的真假问题。在这则案例中，先生依然应用审证求因的思维方式，探寻阴虚夹痰湿形成的原因，从源头上证实阴虚夹痰湿证候的存在，同时也以此做出鉴别诊断，排除患者阳虚阴寒证的次要及假象。

不过，在这则案例中能够从根本上排除阴寒证候，坐实阴虚夹痰湿证候的关键点，在于先生使用脉症互参的方法，以当下实在的“脉象弦劲而数”参应了“伏热夹肝火以上犯”证候的相应特点，“以脉参症，病情显明”，令先生果断排除患者阴寒证候假象，最终做出了准确诊断，获得理想的临床效果。

笔者认为先生的“以脉参症（证）”不只是“凭脉辨证”，不是简单依靠脉象就处方用药，而是在结合整体病情状况的基础上，参考脉象，最后断定病机要点。这是先生临证中不可缺少的思维步骤，更是其重要手段。

4. 阴证似阳之胃痛病兼咳喘重症案例摘要分析（《遗稿》74 ~ 75 页）

范某，女，年62岁，云阳人，素有胃痛旧病，得之十余年，偶一发作，苦楚难胜，心慌心烧，便滞溲热，咳痰如白泡沫状，每咳辄气喘呕逆，心悸食减，西医诊断为胃溃疡，非动手术切除胃脘之一部，即有生命之危险。病人家属不同意而仍服中药。余初以为绝似阳证、热证，乃诊脉而见其弦大无力，肢冷口和，舌润色白，并不消水，痰多唾难；询之其人平时性情急躁，腹胀胃疼，已成慢性胃病。结合全面脉症而诊断之，遂断为的系阴证、寒证之阳虚（脾肾）肝郁之症。纯为阴证、寒证。乃用《金匮》：桂苓五味姜辛半夏汤加附片……等涤饮温阳、疏肝定痛、纳肾运脾之品，合为重剂，附片用至三两……服十余帖，竟未动刀，而霍然以愈。

【笔者按】这是先生治疗阴证似阳、胃痛病兼咳喘重症的成功案例，能够让先生在西医诊断为“胃溃疡，非动手术切除胃脘之一部”的情况下，敢于从该患者“阴证、寒证之阳虚（脾肾）肝郁之症”失调的状态入手，用中药调理而获得效果的原因，是先生在患者当下寒热错杂的症状、体征中，抓住了“阴证、寒证”，特别是“阳虚（脾肾）肝郁”的病机要点。

分析先生从该患者复杂的阴证似阳重症中抓住这样病机要点的依据，主要有以下几条：

其一，有着阴寒症状、体征。先生记述患者具有的“肢冷口和，舌润色白，并不消水，痰多唾难”“咳痰如白泡沫状”“心悸食减”，都是当下能够观察到的阴证、寒证的典型征象。

其二，有着阳热症状、体征。除上述阴寒证的临床表现以外，先生还观察到患者有“苦楚难胜，心慌心烧，便滞溲热”的阳热征象，尤其是当患者在先生面前反复描述其苦楚难胜的急迫症状时，更能让先生察觉到阳热证候的特征。

其三，有着漫长复杂病史过程。在该病案的一开始就记述了“素有胃痛旧病，得之十余年”，而且这个胃痛旧病发作时就会出现以上寒热错杂的情况，同时还伴有“咳痰如白泡沫状，每咳辄气喘呕逆”的痰饮（阴证）宿疾。这些复杂漫长的病况都是先生在诊断疾病过程中必须考虑的因素。

其四，有着肝气不舒的情志原因。先生在病史追查中了解到“其人平时性情急躁”，从而导致“腹胀胃疼，已经成慢性胃病”，这正是肝气郁结，肝气不舒的重要表现。

其五，有着脉症相应的阴寒证根据。该患者的脉象，特别是“弦大无力”的重要指征，是先生结合其他重要因素做出阴寒证判断的重要根据。正如先生所说：“结合全面脉症而诊断之，遂断为的系阴证、寒证之阳虚（脾肾）肝郁之症。纯为阴证、寒证。”

应该说，以上五点都是先生准确判断该案例为“阴证、寒证之阳虚（脾肾）肝郁”证，进行针对性调理治疗，最终获得临床疗效的重要根据。归纳这五点因素，先生重视的是以下值得我们汲取的辨证诊断经验：

正视当下客观症状、体征： 在这则案例阴阳兼夹、虚实互见的证候中，先生采用的是一种直面问题的态度，不去轻易否定它，而是积极地面对，尊重患者的主观感受及先生客观所见，认真对待患者的各种症状与体征。

辨明当下阴阳证候差异： 在调查完该患者复杂的症状、体征之后，先生所做的第二件事就是去辨别这些症状、体征所具有的阴阳寒热差异，并且分辨这些差异的轻重、主次。显然，该患者所具有的阴寒证候的症状、体征，明显多于阳热证候，是一个以阴寒证为主的证候群。

刻意探寻复杂证候源头： 先生辨明阴证与阳证差异之后，并没有马上做出判断，而是刻意地追查导致这些阴证阳证的原因。显然，该患者冗长的病变过程，以及痰饮宿疾是导致阴寒病证的重要因素；患者平时性情急躁，以致肝气郁结，气郁化火，是导致患者出现阳热证候的主要原因。这样的热象远非真正感受阳热病邪所导致的热象可比，因此从复杂病证的源头上分析，阳热证候一定是次要因素，抑或干扰真实阴寒证候的假象。

重视当下脉症相互考证： 当出现错综复杂证候的时候，先生每每重视当下症状和体征，而尤其重视脉象与症状、体征在寒热虚实上的吻合度。这则案例患者所表现出的"弦大无力"的脉象，与众多的阴寒症状、体征高度吻合，无疑是先生敢于大胆使用温热药物救治患者的重要根据。

综上所述，要在这样复杂病证的案例当中，明辨是阴寒证还是阳热证，一定要在对当下阴寒证做出准确判断的同时，对次要的或虚假的阳热证候做出鉴别诊断。

先生重视脉象与当下症状、体征的相互参照考证，也根据审证求因的思维方式，探寻阴证和阳证的源头，进而分析阴证与阳证的主次，判断阴证与阳证的真假，这样的辨证诊断模式与上则阳证似阴案例如出一辙。先生就是以这样的辨证诊断思路，对该案例做出了阳虚肝郁，纯属阴证、寒证的准确判断。

5. 咳嗽、咯血之阴虚夹痰重症案例摘要分析（《遗稿》75 页）

翁某，男，年 28 岁，广东人，未婚，为一文艺工作者，系四川省话剧团演员。患咳嗽咯血甚久，痰色白涎、黄、绿各色皆有，西医诊断为支气管扩张病而非肺结核，兼患心悸失眠，至于兼症中之腰疼、膝痛则有七八年之久，饮食减少，心悸不安，久经医院治疗，苦无大效。因人介绍，就余求治。诊其脉则为弦细而数，痰为白泡沫，痰多咳剧，久咳则痰中带血，甚则吐血，面白不渴，咳唾不利。审之为下虚有寒湿，而上焦则有肺燥阴虚之咳嗽，二症矛盾，措手殊难，故久治无功。此等病本不易著手，盖养阴则滋水生湿，燥湿温阳则起热动血也。无已，则上下同治，当细为斟酌用药。

乃投以王孟英蠲饮六神汤（加减）……等诸药（笔者注：药中甚至加有黑附片一两），涤饮养阴，双管齐下，佐以通络止痛、宣痹温下之品。服后腰疼膝痛之痼病首先治愈，咳减血尽，食加能寐，渐入佳境。

继以柔阴涤痰、固肾和中之法……出入加减，服药二三十帖，诸症大减，喜不自胜；乃改用养阴化痰、清燥和胃之剂以善后而愈。

【笔者按】对于这则复杂咳嗽、咯血之阴虚夹痰重症的成功案例，先生获取疗效的关键在于灵活准确使用了三个阶段的药物：第一阶段涤饮、养阴、通络止痛、宣痹温下的药物；第二阶段柔阴涤痰、固肾和中的药物；第三阶段养阴化痰、清燥和胃的药物。先生如此用药的关键点，在于能够准确把握该患者“下虚有寒湿，而上焦则有肺燥阴虚”“阴虚夹痰”各个阶段证候的病机要点，即抓住了患者寒湿、痰湿、阴虚不同阶段的转换点，并权衡其间的轻重缓急，分阶段，按步骤，有针对性地调理和治疗。

分析先生做到这一点的依据，主要有以下几个方面：

其一，有着阴虚寒湿痰湿症状、体征的存在。在这则复杂案例中，先生详细描述“诊其脉则为弦细而数，痰为白泡沫，痰多咳剧，久咳则痰中带血，甚则吐血，面白不渴，咳唾不利”“兼症中之腰疼、膝痛”“饮食减少，心悸不安”，这些无一不是阴虚、寒湿、痰湿在该患者身上具体的临床表现。

其二，有着阴虚寒湿痰湿症状的冗长病史。先生这样描述患者的患病时间：“患咳嗽咯血甚久，痰色白涎、黄、绿各色皆有，西医诊断为支气管扩张病而非肺结核，兼患心悸失眠，至于兼症中之腰疼、膝痛则有七八年之久。”咳嗽甚久，而各种颜色的痰及所兼七八年时间的伴随症状，更说明复杂病证的严重程度。

其三，有着久经治疗缺乏疗效的治疗经历。先生这样记述该患者的治疗经过：“久经医院治疗，苦无大效。因人介绍，就余求治。”该患者在经过多方治疗之后，并没有明显的疗效，因此，目前诊治不可能简单使用常规的治疗方法，必须使用综合、针对性更强的治疗方法，才能获得疗效。

其四，有着脉症不符难以处治的夹杂证候。本案不仅有以上复杂病证的现象和成因，而且有不足以用“诊其脉则为弦细而数”的脉象来揭示“下虚有寒湿，而上焦则有肺燥阴虚之咳嗽”状态的实质，故临床呈现出阴虚与寒湿（痰湿）“二症矛盾，措手殊难，故久治无功。此等病本不易着手，盖养阴则滋水生湿，燥湿温阳则起热动血也”的尴尬状态。

其五，有着复杂疑难症状体征中的急迫症状。在这则复杂案例中，先生谨慎再三“无已，则上下同治”，同时“细为斟酌用药”。之所以如此，其实是先生在仔细判断这个复杂病证的切入点。我们可以从先生在第一阶段治疗之后所获得的“腰疼膝痛之痼病首先治愈，咳减血尽，食加能寐，渐入佳境”的描述，体会到先生在第一阶段将阴寒痰湿证候作为成功突破口的欣慰之情。只有恰当地温化痰湿，咳减血尽之后，方有后续的调理治疗，同时也体现出先生在复杂证候中，特别重视饮食的摄入和睡眠安稳的健康维护。

其六，有着干预治疗后证候变化的特点。这则案例中，先生并不是在第一阶段获得疗效之后仍然沿用原处方，而是非常详细地观察复杂证候的微妙变化，在“腰疼膝痛之痼病首先治愈，咳减血尽，食加能寐，渐入佳境”的情况下，将蠲饮六神汤（加减）的涤饮养阴，佐以通络止痛、宣痹温下的治法，改为第二阶段柔阴涤痰、固肾和中的治法，在第二阶段“服药二三十帖，诸症大减”之后，“乃改用养阴化痰、清燥和胃之剂以善后”。

应该说，以上六点都是先生在当下准确判断该案例为“下虚有寒湿，而上焦则有肺燥阴虚”“阴虚夹痰”证，并进行针对性调理治疗，最终获得临床疗效的重要诊断根据。归纳这六点因素，先生重视的是以下值得我们汲取的辨证诊断经验：

重视当下客观复杂证候：当出现错综复杂临床表现的时候，先生首先采取的态度是积极地面对，绝不回避这些错综复杂，甚至相互矛盾的临床表现，而是积极地探寻导致这样复杂临床表现及其证候的原因。

明确复杂证候的阶段性：在承认复杂临床表现客观存在的同时，我们应该有一个阶段性的病程观念，并且根据证候成因、治疗经过努力分清病程中的主次矛盾，找准各个阶段证候的切入点，为具体的治疗乃至药物加减变化提供可靠依据。

选择突破复杂证候方向：处治复杂病证，特别是一些复杂重症时，最重要的是评估判断复杂病证的突破口。在这则案例中，我们可以发现先生评估判断的结果：首重患者下虚寒湿兼夹的阴虚肺燥，其中“咯血”在这则案例中被先生高度重视，而且经过先生的分析判断，这是一个阴寒性质的咯血证候，所以力主温阳止血，不仅获得“咳减血尽”的效果，还有“腰疼膝痛之痼病首先治愈”的意外收获。另外，所获得的“食加能寐”被先生提高到“渐入佳境”的高度来认识，可见对复杂病证的诊治，先生非常重视脾胃气机的升降、阴阳的整体协调，这是治疗复杂病证的根本所在。

把握证候疗程微妙变化：这则案例的特点，除了以上先生以温热药物散寒止咳止血之外，还有先生上下同治中以柔阴涤痰和固肾和中药物同时使用，以及养阴与化痰、清燥与和胃药物的配合使用。要让这样一些相反治法获得很好的临床效果，不仅要很好地掌握药物性味归经、升降沉浮等，而且能够很好地把握住各个阶段中相反证候的微妙变化，定夺它们的轻重缓急，有针对性地选方用药、灵活加减。如此才能获得较好的临床效果。

综上所述，在错综复杂的病证当中，特别是像这则疑难重症，要想取得理想的临床效果，首先要充分重视其复杂性，通过辨证分析，探寻复杂病证的前因后果，找准疑难重症的突破口，其次要重视脾胃升降出入、阴阳协调的整体功能，恢复并保护良好的饮食胃口及睡眠状态，为复杂病证赢得重要转机，并在之后的调理治疗中，重视各个阶段证候的微妙变化，给予针对性很强的调理和治疗。

另外，这则案例的重要经验还在于先生从多角度、多层次分析复杂证候及相关因素，以这样的思维方式判断病机要点，这正是值得我们学习的地方。

6. 典型的温病重症兼太阳伤风之症案例汇编分析（《遗稿》294 ~ 296 页）

张某，男，11 岁，在 1942 年秋末冬初，于某日清晨从城内赶车赴外东净居寺侧实验小学上学参加晨会，到校后，站行列不久，猝倒于地，不省人事，同时还有恶心、呕吐，牙关紧闭，四肢厥冷，颈项强直。其家得信后，立即送入仁济医院治疗。聘特别护士护理，延儿科主任诊视，症见发高烧，项强，口噤不语，神识昏迷，危险万分，经医院检查血液、二便，抽验脊髓液，怀疑为脑膜炎重症，曾输液生理食盐水，并给药内服。服有蓖麻油，其余内服药不得其详。入院 28 小时（星期一午后 2 时至星期二夜 8 时），医生尚未确定何病，仍昏卧不醒，一切症状如前。因病日严重，在入院的第三天深夜，以友人介绍，余遂赴医院，到后，则见患者所住病室窗户洞开，护士方进鸡汤，正以橡皮管用鼻饲的方法徐徐注入。办法毫无。详询病情，具悉前状，比之临床所得情况尚无多大变更，触其肌肤，壮热而有微寒，诊其脉象，两手俱现浮、紧（两寸浮数），有汗便结，项强溲黄，高烧昏迷。当综合脉证，并结合当日触发本病的情形，知其病为太阳中风，而其症见昏迷，项强、口噤、厥逆、复有微汗是柔痉的现状（断为太阳伤风兼犯阳明之外感病），遂投以桂枝加葛根汤（疏方以桂枝汤加粉葛一钱半）佐以化痰之品，嘱其徐徐浸药下咽，坚主忌风、忌油。停止西药。

次晨黎明其家人来人见招，谓昨夜服药已大见效，请即赴医院再诊。比至，知其热减得汗，痉止、厥回，壮热亦大部减退，颈项和软，脉尚浮数（诊其脉搏，两手仍现浮、紧），知其邪尚未尽，嘱其照原方再服一帖，即仍主以桂枝加葛根汤，随症加减（其中有麻杏石甘汤药物），患者亦随由医院移回家中治疗。

当日午后4时，复被邀往其家诊视，察其发热情形，又比晨间减轻（发热尽退，），口能大张，神识更为清楚；渐能语言，口张索水，惟发现口渴、溲赤、舌黑如炭，津液全无，由浮、紧的脉象，一变为数而有力（脉数有力而劲），令其张口察舌，使余大惊。其舌干如木炭，津液毫无，询之大便一周未解，幸有小便如血如荼，知其津液尚未全竭，此刻当尽全力，救其一线之阴。

更悉患者平素患虼，又为父母所溺爱，除日常三餐外，并喜糖果杂食，纵恣零食，任其所喜，且五日以来所解大便极少。认为：此症为极重之温病，伏邪甚久，由肠胃积食内灼胃液所造成。内热为风寒外束。初则风犯太阳、阳明，故症见头项几几，及风邪去后，外症尽罢而里症始显，病势危急，亡阴可畏，非大剂抢救不成功。于是变更治法，乃主以清瘟败毒散加硝、黄，同时还配有“至宝”开闭，并重用石膏，由五钱加至二两，连服三剂。急下存阴，以竭人谋。

一剂之后，下黑臭大便甚多，后乃见黄色大便，溲畅津回，知饥索食，但唇焦舌敝，思睡神清，脱下不少的黑色块屑（苔），进而小便转清，口不发渴，言语清楚，热退，思食，两脉数象亦递次减退，舌润，津回，趋于正常。乃将苦寒之品撤去，改用甘寒养液、益胃利尿之品善后，始终共计廿日。

【笔者按】这是一则先生救治温病急症成功而又非常有心得的案例。此案例在《遗稿》中共出现3次，以上是经过笔者对这3次案例整理之后的一个案例。

先生在《遗稿》“思路讲解”中的“治疗温热病的经验介绍”，为了清楚讲解该案例，还详细做了治疗思路的说明，为我们探析先生治疗急重温热病的经验提供了非常重要的途径。

分析这则案例，有非常重要的两个救治特点，也是非常重要的两个阶段的救治环节：第一个是初期痉厥证的救治，第二个是对腑实急症的救治。

先生之所以能够以这样的方式大胆救治垂危病症，是因为在患儿恶劣的疾病状态中，先生充分重视病者当下极具特征的寒热虚实、脏腑经络等症状、体征，同时能够结合季节气候、生活习性、用药治疗经过等细节，综合分析，抓住证候病机要点，进行针对性的处治。

分析先生如此救治患儿的原因，主要包括该病证的两个阶段各四个方面：

第一阶段，痉厥时期的表卫证候特点分析：

其一，有丰富的表卫闭塞的痉厥临床表现。先生记录患儿发病“猝倒于地，不省人事”“口噤不语，神识昏迷，危险万分”的同时，“还有恶心，呕吐，牙关紧闭，四肢厥冷，颈项强直”，以及“症见发高烧，项强”“触其肌肤，壮热而有微寒”，这是尚有表卫寒邪之征，先生尤其重视“昏迷，项强、口噤、厥逆、复有微汗”，认为它们是柔痉的明确现状。

其二，有典型的脉证相互应证的表卫闭塞痉厥实据。这个时期的脉象为“两手俱现浮、紧（两寸浮数）”，是明显的表寒脉象，与上面的柔痉表卫寒证的临床表现是吻合的，这是促使先生不从病邪蒙蔽心包救治，而从表卫救治的重要原因之一。

其三，有明显的表卫闭塞痉厥发病诱因。在探寻出现表卫证候的发病过程中，先生做了发病季节在秋末冬初的思考，认为在这样的季节里患儿很容易感受风寒病邪，表卫易被风寒之邪侵袭而发生柔痉病证。

其四，有特殊的表卫闭塞痉厥发病过程。先生不仅重视风寒之邪对表卫的影响，更重视患儿形成柔痉的病变过程，特别重视西医不以表卫风寒这种功能失调状态入手的治疗方法，比如“经医院检查血液、二便，抽验脊髓液，怀疑为脑膜炎重症，曾输液生理食盐水，并给药内服。服有蓖麻油，其余内服药不得其详。入院 28 小时（星期一午后 2 时至星期二夜 8 时），医生尚未确定何病，仍昏卧不醒，一切症状如前。因病日严重”，还有“患者所住病室窗户洞开，护士方进鸡汤，正以橡皮管用鼻饲的方法徐徐注入”，这种错误的将息护理方法，都有悖于表卫寒证的治疗原则，更是导致表卫病邪不得排出，加重表卫寒证的重要原因。

以上四点都是先生初期敢于在患者昏迷痉厥时，大胆从太阳伤风兼犯阳明之外感病入手，施以桂枝加葛根汤（疏方以桂枝汤加粉葛一钱半）佐以化痰之品初获疗效的重要依据。

特别需要注意到的是，先生第二次施以桂枝加葛根汤加减，配合使用了麻杏石甘汤，是先生认为表寒有所缓解之后，证候逐渐转入阳明的重要信息。

第二阶段，在急重症时期的腑实证候特点分析：

其一，有腑实急重症的明显临床表现。“察其发热情形，又比晨间减轻（发热尽退），口能大张，神识更为清楚；渐能语言，口张索水，惟发现口渴、溲赤、舌黑如炭，津液全无”“令其张口察舌，使余大惊。其舌干如木炭，津液毫无，询之大便一周未解，幸有小便如血如茶，知其津液尚未全竭”，这些都是这个时期内热炽盛波及气营的重要表现。

其二，有腑实急重症典型脉证相应实据。这个时期脉象“由浮、紧的脉象，一变而为数而有力（脉数有力而劲）”，这样的脉象与气营热邪炽盛的临床表现相吻合，是促使先生使用大剂苦寒泻下清热，直折火热病势汤方的重要原因。

其三，有显著腑实急症的发生条件。这就是先生描述的“更悉患者平素患蚘，又为父母所溺爱，除日常三餐外，并喜糖果杂食，纵恣零食，任其所喜，且五日以来所解大便极少”。患儿平时不良的饮食等生活习性，导致肠道宿积，加之生病后，大便排解不畅，甚至一周未有大便，是构成病邪深入，病情加重的主要条件。

其四，有腑实急重症突出的形成过程。先生仔细分析了这个急重症的形成过程，认为“此症为极重之温病，伏邪甚久，由肠胃积食内灼胃液所造成。内热为风寒外束。初则风犯太阳、阳明，故症见头项几几，及风邪去后，外症尽罢而里症始显，病势危急，亡阴可畏”。这正是表卫病邪，借助内在积热，乘机深入，导致气营热炽的病变过程。

有了以上四方面的依据，则是让先生在处治该患儿的第二阶段才敢于改弦易张，使用大剂清瘟败毒饮加硝、黄，并配合至宝丹，重用石膏至二两，从而获得理想临床疗效。

应该说，以上两个阶段八方面的内容，都是先生准确判断该案例在由表转里、由寒转热形成温病证候的重要诊断根据。先生通过对当下证候状态与其成因及过程的综合分析，找出内在联系，进而明确判断出两个阶段的证候病机要点，针对病机要点果敢使用不同的治疗手段，是治疗该复杂重症的关键。

归纳这两个阶段八个方面原因，先生重视的是以下值得我们汲取的辨证诊断经验：

重视当下客观症状、体征：不论是什么样的症状、体征，先生都是认真面对，从不回避，特别是当下的症状、体征，哪怕是有相互矛盾之处，只要是客观存在的，先生都不会忽视它。这则案例初期存在着高热、痉厥之症。但是当时所具有太阳中风的柔痉症状也非常显著。这样相互矛盾的证候，都被先生如实记录。这正是先生调查诊断疾病的重要经验。

探寻各个阶段证候成因：先生重视证候状态的成因，更重视各个阶段证候的成因，包括年龄、季节气候、生活习性、旧有疾病、处治情况等因素，这些因素直接或者间接影响着两个阶段的病机要点。因此先生在综合分析各种证候的病机要点时，非常留意这些因素，这也是先生在证候判断上的重要经验。

关注治疗干预之后影响：在这则案例中，先生特别关注两个阶段的治疗干预对证候的影响，并把这样的关注与综合分析证候相结合，应用于判断病机要点的过程中。比如，在初期使用桂枝加葛根汤治疗表寒时，虽然看上去并不利于温病的整体治疗，却为先生后续分析病情，大胆使用苦寒泻下药物提供了条件。又比如，使用苦寒泻下药物，为先生后续分析病情，使用“甘寒养液益胃利尿之品”的善后方法提供了条件。

注重发病过程治疗转归：了解了证候特点，成因与干预影响之后，先生更加重视这些成因、干预因素导致疾病证候的发展、转变的过程。比如初期受凉感冒之后，经过西医错误的治疗、病家错误的护理，最终导致柔痉证候出现；又如该患儿严重期是因为大便五日未排解，加之素有蛔虫，在用桂枝加葛根汤加减治疗柔痉，痉厥、高热缓解之后才形成了气营热炽的证候状态。这样连贯、有逻辑思维的推断，让先生能够准确做出当下的病机要点判断。

另附先生对该案例的总结，可以让我们更好地理解先生对这则案例的深切认识（《遗稿》295 页）。

说明：患者住居城内，每日到城外学校上课，往返十余里，冒暑而行，自难免热邪之侵袭，因其体质较强，尚能耐受，所以不为当时即病的伤暑，或为突然中暍的暑厥。殊日复一日，病邪益深，乃至潜伏于经络，及至冬初浸晨而出，于凄清霜露之中，触冒新邪，旧伏暑热，为寒气所逼，更深一层，成为暑热内郁，风寒外束的现象，所以脉证方面表现出来的是极明显的太阳中风、属于柔痉的症状，而没有丝毫热象掺杂于其间。爰本先其表，后其里，有是病，用是方之旨，而毅然予以桂枝加葛根汤。次诊之时，证虽大减，而浮、紧的脉象未退，故仍主前法而减其制，冀透其未尽之邪，以趋于平复。及至三诊，寒邪虽然退尽，而脉、证大变，热象毕露。这是说明伏热内蕴必须时邪有所引逗，待机而出。此病在风寒外袭之时，亦即暑热欲出之候，寒邪内逼愈深，暑热外出之势更急，不过表寒过重，内热不得冲破其约束的力量。至于寒邪既如此之重，何以服了桂枝加葛根汤仅仅半夜的工夫，就能见如此之大效？正是暑热内动，对于药力起了协同的作用，增加了祛寒的效能。表寒一去，故伏热内发而热证大现。然伏气为病，如果没有其他病因的兼夹，或体质过于虚弱，是少有潜伏很久时间的，即使症状有所转变，也不致如此之速，其为患也不如此之甚。张氏子既有暑热潜伏于内，又经风寒新感于外，杂食宿垢，复滞中宫，外闭、内积，蕴热愈甚，所以阳气一伸，伏气勃然而起，大有一发而不可遏止之势。此时若不速以大苦、大寒以解大热，甘、寒、濡、润，以培阴津，实难折其郁热之气，以救燎原之患，故遵《内经》："热淫于内，治以咸、寒，佐以甘、苦。"一面安其营血，以清包络，阻其内陷；一面疏通胃腑，排除宿垢，取急下以存阴。所幸小便虽然短、赤，测其津液尚未枯竭，故在一下之后，还可以续其欲绝之阴。这种抑阳扶阴，泻火救水，也即是《内经》所谓：折其郁气，以资化源。（笔者注：《素问·六元正纪大论》"必折其郁气，先资其化源"。）此采用清瘟败毒饮加硝、黄，而重用石膏之意。又以伏气为病自内而外，仍须因势利导，透邪外出，故能在三剂以后，燥粪下而舌红，溲淡、津液回而热退、神清、渴止、脉静，险象全撤。此后邪退正虚，应当偏重善后调理，故摒去苦、寒泄热之品，而予以甘、寒益阴之药以竟全功。

【笔者按】以上是先生在治愈该病之后的分析，其中让我们体会深刻的是，先生对患儿初期发病、中期疾病转盛，以至最后好转的认识。这些认识所具有的逻辑意义，是值得我们好好学习的重要经验。

综上所述，在错综复杂的急重症中，通过认真搜集临床表现，归纳证候特点，审证求因，进行有逻辑意义的综合分析，最终对当下病机要点做出准确判断，根据病机要点开展针对性的调理治疗，方能获得很好的临床疗效。即便是疾病在不同阶段出现表寒里热相互变化时，只要有逻辑思维意义的综合分析，就能准确抓住变化的关键点，及时变换治疗方法，使疾病得到有效的治疗，甚至能够转危为安。

7. 典型的阳虚（里证）兼温邪（新感）重症案例摘要分析（《遗稿》77 页）

康某，女，年40岁，永川人，小学教师。素体脾肾阳虚，咳喘多痰，已经多年，于旧岁除夕前数日忽感冬燥，又兼工作熬夜，热邪内燔，遂成冬温，高烧谵妄，神志昏迷，不能言语，急入医院，治疗少效，遂由其儿女抬回家中。因系素识，乃急延余诊视。诊脉为细数虚濡，苔黄满舌，舌赤口渴消水，便结溲红，不能饮食，高烧不退，神昏不语，知其新感温邪，逆传心包，乃投以神犀丹加羚羊角，佐以大黄黄连泻心汤，甫服一帖，热退神清，便行苔减，得睡知饥。再诊，用清热和中化痰之品，乃客邪乍去，而旧病咳喘复发，舌润苔白，心悸神倦，渴止痰白，吐唾不利，溲清便行，坐卧难安，两脉虚大，尺部无力，手足渐厥，阳虚现象毕具。再四察其色脉，遂变更前法，治其阳虚痰饮之本病，改弦更张，另开蹊径，乃用辛温救阳、涤饮纳气之法，仿《金匮》意，进行治疗，药到病减，遂加减立方，服药十余帖而愈。

……

【笔者按】这一则案例与上一则案例相互呼应。上一则案例由表寒转为温热证候，这一则案例却是从温热病证转为阴寒证候。分析这两则案例，先生能够抓准证候各种转变的关键点，从而迅速转手调理治疗，获得很好的临床效果。这样的效果更体现着先生在处治疾病中的智慧。这种智慧，关键在于先生重视了影响该患者疾病证候特点的以下因素。

其一，有客观存在的症状、体征。先生非常尊重患者当下客观存在的症状和体征。比如：该患者在新感温病初期“诊脉为细数虚濡，苔黄满舌，舌赤口渴消水，便结溲红，不能饮食，高烧不退，神昏不语”，在第二阶段阳虚痰饮时期“旧病咳喘复发，舌润苔白，心悸神倦，渴止痰白，吐唾不利，溲清便行，坐卧难安，两脉虚大，尺部无力，手足渐厥”。这些当下突出的症状、体征，是先生直接观察、判断证候特点的重要根据。

其二，有体质及旧病对不同阶段证候产生的影响。患者为“素体脾肾阳虚，咳喘多痰，已经多年”的中年女性，这样的体质是产生新感温病，以及后期形成阳虚痰饮病证的重要背景，也是先生对该患者辨证诊断必须参考的重要因素。特别是在第二阶段阳虚痰饮证候的转归中，患者素体脾肾阳虚的体质是形成阳虚痰饮的重要根据。而在初期新感温病中，先生则把她的阳虚体质放在了次要因素，暂时搁置。

其三，有病程中不同干预因素对证候特点的影响。比如：在初诊时“于旧岁除夕前数日忽感冬燥，又兼工作熬夜，热邪内燔，遂成冬温”，明显的外感冬燥和熬夜伤阴，是形成新感温病的重要因素；同时“急入医院，治疗少效”，延误病情更是导致新感温病加重的重要因素。在第二阶段疾病转为阳虚痰饮时，又有初期温病使用重剂神犀丹加羚羊角、大黄黄连泻心汤治疗温病而容易损伤阳气，这些都是影响先生做出病机要点判断和抉择治疗方案的重要因素。

其四，有舌脉与证候之间相互参照的依据。初诊时“诊脉为细数虚濡，苔黄满舌，舌赤”与“口渴消水，便结溲红，不能饮食，高烧不退，神昏不语”相互参照，是判断新感温病的重要根据；第二阶段“舌润苔白”“两手足渐厥”等相互参照，是判断阳虚痰饮的重要根据。

其五，有寒凉与温热治法转手调治的凭证。该患者在病程中出现由新感温病变为阳虚痰饮，这两个性质完全相反的病机要点，是经过了先生第一阶段大剂寒凉清解的治疗造成的。因此，大剂寒凉清解也就成了先生之后使用温热治疗的关键点之一。

不仅如此，对于这样的关键点，先生采取了非常谨慎的态度，做出了“再四察其色脉”，反复考证其证候特点与形成阳虚痰饮的多种因素，判断其轻重缓急，准确定夺病机要点之后才有“遂变更前法”的具体措施。

应该说，以上五点都是先生准确判断该案例初期“新感温邪，逆传心包”，特别是后期由气营热盛之证转为里阴寒证——由热转寒病证，并对其有效调理治疗的重要经验。

需要注意的是，先生的这些认知，并不是在短时间内快速决定的，而是考虑患者本属于阳虚体质又使用重剂寒凉，通过反复询问、体察、对照、思考之后，才做出的有效判断。这些都是先生处治复杂病证的关键所在。以下是值得我们汲取的辨证诊断经验：

重视当下客观症状、体征：先生在任何情况下都十分重视患者当下的症状和体征，尊重患者的主观感受，这些症状、体征是深入了解证候病机要点的切入口。在这则案例中，先生也是同样如此。对这些症状、体征的综合分析，是做出准确的证候病机要点判断的基础性工作。

探寻各个阶段证候成因：重视当下客观症状、体征是准确判断病机要点的第一步，而为了核实这样判断是否准确，还需要调查是否有形成这种病机要点的条件和原因。该案例中，前为热证，后为寒证，在前后截然相反的证候中，先生重视对患者的体质因素、旧有疾病因素、治疗干预因素等的探寻，作为进一步分析证候病机要点的重要依据。

反复体察斟酌多方材料：在对该案例病机要点的判断上，先生其实是在对证候各个阶段进行症状、体征，以及形成这些症状、体征的原因、条件做全面认真的调查，并进行脉证互参——脉舌象与证候评估结果的相互参照，因证互考——形成证候的原因与证候评估结果之间关系的相互考证，而且这样的“互参”“互考”是反复调查、分析思考的过程，把不同阶段热证、寒证与相应的成因进行关联性梳理。

特别重视脉证相互参照：在对当下症状、体征的调查了解中，先生重视其中的舌脉与证候相互参照，特别“再四察其色脉”，做好舌、脉象与其他症状、体征的相互参照分析，寻找它们之间的关联性。这是准确判断当下证候病机要点的重要方法，也是先生在判断该案例前后两个寒热相反的证候中，找准处治热证与寒证病机要点的重要经验。

综上所述，在这则案例中，先生重视当下客观的症状、体征，重视形成这些症状、体征的条件和因素，同时通过脉证互参、因证互考的斟酌思考，才做出准确的病机要点判断。特别是在第二次由新感温病转为阳虚痰饮的转手处治时，先生更是反复斟酌患者脉舌证候、体质因素、治疗干扰因素，这是我们应该认真向先生学习的重要的辨证思维方法。

8. 寒霍乱重症案例摘要分析（《遗稿》78 ~ 79 页）

刘翁，年 70 岁，于 1945 年抗日战争中，因空袭而避居成都土桥乡间之双水碾。夏间，因食腊肘炖绿豆致腹泻，二三日后，吐泻交作，不能支持，乡居医药不便，而当时适值霍乱病流行，死亡者众，哲嗣远羁重庆，家中只有小孙儿女辈，起居一切，惟依旧戚邻居而兼顾之，乃急遣其孙儿来促余往诊。正值伏日，炎热异常，余立即驱车下乡往视。见翁大肉尽脱，吐泻清水，毫无臭气，六脉若有若无，两眼深陷，苔白如粉，厚至数分，满布舌上，手厥还肘，足冷逾膝，不渴不饥，待死而已。其为三阴之寒霍乱，无二无疑，惟翁年逾古稀，残阳将绝，非背城借一，期其一击而中，不足以挽狂澜而止吐泻，思维再四，乃决用三生饮加味，立方如下：

生川乌四两，白附片二两，生半夏五钱，生吴萸五钱，生南星五钱，粗桂木五钱。

上六味，煎至沸点，即于灌下，时正午后五时，不到天明，务须服完两剂。外用西洋参三钱浓煎另服，

萧长兴药号适迁在土桥场上营业，见方不敢售药。余乃为之署名盖章，愿负全责，乃得购药而归。余坚嘱其频频服药，明日再来诊视，乃去。翌日午后，余再赴双水碾复诊，见翁老友蹇德钦君，揖我而谢曰，刘翁已得大力，庆再生矣。余为之莞尔。询知服药后，半夜吐泻顿止，药已服完二帖，今晨索食知饥矣。余方释然，诊其脉乃渐出，肢厥已回，白苔尽去。翁与余有多年师生之谊（笔者注：刘翁乃先祖父中学时之《礼记·谋儒行篇》教师），平日深蒙见信，故急时得以侥幸克奏肤功，建此奇勋，出人意料。非翁不敢服我药，非翁我亦不敢擅主此方，纵有此方，在他人亦未必敢轻于尝试也。医病难，认证困难，而病重如药轻亦绝不生效。噫，治病岂易事耶……真可谓一场大战役也。

【笔者按】这是一则先生非常得意、非常精彩的救治危厄案例。先生为何能够在药房都不敢售药的情况下，都还力主用三生饮加味，以如此大辛大热大毒的药物来抢救患者？就是因为先生能够准确把握危厄病症的病机要点。分析此间原因，是先生把握住了形成这个病机要点的多方因素。这些因素有：

其一，有非常突出的阴寒衰弱危重的症状和体征。先生在救治该患者时，首先能够体察到的是该患者“大肉尽脱，吐泻清水，毫无臭气”“两眼深陷”“手厥还肘，足冷逾膝，不渴不饥，待死而已”的阴寒虚弱的危重现象。

其二，有与阴寒衰弱相吻合的脉舌象。在该患者的症状、体征中，先生特别

重视当下的脉舌象，即“六脉若有若无，苔白如粉，厚至数分，满布舌上”，这无疑为阴寒衰弱危重病症的重要表征。

其三，有导致危重病况的重要直接因素。对于如此危重病况，先生了解到“因食腊肘炖绿豆致腹泻，二三日后，吐泻交作，不能支持”是其直接原因。饮食不慎，寒凉性的绿豆与肉食很容易伤及脾胃阳气，导致阴寒内盛，因此是该患者当下病况严重的直接原因。

其四，有患病的时间环境等条件因素。患者出现危重病况的时间在 1945 年抗日战争后期，刘翁因乡居医药不便而延误病情，同时“适值霍乱病流行，死亡者众”，更有感染霍乱病菌的重要背景。这样的时间、环境因素，无疑让先生对刘翁危重病情的认识更加深刻，是他做出三阴寒证诊断的重要参考因素。

其五，有年龄体质和旧有疾病等间接因素。对于如此危重患者，非以重剂毒药救治不可。这样用药，一定要多方权衡。对刘翁已经 70 岁，先生对其体质及旧有疾病都有深入了解，“翁与余有多年师生之谊，平日深蒙见信”，刘翁对先生的医技和医德高度认可。这些都是先生敢于使用重剂毒药救治危厄的重要原因。故之后先生才会感叹道：“非翁不敢服我药，非翁我亦不敢擅主此方，纵有此方，在他人亦未必敢轻于尝试也。”

应该说，以上五点是先生在准确判断刘翁危厄病机要点，最终获得临床疗效的重要根据。以下是值得我们汲取的辨证诊断经验：

认准当下危重症状、体征：在任何情况下，先生都重视对病者当下症状、体征的了解。在这则案例中先生特别重视对该患者危重症状、体征的判断，认准了该患者属于阴寒虚弱的危急重症。

注重危急证候的脉舌象：先生不仅重视症状体征的危重病象，更是注重危重的脉象和舌象。将脉象和舌象与其他临床表现相互参证吻合之后，该患者所具有的三阴寒霍乱病证则可以确立。

探寻危急重症主要成因：在认准当下危重、危急的临床表现之后，先生所做的是调查它们的成因，只有探寻到这些成因之后，才能够进一步判断危急重症的性质和严重程度，抓住处治的病机要点。

参考处治危急重症具体背景：先生对这样危急证候的处治，显得非常谨慎，不仅在辨认证候的过程当中反复斟酌临床表现，脉证互参，因证互参，而且重视大辛大热毒药的使用条件。这些条件涉及患者年龄体质因素，甚至涉及患者与医生的信任度。这些都是先生认准危急重症的病机要点，大胆使用大辛大热毒药救治危重病症的重要参考。

综上所述，先生在处治危重病症的时候，仍然秉承着一贯的诊病风格，非常重视当下客观的症状、体征，更重视当下脉舌象与其他临床症状、体征的相互参照，同时也重视形成这些危重证候的原因及其条件，以及处治危重证候的重要背景。

这样的思维判断能力以及果敢处治措施，都是先生为后学救治危重患者所做出的重要榜样，非常值得我们学习和借鉴。

【摘要案例分析小结】

通过对以上 8 个案例的分析，笔者认为，这些案例很好地反映出先生在辨证诊断上，尤其重视使用中医“审证求因”的思维方法，特别探寻导致证候状态的诸多原因和条件，让证候（尤其是复杂、疑难证候）与其引起的原因相互参照，形成因果关系的证据链，进而相互比较，判断出当下证候的主要矛盾或矛盾的主要方面。这是先生判断证候病机要点、辨证诊断的重要思维方式。

只要有过中医临床经历的医生，都会在临床上遇到这样的情况，患者的症状、体征复杂多变，寒热、虚实、表里、阴阳往往同时出现。这样的现象给中医临床医生，特别是较为年轻的医生，带来了诊治上的诸多麻烦。

人体是一个有机的整体，“牵一发而动全身”。只是依靠辨识“全身”寒热虚实性质和脏腑经络部位，就去判断那个“一发”的病机要点，往往是困难的。要解决这样的麻烦，只有把证候放在特定的时空条件下去分析，让证候在特定环境中与导致证候的原因和条件形成因果关系的证据链，因证互参，相互比较鉴别，才能判断证候的病机要点。

显然，先生在准确辨识证候的病机要点上有很成熟的思维模式，积累了丰富有效的临床经验。

（三）归纳总结，辨证诊断八点经验

通过以上案例的深入分析和探讨，结合先生在临床调查病史的经验，笔者认识到先生在辨证诊断方面，总体上讲，有着采集临床信息和辨证思维两个方面的

特点。其一是先生胸中装有阴阳两纲和六经纲要，更以构成丰富饱满病状特质为着眼点，广泛搜集多方临床信息资料；其二是辨证诊断上，先生特别重视以审证求因的思维方式判断疾病证候的病机要点。具体地讲，笔者归纳出以下八点先生在辨证诊断方面的重要经验。

1. 尊重个体，搜集特色病状

犹如笔者在前面曾经提到过，当我们按照中医辨证施治的观点，从功能失调的状态去认识疾病的时候，各种证候的寒热虚实、脏腑经络、六经、三焦、卫气营血等的证候状态都不会单纯地呈现在我们的面前，每一位医生看到的总是一种纷繁复杂的综合性的功能失调状态。即便是简单的伤风感冒疾病，也会因为个体的体质因素、感邪轻重的不同、旧有疾病的不同等，呈现出极具个性化的感冒特征，更何况先生所列举案例多是一些急重病证的症状、体征。

先生在对待所有具有个性化的症状、体征时，是以极尊重患病个体特性的态度，而不是把任何疾病作为出发点去调查了解病情，而是认真负责地调查每位患者的自我感觉和体验，在尊重个性的病情状况基础上，实事求是地搜集临床第一手资料，绝不敷衍。这是先生在做出辨证诊断时的第一个重要经验。

2. 辨别属性，厘清证候类别

“治病不明寒热虚实，不明脏腑经络，开口动手便错”，这是中医界广泛流传的谚语。这段谚语其实是在告诫我们，按照传统中医思维进行疾病诊治时，绝对离不开对临床所获得信息进行分门别类的性质状态和部位状态的评估与判断。

先生胸中装着阴阳两纲、六经纲要，在获得第一手资料的过程中，随时把这些资料进行有效归类，判断其寒热虚实属性，所属脏腑经络，乃至六经、卫气营血、三焦的具体状态特征。上述案例也让我们清晰地观察到，在处治疾病时，先生都是把具体处治疾病的措施，落实到阴阳气血、寒热虚实、脏腑经络等人体各种功能失调状态的判断之上。因此先生处治疾病，不太重视具体疾病的特点，而是重视疾病反映在机体上的阴阳气血、寒热虚实、六经、卫气营血、脏腑经络等各种失调功能状态。这是先生在辨证诊断疾病时的第二个重要经验。

3. 分清时限，明确证候阶段

疾病的形成与演变是有一个过程的，而对于疾病所表现出来的各种功能失调状态，首先会受到时间因素的影响。时间长短的变化会直接影响疾病在功能失调状态上的程度，乃至一些性质和兼夹上的变化。因此要从功能失调状态上去准确辨识证候的病机要点，就必须对某一个阶段的证候状态进行明确判断。除了需要辨明各种功能失调状态的性状特征之外，我们还应该继续重视这种功能失调状态所处的时间段，分清证候的时限，明了当下时段的证候特点。

先生非常重视患者症状、体征出现的时间阶段，比如出现症状和体征的时间、发病过程的长短，而且非常重视当下突出的症状和体征，把它们作为分析证候病机要点的重要根据。特别是在对疑难的病证处治时，一定要在分析当下症状、体征的同时，详细了解和分析其余时间段的疾病证候状态、其他时段的治疗方式等，把它们作为分析现阶段证候病机要点的重要参考。因此重视证候的时限性、分清证候出现的时间段，应该是先生辨证诊断疾病的第三个重要经验。

4. 审求证因，探寻证候条件

从功能失调状态上去认识疾病的时候，这样的状态往往不是疾病单一因素造成的结果，一定是疾病病因作用于人体，把人体作为载体，表现出综合的功能失调。这种个体功能失调状态，还受着性别、年龄、体质、生活习性、感邪因素、发病诱因、治疗过程、旧有疾病，以及兼夹证候等多方面因素的影响。因此要用好中医的辨证诊断方法，从证候状态上抓准病机要点，对疾病证候状态做更为广泛的探究。要以审证求因的方法，探寻证候形成的条件，进而将形成证候的条件与产生证候的结果相互参照，才能最终确定证候病机要点。《素问·至真要大论》告诫我们要“审察病机”就必须要“无失气宜”，对形成病机要点的时空条件进行广泛而深入的了解，如此我们才能更为方便地以因证互参的方式，把握证候的病机要点。

先生在以上案例所做的辨证诊断过程中，非常重视疾病形成的条件，特别是一些急重和复杂病证，非常重视对疾病证候形成的条件和因素做深入而又有针对性的调查，并以审证求因、因证互参的思维方式，使证候呈现出立体的有着时空概念的特点。先生正是在这样具体的时空条件下，纵横多方比较分析，把握住处治疾病证候的病机要点的。这是先生从状态上去辨识证候病机要点的第四个经验。

5. 参照脉舌，印证当下证候

准确抓住处治疾病证候的病机要点，是临床获取疗效的关键所在。而要抓准病机要点，应该特别对当下症状、体征的特点进行充分的认识，也就是必须明了当下症状、体征的寒热虚实、脏腑经络等证候特点。其中详细了解患者当下的舌象、脉象，与其他症状、体征相互参照，寻找舌脉与证候的关联性，进而分析判断出证候确切的病机要点，是一个非常重要的临床辨证诊断环节。

先生诊治疾病过程中，从没有忽视对患者舌脉象的认真调查与分析，特别是遇到一些疑难杂症的时候，更是详细评脉查舌，把舌脉象作为明察当下证候的重要根据，而且一定会把诊查到的舌脉象与其他症状、体征相互参照，“以脉参证”以及“舌脉互参”，以这样的方式抓住病机要点，绝不只是凭借舌象或者脉象就处方用药。这是先生抓住病机要点的第五个经验。

6. 比较权衡，抓住病机要点

当疾病以人体功能失调的证候状态出现时，证候的复杂性是普遍存在的。中医辨证施治救治各类疾病，就是要在复杂的证候状态中，找准调理治疗这些复杂证候的切入点，进而获得分阶段、按步骤、有目的的治疗效果。

要在错综复杂的证候状态中抓住处治人体失调功能状态的关键点，最重要的方法就是要把各种寒热虚实性质状态、脏腑经络等部位状态，放在特定时空条件下，让证候与引起证候的原因形成多种相应的证据链，成为一个更为广泛、丰富的个性病状，以方便临床医生在这样的病状中相互比照，才有可能对证候的病机要点进行有效的把握。

先生在处治疾病的过程中，特别是在一些既有寒象又有热象、既有实证又有虚证的复杂病证中，非常善于应用比较方法，对寒热虚实、脏腑经络等各类证候从不同阶段、不同层次、不同角度进行比较，判断证候的主要矛盾和主要矛盾方面，抓住不同阶段、不同层次、不同角度的病机要点，或先以清热，后温阳扶正，或先用温阳散寒，后养阴清热等。通过比较，能够很好地把握由清法转为温法，或由温法转为清法，由补法转为泻法，或由泻法转为补法的转手时机。这些都是先生抓住各个阶段病机要点之后的有效治疗方法。对证候进行有效比较，尤其是以“审证求因”的方法，对证候与形成证候的各种原因和条件进行综合分析，让证候及其条件形成有力的因果证据链，再进行它们之间的比较，进而准确抓住当下处治证候的病机要点，是先生辨证诊断的第六个重要经验。

7. 对待疑似，力主谨慎诊断

证候是对疾病功能状态的中医学认识，要对证候进行有针对性的调理和治疗，最为关键的是找准切入点。需要注意的是，这个切入点一定会受到时间、地点、个体等因素的影响，表现出证候状态隐匿、模糊的复杂性，特别会出现很多的状态性质、状态部位、状态程度的疑似情况。

先生对证候的复杂性有着充分的认识，在以上病案中，我们发现先生有着对任何疾病都仔细认真的态度。先生在疾病诊治过程中记录的“思维再四”“再四察其色脉”等，都反映了他在辨证诊断中重视反复思考、反复考证的习惯。特别是先生在辨识错综复杂的证候时，那种反复辨认证候的轻重缓急、把握转手调治的时机，乃至一些药物的加减变化，都反映出先生非常谨慎、周密的诊病习惯。对于辨证诊断没有把握的时候，他甚至会采取小剂量药物试服的手段，谨慎从事。这样谨慎、周密的辨证诊断方式，是先生辨证诊断的第七个经验。

8. 通盘考虑，关注眠食二便

要从功能状态上对疾病进行彻底治疗，只是依靠寒热虚实调理临床症状是不行的。要完成从功能状态上治愈疾病的任务，必须要配合中医对生命健康状态维护的方法，通盘考虑，整体布局疾病的调治方案和措施。在这个环节当中，传统中医特别重视对人体整体健康状态上的阴阳协调、气机升降出入正常的维护。借助中医顺从自然规律的养生理念和方法，在不断维护人体健康状态的过程中去修复各种轻浅的、复杂的，甚至是严重的结构性病理改变，进而治愈各类病。

笔者在分析先生众多临床资料（包括以上案例）中发现，先生在疾病的诊治过程中非常重视对患者饮食胃口、二便排泄、睡眠状态的调查与分析。因为这三点最能体现人体气机升降出入与阴阳协调的健康状态。在疾病的辨证诊断中，充分对饮食、二便、睡眠状态进行分析与评估，不仅最能获取疾病功能失调的性状特征，而且能够协助判断患者功能失调状态在健康损害上的程度，利于抓住处治证候的病机要点。特别是对干预治疗之后，患者的饮食、二便、睡眠状况改善程度的分析与评估，更是先生变更治疗手段的重要依据，也是治疗干预是否取得长期稳定疗效的重要依据。因此，在对疾病进行辨证诊断时，充分重视饮食、二便、睡眠的调查分析，把它们作为辨证诊断、准确抓住病机要点、获取最终疗效的重要参考，是先生辨证诊断的第八个经验。

综上所述，笔者认识到，以上要点既是先生辨证诊断的八点经验，也是先生在辨证诊断中的重要思路和主要操行的方法。

先生受前辈传统中医的深刻影响，熟谙中医辨证诊断实质是对疾病在人体功能上表现出的状态的分析和判断。他所重视的是从整体状态的辨证诊断入手，准确把握病机要点的辨证诊断思路，真实体现出先生提出的“认证确”的重要内涵。如果我们能把这样的经验变为按步骤的辨证诊断方法，形成一个中医辨证诊断模式，一定有利于提升我们辨证诊断，抓住病机要点的水平。

二、灵活施治，具备温补特色

在我们具体学习领会先生《遗稿》中有关施治方案和具体方法的时候，开始只是感觉先生所选用的治疗措施和方法多种多样，用药特点总是偏于温补，而且疗效好。然而在临床具体操作这些治疗措施和方法的时候，我们更深切地体会到先生所有的治疗方法，确有从中医证候入手进行有效调理治疗的独到经验。

无论处治什么样的疾病，先生的治疗措施无一不是从疾病所具有的寒热虚实、脏腑经络，六经、三焦、卫气营血等证候状态入手。各种治疗手段的寒热补泻，尤其是中药汤方和具体药物加减，都是对疾病证候状态的有效干预。比如使用中药性味、归经、升降浮沉、七情配伍等，是对疾病所具有的寒热虚实、脏腑经络等的证候状态，特别是对证候状态在不同时空条件下的病机要点进行有效干预。针对证候在特定时空条件下各种病机的复杂变化，每次对汤方进行药物加减，特别能显现出先生施治手段的多样性，以及处方用药灵活的特点，有时甚至感觉先生用药总是信手拈来，也有非常明显的治疗效果。

不仅如此，先生还非常重视以人为本，在对待证候病机要点的状态调治中，始终重视照顾人体气机升降出入，特别重视维护脾胃的运化、传导功能，寒热温凉的处方应用，都不失时机地使用或陈皮，或茯苓，或山楂，或建曲，或生姜，或白豆蔻，或砂仁，或稻芽，或麦芽等药物，始终让所处汤方显露出照顾脾胃运化功能的灵动生机。

另外，笔者在对先生“选编”教学医案的处方用药进行分析时，发现先生在晚年临床工作中的药物选择上的确偏重使用温补药物，而且在这些温补药物的具体应用上，形成了以重用（干）姜、附（片）为主要配伍特点的温补大法。仔细分析这一大法，发现其隐含着典型的以火生土的方式，有效促进脾胃运化功能，最终让人体恢复到阴阳协调、气机升降出入正常、精神元气充沛、顺从自然规律的养生健康状态——这是先生重视人命根本以治疗疾病的重要经验。

下面笔者根据学习先生《遗稿》，以及聆听先祖母李霁云，先生亲炙弟子白淑仪老师、温如秀老师有关先生中医用药、施术经验等相关内容，分析、探讨先生在辨证施治中，施治技术方面的特色经验。

（一）治疗疾病重视证候

先生在具体的施治措施和方法上，从来没有抛弃辨证诊断这个重要环节，可以负责任地说，纵观先生对疾病的治疗，无一不是针对证候状态的具体措施。即使是先生掌握某一些药物对某种疾病有特别的治疗效果，也一定把这种有特殊效果的药物，运用在辨证施治原则指导下的具体治疗之中。

下面对《遗稿》"语录"中先生列举的各种疾病治疗经验进行分析，以认识先生针对证候状态加减用药，治疗疾病的重要经验。

1. 对慢性气管炎（哮喘）的治疗经验（《遗稿》64 ~ 65 页）

气紧不得卧。宗《金匮》痰饮门中，桂苓五味姜辛半夏汤为主加味。处方如下：

麻黄根三～五钱	五味一钱五	黑炮姜三～五钱	桂木三钱
法半夏三～四钱	云苓三钱	广陈皮一钱五	瓜蒌四钱
干薤白三钱	大建蒲七～八分	炙旋覆三钱	北辛七分
蔻仁一钱五～三钱	生姜三钱	附片一两	

痰黄去附片。其立意为宣通金水两脏，纳下。

遇下寒，去桂木，保留附片，加乌贼一～二两，菟丝、杜仲各五钱。

【笔者按】先生这里所讲述的对慢性气管炎的治疗，其实并没有具体阐述慢性气管炎在器官、组织结构等病灶上的病理改变，而是紧紧抓住气管炎病变过程中最具特点的"哮喘""气紧不得卧"的痰饮阻滞、肺气上逆的证候状态，提出"宗《金匮》痰饮门中，桂苓五味姜辛半夏汤为主加味"的治法，并列宣通金水两脏的处方。

重要提示：先生对慢性气管炎（哮喘）的治疗，完全是遵从《金匮要略》痰饮门中桂苓五味姜辛半夏汤为主的治法，痰饮病本身所表现出的“咳逆倚息不得卧”就是人体功能失调的重要表现。先生所主方药完全秉承着《金匮要略》“治痰饮者，当以温药和之”的原则，这是一种状态调理的治疗原则，而其加减也是根据痰黄有热或者下焦有寒的证候状态而变化。

2. 对麻疹的治疗经验（《遗稿》65 ~ 66 页）

为伏气温病之类，其发也必兼四时之气。外邪在夏秋为风热，在冬春为风寒。初起治以辛凉开解，杏仁是忌药（苦降）。大力、桔梗（升）是要药。薄荷必用，粉葛亦可用。现点之后，苦寒、甘寒并用。养阴清热，积极透邪（开）为主，便结者熟军（熟大黄）亦可用。

若肺热重，鼻扇微喘（肺炎之象），当投以白虎、增液（汤名），佐以生枇杷叶、竹叶、川贝、芩、连、栀、翘、芦根、木通、芫荽或椿芽树皮，丹皮、赤芍亦可采用。救肺脏之化源，防肾水之枯竭；尤须防其因热生风而成肺炎，病重者，犀角地黄汤亦可用（犀角、地黄、赤芍、甘草）。

麻疹免后，以养阴清热、下开二便为主。切忌辛温，虽广陈皮亦嫌其辛温，万不可用。尤须严忌风寒（防重感冒）、油荤。必须脉静身凉，一声不咳，一点不烧，廿日之后，方可稍进少油，务必以清淡为要，能忌满一月更善。上年老人有主张忌油达四十日者，防麻后生变，用意甚深，不可不知。麻疹热毒，病在肺胃。

【笔者按】先生对麻疹的治疗，主要重视麻疹为病的整体状态，即麻疹“为伏气温病之类，其发也必兼四时之气”“在夏秋为风热，在冬春为风寒”的不同证候状态特点。根据这样的状态特点，先生认为在表卫初期，一定要“以辛凉开解”，即便理肺气的“杏仁”也是“忌药（苦降）”，而“大力、桔梗（升）是要药。薄荷必用，粉葛亦可用”。只要麻疹“现点之后”，说明病邪已经向中期转变，则应该“苦寒、甘寒并用。养阴清热，积极透邪（开）为主，便结者熟军（熟大黄）亦可用”。

在麻疹中期，“若肺热重，鼻扇微喘（肺炎之象），当投以白虎、增液（汤名），佐以生枇杷叶、竹叶、川贝、芩、连、栀、翘、芦根、木通、芫荽或椿芽树皮，丹皮、赤芍亦可采用”，积极清泻阳明气分热邪，以“救肺脏之化源，防肾水之枯竭”，防止变成肺热壅塞的坏证。若是病重者，病邪波及营血分，“犀角地黄汤亦可用（犀角、地黄、赤芍、甘草）”。

麻疹后期，先生提出“麻疹免后，以养阴清热、下开二便为主”，而且“切忌辛温，虽广陈皮亦嫌其辛温，万不可用”，这是先生针对麻疹后期余邪未尽，热毒伤阴证候的状态特点，提出麻疹后期治疗的重要经验。先生特别提出“尤须严忌风寒（防重感冒）、油荤。必须脉静身凉，一声不咳，一点不烧，廿日之后，方可稍进少油，务必以清淡为要，能忌满一月更善”，而且还记载了“上年老人有主张忌油达四十日者，防麻后生变，用意甚深，不可不知”。

以上都是先生根据麻疹风热或者风寒致病的状态过程，提出根据麻疹各个阶段证候状态特点进行治疗与调养将息的经验。最后先生提出“麻疹热毒，病在肺胃”的总体病证状态的重要观点。

重要提示：我们分析先生对麻疹的治疗经验，先生并没有去辨析所使用药物对麻疹病毒的有效成分，更没有强调麻疹病毒侵犯人体组织器官的病灶特征，而是时刻强调，麻疹为病是中医藏象中肺胃部位的状态，以及“伏气温病之类”的性质状态——状态样疾病过程。也就是说，先生对麻疹的治疗，与治疗其他疾病的思路是一样的，都是从整体状态上去认识、去处治疾病。亦如麻疹早期，先生强调的是风寒与风热的状态辨别，中期重视对阳明热炽的状态把握，后期重视对余邪与阴伤的状态把握，进而采取不同的治疗方案和调养将息措施。

3. 对疟疾的治疗经验（《遗稿》66页）

多为湿热（振欧按：兼夹食）所致。湿热病为阴阳二邪合而为病。病在中焦。热重者，在胃居多；湿重者，在脾居多。治宜苦、辛、通（即“甘露散”）。若湿热传入少阳（胆），则为疟疾。“平胃散”主之（霜苍术、陈皮、厚朴、甘草）。薄荷、藿香、竹柴、枯芩、木通、滑石等。藿香正气散（藿香三钱、苏叶三钱、二陈汤、朴二钱、桔二钱、芷三钱、腹皮三钱）亦主之。若湿热传入大肠，每每由于生冷瓜果引起，则为痢疾。

【笔者按】先生所讲述的疟疾，并非是疟原虫引起的疟疾病，而是一种中医学所认识的湿热病邪导致的、常发于秋季、以身体寒热症状为主要特征的状态样疾病。其临床表现应该是以发热、寒热交作为特点，病变部位以少阳经为主。先生认为这个状态的疟疾病因湿热而起，而“湿热病为阴阳二邪合而为病”，主要伤人脾胃，并认为“热重者，在胃居多；湿重者，在脾居多”。因此，当湿热病邪在中焦时，就应该积极地以苦、辛、通为主的甘露散，排解中焦湿热，就可以杜绝湿热病邪由中焦传入少阳而变为疟疾病。

“若湿热传入少阳（胆），则为疟疾”，先生则主张以平胃散加“薄荷、藿香、竹柴、枯芩、木通、滑石等”，也可主以“藿香正气散”。由此分析先生在对中医所认识的疟疾病进行治疗时，特别重视对导致疟疾病的湿热病证——这个疟疾的中医源头的处治。更有意思的是先生对中焦湿热病邪的另一个转归的认识，他认为中焦湿热病，如果误食“生冷瓜果”，则可导致“湿热传入大肠”的转归，而形成“痢疾”病证。

重要提示：先生对疟疾的治疗，也完全是在充分认识疟疾的状态特征基础上，特别强调对导致疟疾根本源头——中焦湿热病证的状态认识与处治。不仅如此，先生还对湿热病证导致痢疾病证的转归，阐述了自己的看法。这些都是非常值得我们学习的重要经验。

4. 对痢疾的治疗经验（《遗稿》66 ~ 67 页）

里积后重而腹痛，必须审其部位，脐上痛者多属热，脐下痛者多属寒，上下皆痛者亦属寒。主以芍药汤（金代张洁古创方），归、芍、木香、朴、槟、莱、芩、连、军。用此方时重用归、芍以养血，则后重自去。再用芳香调气之药（木香、广陈皮）则里积自去，必须去积行滞（如朴、枳、槟、莱）。

寒痢则去芩、连、军，而用吴萸、桂木辛温之品。

一说下痢红白，白多者为寒，红多者为热，可供参考，亦不尽然。

大抵脉弦、数而口渴思饮者为热痢，脉濡、不数而口不渴者为寒痢。

统统以通为主，养血，理气。切记切记。

孕妇而患痢疾，当以养胃、固下为主，以保胎。归、芍、木香仍须用之。攻下之药以神曲、楂炭、炒谷芽、莱菔为主，枳、朴、硝、黄，不可擅用，慎之慎之。

痢疾禁忌生冷、油腻、醪糟。

【笔者按】先生首先重视痢疾为病所表现的“里积后重而腹痛”的典型临床症状，强调对这种腹部典型症状，必须进行深入辨识，即“必须审其部位，脐上痛者多属热，脐下痛者多属寒，上下皆痛者亦属寒”。根据这样的状态，先生提出“主以芍药汤（金代张洁古创方），归、芍、木香、朴、槟、莱、芩、连、军”，介绍了“用此方时重用归、芍以养血，则后重自去。再用芳香调气之药（木香、广陈皮）则里积自去，必须去积行滞（如朴、枳、槟、莱）”的重要经验，同时阐述了“寒痢则去芩、连、军，而用吴萸、桂木辛温之品”的重要体会。

在对痢疾排出物进行寒热鉴别时，先生根据临床经验提出了自己的看法，认为只从痢下排泄物判断“白多者为寒，红多者为热”是不够的，这只可作为一般的参考，具体在临床上不可执此一端，而应该结合其他临床表现，进行综合的临床分析和判断。比如辨别痢疾的寒热状态时，还应该重视参照脉象和口渴情况，指出“大抵脉弦、数而口渴思饮者为热痢。脉濡、不数而口不渴者为寒痢”。

另外，痢疾为病，总是一种湿热毒气瘀塞肠胃的证候状态，先生强调其治法“统统以通为主”，即便是“养血，理气”也不能违背对痢疾以通为治的大原则，并且提出了“切记切记”的告诫。在特殊情况之下，比如“孕妇而患痢疾，当以养胃、固下为主，以保胎”，但是也不能忘记对痢疾通调治疗的大体原则，指出“归、芍、木香仍须用之。攻下之药以神曲、楂炭、炒谷芽、莱菔为主”，只是“枳、朴、硝、黄，不可擅用，慎之慎之”。

对痢疾的胃肠湿热壅遏证候状态的饮食将息，先生更是强调应该“禁忌生冷、油腻、醪糟”。这些也是先生从疾病状态上认识痢疾湿热证候的本质，提出的重要饮食将息措施，也可以视为对痢疾病证整体治疗措施的一部分。

重要提示：先生对痢疾的治疗，完全是基于他对痢疾所表现出来的胃肠被湿热病邪壅滞的证候状态的认识，所有的治疗措施都针对这样的状态，重点使用芍药汤一类药物，从肠胃气血方面对肠胃病邪进行排解。先生关于孕妇患痢疾的治疗措施，是根据具体状态提出的治疗方案，至于忌口养息等，也是根据痢疾的整体状态提出的将息措施。

5. 对肝炎的治疗经验（《遗稿》67 页）

症状巩膜发黄，肝区作痛，肝脏肿大，高烧，溲黄，大便结，口渴，不思食，有传染性。

该病在中医为阳黄，系中焦（胃）湿热，窜入胆经。脉弦、数。茵陈蒿汤

（茵陈、栀子、大黄）主之。苦温开解，下通二便，分消湿热，湿邪由小便解除，热邪由大便解除，即可治愈。举方为例：薄荷、淡香豉、栀子、茵陈、大黄、连翘、枯芩、蔻仁、广陈皮、木通、神曲、六一散、厚朴、吴萸熬水炒黄连等味（振欧按：临症化裁）。发高烧者，淡豉可用四至五钱，可发阳明（胃）之汗，热重者加用白虎，即如甘露散（注：甘露消毒丹）症。若肺热重，壮热口渴，亦可加用白虎，用以退热止渴。

至于慢性肝炎，有属于热证之阳黄，亦有属于寒证之阴黄，皆不能速愈。阳黄必现热象，病在脾胃；阴黄必现寒象，病在脾肾。总以健脾运胃为本。阴黄脉濡无力，可用姜附，重用茵陈八钱至一两，佐以逐湿调气之品，以徐图之。若时间弥久而兼腹水，遂成单腹胀，更为难治。

【笔者按】首先是急性黄疸型肝炎的治疗。先生重视的是急性肝炎所具有的“巩膜发黄，肝区作痛，肝脏肿大，高烧，溲黄，大便结，口渴，不思食，有传染性”的状态特点，认为这是“湿热黄疸”的基本证候状态，应该施以茵陈蒿汤和甘露消毒丹加减。先生特别强调肝炎在急性黄疸期，有发热时所具有的“中焦（胃）湿热，窜入胆经”的证候特征，只要当下具备“脉弦、数”的实证热证脉象，则可大胆使用茵陈蒿汤。而对于急性肝炎所具有湿象与热象并重的证候状态时，应该使用甘露消毒丹加减，体现先生“苦温开解，下通二便，分消湿热，湿邪由小便解除，热邪由大便解除”的重要治疗思路。药物选用“薄荷、淡香豉、栀子、茵陈、大黄、连翘、枯芩、蔻仁、广陈皮、木通、神曲、六一散、厚朴、吴萸熬水炒黄连等味”。如果高热，而中上焦有湿热遏郁状态者，则“淡豉可用四至五钱”，以“发阳明（胃）之汗”；胃热很重时，即是大热、大汗、口渴引饮，则可以加入石膏，甚至是甘露消毒丹与白虎汤合用而获得消黄、退热、止渴的良好效果。

对于慢性肝炎，先生则是重视辨识其属于湿热偏重的阳黄证候状态，还是属于寒湿偏重的阴黄证候状态。阳黄证候状态“必现热象，病在脾胃”，阴黄证候状态“必现寒象，病在脾肾”，不论是阳黄还是阴黄的证候状态，在治疗方案的选择上，先生都根据慢性肝炎所具有的湿热未尽、中焦脾胃功能受损的基本状态特征，“总以健脾运胃为本”——特别重视恢复脾胃的运化传输功能。因此，对慢性肝炎的治疗，先生完全是根据脾胃受损、湿热未尽的基本证候状态特点，特别重视对中焦脾胃气机的升降功能的恢复和维护。至于阴黄所兼具的“脉濡无力”，提示有脾肾阳虚的证候状态存在时，“可用姜附”，同时“重用茵陈八钱至一两，佐以逐湿调气之品，以徐图之”。最后先生提出对于肝炎，特别是慢性肝炎，应该及早治疗，否则“若时间弥久而兼腹水，遂成单腹胀，更为难治”。先生强调早期防治肝炎，具有治未病的意义。

重要提示：不论肝炎是急性还是慢性，先生都强调根据其所具有的证候状态拟定治疗方案和具体治法。在肝炎的急性黄疸期，选用茵陈蒿汤、甘露消毒丹加减，或配用淡豆豉，或配用石膏、白虎，是根据患者所具有的阳明胃热偏重证候状态进行的有效选择。而对于慢性肝炎的治疗，先生所选用的恢复脾胃功能的药物，或者以姜附配重剂茵陈等治法，也是根据慢性肝炎所具有的阳黄证候状态或者阴黄证候状态进行的有效选择。

6. 对水肿的治疗经验（《遗稿》68 页）

按近年来流行之水肿病，大抵皆属脾肾阳虚，不能运水所致。法当温化。脉每濡、迟或弱，神倦，不渴，不思饮食，小便短少，大便溏泄或不溏泄。处方忌用参、草，防其滞气也，有碍宣通；白芍之酸敛而寒，玄参、地黄之滋腻滞气，皆所禁忌，切记，切记。

举方为例：附片、炮姜、桂木、白术、泽泻、广陈皮、苓皮、砂蔻、椒目、杜仲、巴戟、前仁、海金沙、针砂丸（冲服）。气胀可去白术。

【笔者按】先生认为“近年来流行之水肿病，大抵皆属脾肾阳虚，不能运水所致”，强调的是中医学中“脾肾阳虚，不能运水”证候的功能失调状态。其具体表现，除了水肿症状之外，还有“脉每濡、迟或弱，神倦，不渴，不思饮食，小便短少，大便溏泄或不溏泄”，这些都是对脾肾阳虚状态的反映。先生所用的温化方法及其药物，如“附片、炮姜、桂木、白术、泽泻、广陈皮、苓皮、砂蔻、椒目、杜仲、巴戟、前仁、海金砂、针砂丸（冲服）”，均是针对脾肾阳虚，不能运水状态的具体治疗措施。

这里先生特别提出对于水肿状态“忌用参、草，防其滞气也，有碍宣通；白芍之酸敛而寒，玄参、地黄之滋腻滞气，皆所禁忌”的药物禁忌经验，值得我们认真汲取。他提出如果这时水肿病兼有“气胀”“可去白术”的经验也应该引起我们的注意。

重要提示：水肿只是一个临床症状而已，然而先生却是以传统中医的方式对其进行综合状态的辨析，先生当时所遇到的水肿病主要是脾肾阳虚，不能运水的证候状态，根据这种状态，先生不仅提出了治疗方药，而且提出了药物加减及其宜忌，是非常值得我们学习和借鉴的治疗水肿为主要特征疾病的重要经验。

7. 对妇科疾病的治疗经验（《遗稿》68 ~ 69 页）

闭经

以养血、温肾、舒肝、运脾为主。有白带者或带重者则当止之（用乌贼骨、龙、牡）。无带者或少带者，可用归、芍；食欲不振，腰疼不胀，心烦、不渴，二便如常，用附子理中汤兼逍遥散加味。

举方示例：沙参五钱～一两，白术三钱，炮姜一钱五～三钱，广陈皮一钱五，附片一两，杜仲五钱，菟丝五钱，归、芍各二钱，炙柴胡三钱，茯苓三钱，香橼三钱，炙甘草一钱，桂木一钱五～三钱。腹痛加胶三钱，艾炭三钱；心悸者加枣仁、远志，多梦者用茯苓加朱砂拌。

胎前

产前忌用桂、赤芍、丹皮、丹参、川芎、香附、郁金、台乌、姜黄、鳖甲、龟板、硝黄、枳朴、牛膝、六一散、滑石，身体极弱，须（知）茯苓亦应慎用。

胎前足肿，用桑枝一钱，香木瓜四钱，泽泻一钱五。

保胎

以固肾健脾为主。健脾如四君、理中或附子理中。固肾如菟、杜、羊藿、巴戟、益智、故纸皆为必用之药。当先辨其寒热，而选用方药。如果体系阴虚而多烦热者，则用地黄、白芍以养肝肾之阴，枸杞、菟丝、钗斛、沙藜以养肾脏之水。至于姜、附则万不可用，切记，切记。脉症之辨，必须细审详察，勿令致误。

产后

三日之内，忌用寒凉。虽白芍亦不可擅用，主要在培养肝肾。盖产后大量失血，气血两伤。恢复健康，全凭健饭。

新产腹痛，以行瘀为主。佛手散（当归、川芎）宜多用之；丹参、益母草亦多用之。当慎风寒为调摄第一要义。

产后照例有三大症：一曰郁冒（即头晕），二曰腹痛，三曰大便难。法拟养血、健胃、润燥，投以苁蓉、麻仁、归、芍、参、术，即可治愈。用药当持其平。过热伤阴，过寒则碍胃，不可不慎也。当明辨阴阳而调治之。

产后风寒特效药列后：黑荆芥、薄荷梗、紫苏梗、明天麻、刺蒺藜、广陈皮、炒白芍、枇杷叶、杏仁，有痰加化痰药物。

【笔者按】对妇科疾病的治疗，先生在这里主要介绍了常见的闭经、胎动不安、产后三大症，以及产后感冒等的调理和治疗经验。先生的这些经验，也无不是反映了他从这些疾病的证候状态入手的治疗特色。

闭经：先生重视“以养血、温肾、舒肝、运脾为主”，所用的“附子理中汤兼逍遥散加味”，正是纠正血虚、肾虚、肝郁、脾失健运的人体失调的功能状态，是先生从状态上治疗闭经的着眼点。先生所列加减用药方法，也无不是根据个体证候状态特点进行的药物调整。

胎动不安：一定是以保胎为主，先生根据胎动不安脾肾不足的基本证候特点，重视健脾与固肾方法的应用。在具体使用健脾或固肾的方法时，特别强调要详查脉症，在“先辨其寒热”的证候状态之后才能有具体的施治措施。先生指出“如果体系阴虚而多烦热者，则用地黄、白芍以养肝肾之阴，枸杞、菟丝、钗斛、沙藜（沙苑子、潼蒺藜）以养肾脏之水。至于姜、附则万不可用，切记，切记”。

产后疾病：先生总体特别重视产后气血亏损的证候特点，强调产后“三日之内，忌用寒凉。虽白芍亦不可擅用”，具体用药也应该“主要在培养肝肾”。他也强调要恢复产后的气血亏损，一定要保胃气，提出产后“恢复健康，全凭健饭”的观点。

新产腹痛：先生主张“以行瘀为主”，以消除新产之后的瘀血证候，“佛手散（当归、川芎）宜多用之；丹参、益母草亦多用之”。不仅如此，先生还特别强调新产腹痛还“当慎风寒为调摄第一要义”，不仅防止寒凝血瘀加重病情，而且强调气血不足，又有瘀血秽浊时，更要防止伴生外感疾病。若是产后伴有风寒外感病，先生的经验是选用“黑荆芥、薄荷梗、紫苏梗、明天麻、刺蒺藜、广陈皮、炒白芍、枇杷叶、杏仁，有痰加化痰药物”等，认为这是“产后风寒特效药”。

产后三大症：先生认为“产后照例有三大症：一曰郁冒（即头晕），二曰腹痛，三曰大便难”，对其治疗，还是“当明辨阴阳而调治之”。其主要治疗方案是根据郁冒的血虚证候特点采用养血的方法、根据腹痛的血瘀证候特点采用化瘀的方法、根据大便难的血虚肠燥证候特点采用健胃润燥通便的方法。对产后三大症，先生还列举“肉苁蓉、麻仁、归、芍、参、术”等有效药物，同时强调对产后三大症的“用药当持其平。过热伤阴，过寒则碍胃，不可不慎也”。这些都是先生治疗产后三大症非常宝贵的临床经验。

重要提示：对于以上妇科常见病的治疗，先生依然强调中医证候，并没有对这些妇科疾病的具体病灶阐述更多的治疗经验。而在这些疾病治疗当中，先生更是强调注重脉症的辨别，注重阴阳寒热虚实的准确诊断。这是我们应该认真向先生学习的重要临床经验。

综上所述，从以上案例分析中我们可以发现，先生对所有疾病的治疗，并非是针对现在临床医学中的疾病的治疗，而是针对这些疾病在临床上的状态，即从这些疾病状态上辨识出有中医学意义的寒热虚实、脏腑经络等的证候及其病机要点，然后进行综合调理治疗。这是我们在学习先生各种调理治疗方法、汤方加减等措施时，应该特别注意的地方。

（二）治疗措施灵活多变

正如笔者在分析先生辨证诊断经验时指出的那样，先生的辨证诊断总是重视准确把握证候的病机要点，治疗疾病则一定重视根据证候的病机要点选取不同的治疗措施。证候的病机要点，受着特定时空条件的影响，有着千变万化的特点，如何选择最为贴切的治疗手段及药物，解决复杂多变的病机要点问题，唯有更多更好地掌握各种有效针对复杂多变证候病机要点的治疗措施及其药物。

我们可以看出先生在此方面有以下特点：

1. 所用药物范围宽泛

笔者发现，先生在《遗稿》中使用的药物很多，而且熟谙药物的性味归经、炮制、组方及加减变化特点。先生临阵用药，犹如韩信点兵，在选择具体药物时范围广泛，而且应用自如。笔者对《遗稿》“选编”中方剂及药物进行分析研究时发现，先生运用了200味药物，通过各种加减变化，构成了各式各样的针对证候病机要点的汤方。这正是先生能灵活多变用药治病的真实体现。

下面笔者根据先生《遗稿》“选编”419个完整汤方中的用药情况，分析先生灵活多变的用药特点，见表1。

表1 “选编”419个完整汤方中常用药物归纳

排序	方药	使用次数	占比	排序	方药	使用次数	占比
1	茯苓	354	84%	22	砂仁	102	24%
2	陈皮（广陈皮）	352	84%	23	菟丝子	85	20%
3	朱砂（辰砂）	275	66%	24	白芍	82	20%
4	干姜（炮姜）	247	59%	25	石菖蒲（石蒲）	80	19%
5	附片	226	54%	26	干地黄（生地）	72	17%
6	石决明	226	54%	27	肉苁蓉	71	17%
7	白术	222	53%	28	牡蛎	71	17%
8	蔻仁	222	53%	29	桑枝	67	16%
9	甘草（炙甘草）	202	48%	30	木瓜	65	16%
10	香橼	202	48%	31	龙骨（龙齿）	65	16%
11	沙参	192	46%	32	椒目	64	15%
12	杜仲	191	46%	33	五味子（北味）	63	15%
13	吴茱萸	190	45%	34	泽泻	61	15%
14	黄连	179	43%	35	麦冬（寸冬）	56	13%
15	柴胡	167	40%	36	神曲	53	13%
16	法半夏（法夏）	155	37%	37	牛膝（怀牛膝）	52	12%
17	巴戟天	152	36%	38	谷芽	52	12%
18	桂枝（桂木）	149	36%	39	补骨脂（破故纸）	45	11%
19	首乌藤	133	32%				
20	远志	119	28%	40	薤白	43	10%
21	生姜	113	27%	41	旋覆花	43	10%

续表

排序	方药	使用次数	占比	排序	方药	使用次数	占比
42	青皮	42	10%	65	天麻	16	4%
43	当归（秦归）	40	10%	66	黄芩	15	4%
44	细辛	37	9%	67	针砂丸	15	4%
45	怀山药	36	9%	68	磁石	15	4%
46	郁金	33	8%	69	石楠藤	14	3%
47	郁李仁	32	8%	70	旱莲草	14	3%
48	乌贼骨	30	7%	71	火麻仁（麻仁）	14	3%
49	狗脊	28	7%	72	地肤子	13	3%
50	瓜蒌（全瓜蒌）	28	7%	73	防己	13	3%
51	刺藜	28	7%	74	浮小麦（浮麦）	13	3%
52	枣仁	27	6%	75	厚朴	13	3%
53	橘红	26	6%	76	莲须	13	3%
54	木通	26	6%	77	潼蒺藜	13	3%
55	茵陈	25	6%	78	台乌药	13	3%
56	草蔻	24	6%	79	杏仁	12	3%
57	焦栀	23	5%	80	益智仁（益智）	12	3%
58	石斛	22	5%	81	薄荷	11	3%
59	淫羊藿（羊霍）	21	5%	82	桔梗	11	3%
60	连翘	20	5%	83	枳壳	11	3%
61	金铃炭	20	5%	84	松节	11	3%
62	海风藤	19	5%	85	骨碎补	11	3%
63	秦艽	17	4%	86	覆盆子（覆盆）	11	3%
64	黄柏	17	4%	87	防风	10	2%

续表

排序	方药	使用次数	占比	排序	方药	使用次数	占比
88	青木香	10	2%	111	熟地黄	6	1%
89	乌梅	10	2%	112	佛手	6	1%
90	大枣	10	2%	113	枸杞	6	1%
91	钩藤	10	2%	114	土茯苓	5	1%
92	藿香	9	2%	115	丝瓜络	5	1%
93	淡豆豉（淡豉）	9	2%	116	冬瓜仁	5	1%
94	尖贝母	9	2%	117	冬花	5	1%
95	金樱子	9	2%	118	赤石脂	5	1%
96	紫石英	9	2%	119	蛤粉	4	1%
97	蚕沙	8	2%	120	山栀仁	4	1%
98	川椒	8	2%	121	百合	4	1%
99	竹茹	8	2%	122	苍术	4	1%
100	禹余粮	8	2%	123	荆芥	4	1%
101	姜黄	7	2%	124	益元散	4	1%
102	黄芪（北芪）	7	2%	125	前根（白前根）	4	1%
103	茅根	7	2%	126	藕节	4	1%
104	枣皮	7	2%	127	天花粉	4	1%
105	女贞子	7	2%	128	丹皮	4	1%
106	射干	7	2%	129	潞参	4	1%
107	苍耳子	6	1%	130	地榆	4	1%
108	海桐皮	6	1%	131	夏枯草	4	1%
109	豆卷	6	1%	132	芦巴（胡芦巴）	4	1%
110	车前仁	6	1%	133	川芎	4	1%

续表

排序	方药	使用次数	占比	排序	方药	使用次数	占比
134	菊花	3	1%	157	延胡索	2	—
135	麻黄根	3	1%	158	鳖甲	2	—
136	艾炭	3	1%	159	三棱	2	—
137	老米	3	1%	160	莪术	2	—
138	升麻	3	1%	161	鸡内金	2	—
139	滑石	2	—	162	苏梗	1	—
140	六一散	2	—	163	信前	1	—
141	银花	2	—	164	蔓荆子	1	—
142	鲜藕	2	—	165	桑叶	1	—
143	血余炭	2	—	166	芦竹根	1	—
144	伸筋草	2	—	167	牛蒡子	1	—
145	舒筋草	2	—	168	海金沙	1	—
146	诃子	2	—	169	白芷	1	—
147	公丁香	2	—	170	葶苈子	1	—
148	地骨皮	2	—	171	京夏（京半夏）	1	—
149	白薇	2	—	172	枇杷叶	1	—
150	石膏	2	—	173	紫菀	1	—
151	荆竹沥（竹沥）	2	—	174	荔枝核	1	—
152	核桃	2	—	175	豨莶草	1	—
153	柏子仁	2	—	176	木贼	1	—
154	代赭石	2	—	177	蝉蜕	1	—
155	广木香（广香）	2	—	178	谷精草	1	—
156	秫米	2	—	179	角参	1	—

续表

排序	方药	使用次数	占比	排序	方药	使用次数	占比
180	知母	1	—	191	板蓝根	1	—
181	胆南星	1	—	192	金钱草	1	—
182	竹黄	1	—	193	焦山楂	1	—
183	金熊胆	1	—	194	续断	1	—
184	乌梅丸	1	—	195	桑螵蛸	1	—
185	香薷	1	—	196	原皮参	1	—
186	扁豆皮	1	—	197	茯神	1	—
187	桑皮	1	—	198	没药	1	—
188	腹毛（大腹皮）	1	—	199	瞿麦	1	—
189	白蜜	1	—	200	阿胶	1	—
190	乳香	1	—				

笔者在研习这些药物时认识到，《遗稿》“选编”中的419个较完整汤方包含了以上200味中药，而非十几味或者几十味中药，充分证明先生所用药物的广泛性。

不仅如此，以上中药涉及了中药学中的各个类别。比如：

解表药类：薄荷、荆芥、白芷、牛蒡子、防风、紫苏、生姜、香薷、升麻等。

清热药类：黄连、黄芩、栀子、知母、菊花、夏枯草、白薇、熊胆等。

解毒药类：银花、连翘、土茯苓、板蓝根等。

泻下药类：大黄、火麻仁、郁李仁等。

清利湿热药类：茵陈、滑石、瞿麦、车前仁、海金沙等。

淡渗利湿药类：薏苡仁、茯苓、泽泻、豆卷等。

芳香化湿药类：藿香、白豆蔻、砂仁等。

祛风除湿药类：羌活、海风藤、海桐皮、伸筋草、舒筋草、石楠藤、丝瓜络、木瓜、桑枝等。

化痰药类：半夏、瓜蒌、尖贝母、冬瓜仁、胆南星等。

止咳药类：信前、杏仁、款冬花、葶苈子、枇杷叶、桔梗等。

理气药类：陈皮、佛手、香橼、郁金、台乌药、厚朴、枳壳、橘核、荔枝核、金铃炭等。

消积药类：神曲、谷芽、麦芽、莱菔子、焦山楂、槟榔等。

温里药类：附片、干姜、桂枝、公丁香等。

补肾药类：淫羊藿、杜仲、巴戟天、胡芦巴、肉苁蓉、潼蒺藜等。

养阴药类：地黄、女贞子、旱莲草、地骨皮、石斛、天花粉、角参、麦冬、蛤粉等。

补气药类：人参、党参、沙参、黄芪、白术、老米、秫米、甘草、白蜜等。

补血药类：当归、芍药、阿胶等。

活血化瘀药类：乳香、没药、丹皮、丹参、川芎、紫草、益母草、三棱、莪术等。

平肝潜阳药类：石决明、龙骨、牡蛎、磁石、代赭石、钩藤、蝉蜕、蔓荆子、刺藜等。

安神药类：朱砂、柏子仁、酸枣仁、首乌藤、茯神等。

止血药类：姜灰、血余炭、地榆、侧柏炭、艾炭等。

收涩药类：五味子、麻黄根、浮小麦等。

驱虫药类：乌梅、榧子等。

特别提示：从以上的归类，我们可以看出先生在中药的选择上是相当广泛的，同时也可以发现先生对各种类型药物的熟悉程度。这些都是先生能够根据证候在不同时空条件下的病机要点的变化，选择不同药物进行积极调理治疗的重要保障，是非常值得我们汲取的宝贵经验，更是值得我们在系统全面掌握庞杂中药方面，向先生学习的治学精神。

2. 重视药物细节变化

《遗稿》“选编”中不仅药物种类多，涉及的药性范围广，落实到具体的药物应用时，先生还会根据不同的病情，对具体药物的使用，做出药物炮制、入药部位、药对配伍、药物品质等的使用细节。介绍如下：

龙骨用法，有龙骨、龙齿的不同。根据病情选用龙骨或者龙齿。龙骨与龙齿功效虽然相近，但是龙齿更偏于镇静安神，龙骨则偏重于收涩。

干姜用法，有干姜、炮姜、炮姜炭的不同。根据病情选用炮姜或者干姜。直需温中回阳，以选用干姜为主；而需要温中补虚，多选用炮姜守中，且不容易上火。如果有出血时，则选用炮姜炭，甚至配合使用生姜灰（生姜炮烧成灰）。

麦冬用法，有麦冬、朱麦冬的不同。根据病情直接选用寸冬（指上等的好麦冬），或者选用用朱砂拌匀炮制过的麦冬（称为朱冬、朱麦冬，或者朱寸冬）。朱麦冬往往用于心阴不足、心阳偏旺，用以滋养心阴，同时安神定志。

白芍用法，有白芍、炒白芍、酒炒白芍的不同。根据病情不同，或者直接选用白芍、清炒白芍，或者选用酒炒白芍（简称为炒芍，或酒芍）。一般清炒白芍可以减轻白芍酸涩之性，补阴柔肝之力较白芍微弱；酒炒白芍则令白芍有了活动之性，与当归、地黄等补血药相配，更具有补血而不腻的效果。

黄连用法，直接入煎剂，或者炮制其他药物。在《遗稿》"选编"中，先生直接使用黄连的情况很少，而且使用黄连时用量也很轻，往往在五分（1.5g）到一钱（3g），只有一例用了五钱。黄连最多的用法是与吴茱萸同用，即以吴茱萸水炒制黄连，或者直接与吴茱萸同炒成为吴茱萸炮制之后的黄连。处方上往往写成"（吴茱萸水炒）黄连"，或者"（吴茱萸同炒）黄连"。这样的配伍，形成左金丸的特殊用法，不仅避免了黄连的过于苦寒，更有泻心火、佐肺金、抑肝木、和胃气的效果。

吴茱萸用法，直接入煎剂，或者炮制其他药物。根据不同的病情，或者直接选用吴茱萸，或者用黄连水炒制吴茱萸（此种情况较多），处方上往往写成"（黄连水炒）吴茱萸"。与用吴茱萸炮制黄连一样，（黄连水炒）吴茱萸也形成了左金丸的格局，只是使用的黄连或者吴茱萸的主体不一样，证候偏热用"（吴茱萸水炒）黄连"偏寒则用"（黄连水炒）吴茱萸"。

朱砂用法，直接入药，或者炮制其他药物。先生直接使用朱砂（辰砂）的机会较少，但是以朱砂（辰砂）来炮制茯苓、麦冬等，并同时入煎剂的机会很多，特别是朱砂拌茯苓的应用尤其多。朱砂拌茯苓，使茯苓在健脾除湿功效的基础上，又增强了宁心安神的作用。

茯苓用法，有茯苓、苓皮、连皮茯苓、朱砂拌茯苓、连皮茯苓朱砂拌、茯神的不同。茯苓的用法变化最多。例如在选用茯苓的具体部位时有以下用法：如果只是需要茯苓的健脾运脾功效，直接选用茯苓即可；如果需要茯苓的利水效果，特别是要取茯苓利水消肿的效果时，则选用茯苓皮，或者直接在处方上写明为“苓皮”；既要健脾，又要消肿时，则明确写为“连皮茯苓”；如果需要茯苓的安神定志效果，则选用朱茯苓（朱砂拌制过的茯苓）；既需要茯苓安神定志，又要健脾、利水时，则明确标注为连皮茯苓（朱砂拌）。另外，茯苓安神还可以直接选用茯神。

“选编”中的茯苓多写成“云苓”或“云茯苓”，是先生强调选择使用云南出产的道地药材茯苓。

生姜用法，有生姜、连皮生姜、姜皮、姜灰的不同，以及以生姜水炮制其他药物。需要和胃止呕时选择生姜，需要解表时选用连皮生姜，需要利水消肿时则用生姜皮，需要止血时则选用生姜灰。另外，先生经常用生姜水拌炒法半夏，以增强和胃止呕的效果。

酸枣仁用法，有直接用生酸枣仁、清炒酸枣仁、黄连水炒酸枣仁的不同。酸枣仁有养肝、调肝安神的作用。一般有生酸枣仁令人白天清醒、炒酸枣仁令人夜晚很好入睡的说法，其实生、炒酸枣仁都具有令人夜晚安然入睡的效果，因此，要加强安眠效果时，往往生、炒酸枣仁同用。用黄连水炒枣仁，则可以增加酸枣仁清泻心火的效果，使心肝火邪得到清解，神魂安宁，有助于睡眠。

沙参用法，有北沙参、南沙参（泡沙参）的不同。一般认为北沙参偏于补肺、偏于阴，南沙参（泡沙参）偏于补中、偏于阳。先生在《遗稿》“选编”中使用最多的只写沙参，并没有分南北，只是偶尔写泡沙参。分析先生所用沙参的汤方，多是与白术、炮姜、制附片等补益脾胃中阳的药物一起使用。因此先生使用的沙参多是南沙参，即泡沙参。

白术用法，有生白术、炒白术，以及与苍术配合使用的不同。生白术健脾除湿，以除湿见长，而炒白术在健脾除湿中偏重于健补中气，偏于补益，因此二者在应用上有不同的选择。苍术燥湿健脾的功效尤强，当既需要健脾又需要燥湿效果的时候，生白术与苍术往往同用，处方上写为苍、白术各多少克。

滑石用法，直接使用滑石，或者与其他药物相配。在夏秋季感受暑热病气，即暑热伤及气分时，可以直接使用滑石入汤剂，清泻暑热病气。而对于脾胃功能较弱，不甚耐受滑石寒凉药性的人，则于滑石中配入甘草粉，配伍比例为滑石六分、甘草一分，称之为六一散，清暑热而不易伤及脾胃。对于暑热伤气，同时导致心气耗散，出现心慌心悸、出汗甚多者，则在六一散中加入朱砂成为益元散，其相配比例为六一散六分、朱砂一分。

柴胡用法，有生柴胡、炙柴胡、炒柴胡的不同。需要和解少阳，透解少阳病邪，或者升举清气时，直接使用生柴胡；需要缓和柴胡的升散和解之力，重点使用柴胡疏肝理气效果时则使用蜜汁炮制柴胡，处方写作炙柴胡；需要柴胡更能入肝，有更好的疏肝效果时，则使用醋汁炮制柴胡，处方写作炒柴胡、醋柴胡、醋炒柴胡。

桂枝用法，有桂枝和桂木的不同。传统使用桂枝的方法，特别强调要去皮，其意义在于，古时候的桂树多生长在野外，往往有鸟类栖息，特别是有孔雀栖息。鸟类粪便会污染桂枝，因此，在入药时强调要去皮。先生在《遗稿》“选编”中主要选用桂木，即是强调桂枝要去皮使用。另外，在功效上，连皮桂枝解表作用较强，去皮桂枝（桂木）则更偏于通心阳。

首乌用法，有生首乌和制首乌的不同。二者为首乌不同炮制品。生首乌主要具有解毒通便的效果，通便往往与油当归相配。制首乌是经过特殊的工艺炮制，主要有滋补肝肾阴血的效果，往往与地黄、菟丝子、杜仲等配合使用。

甘草用法，有生甘草、炙甘草、甘草梢的不同。甘草被喻为国老之药，不管生用、炙用，还是使用甘草梢，都具有调和作用。生甘草偏重于清热利咽喉；炙甘草经蜜水炮制后，偏重于补中。选用甘草的颠部入药，则为甘草梢，具有清热利小便的作用。

当归用法，有秦当归、土炒当归、油当归的不同。秦当归为道地药材、主产地在秦岭以北的山区，多为野生，具有较强的养血、和血、补血的效果。土炒当归是使用沙土炒制过的当归，祛除当归燥性，使其能补益而不至于上火。油当归则是用植物油浸泡之后微炒制过的当归，具有明显的润肠通便效果，特别是与生首乌同用的时候，效果会更明显。

薄荷用法，有薄荷和炙薄荷的不同。薄荷为辛凉解表的主药，对于上焦风热证候，直接使用薄荷。如果兼具明显咳嗽，且干咳痰少，则使用蜜炙薄荷，有较好的润降止咳效果。

白豆蔻用法，有蔻仁、蔻壳、白豆蔻与砂仁共用的不同：蔻仁、蔻壳都是白豆蔻，具有温中、和胃、理气的效果，只是蔻仁侧重于温中，而蔻壳侧重于理气和胃。砂仁与蔻仁同性，砂仁更侧重于温暖中焦和下焦。如果病情需要较强的温中效果，则可以砂仁与白豆蔻同用。

防己用法，有木防己和汉防己的不同。木防己偏重于祛风除湿通络；汉防己偏重于利水消肿。

杜仲用法，强调盐水炒后入药。杜仲具有甘温之性，入肝、肾之经，主要有补肝肾、强筋骨、安胎的效果。盐水炒杜仲，能以咸味入肾的属性，引杜仲入肾经，起到更好的补肾效果。其他补肾药物，如益智仁、补骨脂等都有盐水炒制的炮制方法，与盐水炒杜仲一样有引药入肾的效果。

栀子用法，有生用的山栀子与炒焦之后的焦栀子。生山栀子侧重于清热泻火，通利三焦气分；焦栀子则侧重于清理三焦血分，并擅长止血。

黄芩用法，有酒黄芩和枯黄芩的不同。黄芩是一味苦寒泻火药，为了防止其过于苦寒，在入药时可以用酒炮制，减少其苦寒之性，同时可以使黄芩偏于走上，以清泄肺热；枯黄芩就是未经加工炮制的黄芩，具有清泄肝肺两经热邪的效果。

瓜蒌用法，有全瓜蒌、瓜蒌壳、瓜蒌仁的不同。全瓜蒌是以瓜蒌壳和瓜蒌仁两个部位同时入药，具有宽胸理气、清热化痰的功效，同时可以通便。瓜蒌壳即仅选择瓜蒌皮，不用中间的瓜蒌子，侧重于宽胸宣解；瓜蒌仁，则是使用瓜蒌子，侧重于清肺润降和通便。

枳壳与桔梗用法，枳壳与桔梗可单独使用，也可相伍为用。枳壳具有理气、消积的效果。桔梗有宣肺理气的效果。枳壳偏重于向下降气，桔梗偏重于向上提气，二者同用，一降一宣，可更好地宣降肺气。

半夏用法，有法半夏、姜汁炒半夏、京半夏的不同。它们均有化痰除湿、和中止呕的效果。其中法半夏是依法炮制的半夏，若要加强其止呕的效果，则用姜汁拌炒法半夏。京半夏则是半夏更加精致的炮制品，具有清化燥痰的效果，咳嗽、痰中带血时往往使用京半夏。

地黄用法，有生地黄和干地黄的不同。二者都是未经特别加工炮制的地黄。生地黄强调的是地黄更加接近于原生态，生地汁水较重，较为新鲜，因此有时把生地黄称为鲜生地，其滋阴清热的效果更强。干地黄较生地黄产出时间更长，往往经过晒干处理，其药效基本与生地黄相同，其滋阴作用弱于生地黄，特别是弱于鲜生地，但是其滋腻碍邪的副作用较小。

谷芽用法，有炒谷芽与生谷芽的不同。谷芽具有很好的消食和胃养胃的效果，其中炒谷芽长于消食导滞，生谷芽长于养胃和胃。最有意义的是两者合用，可以增强保护胃气的效果。以生谷芽和（或）炒谷芽各二两，煎煮取水，然后用此水来煎煮其他药，能够使诸药在保护好胃气的基础上，发挥积极的治疗效果。

附：针砂丸、乌梅丸考证

先生在《遗稿》“选编”的汤方使用中，常常配合使用针砂丸以消肿，乌梅丸以调理厥阴肝经，治疗厥阴病证。现将这两个成药考证如下：

针砂丸：《证治汇补》《普济方》《本草纲目》《医学正传》《医略六书》《回生集》等书均有记载，但是只有《证治汇补》明确记载针砂丸有消肿的效果。因此先生所用针砂丸应该是本于《证治汇补》的针砂丸，其组成和主要功效如下：

组成：猪苓五钱，泽泻五钱，白术五钱，赤苓五钱，苍术二两，砂仁二两，香附二两，厚朴二两，三棱一两，莪术一两，乌药一两，茵陈一两，草果一两，针砂（醋炒七次。另注：针砂又名钢砂、铁砂，为制钢针时磨下的细屑。作为药材为黑色或灰褐色的细粉，酸、辛、平，入脾和大肠经，有补血、除湿、利水作用，可以治疗血虚、黄胖、水肿。）一两，木香七钱，青皮七钱，陈皮七钱。

制备方法：上为末，老酒打糊为丸，如梧桐子大。

功效：利湿消肿，磨积化滞。

主治：黄疸积块，久而不愈。

用法用量：每服七十丸。

用药禁忌：忌食鸡、鱼。

乌梅丸：出自仲景《伤寒论》。

组成：乌梅三百枚，细辛六两，干姜十两，黄连一斤，当归四两，附子六两（去皮，炮），蜀椒四两（出汗），桂枝六两，人参六两，黄柏六两。

制备方法：上十味，异捣筛，合治之，以苦酒渍乌梅一宿，去核，蒸之五升米下，饭熟，捣成泥，和药令相得，纳臼中，与蜜杵二千下，丸如梧桐子大。

功效：温脏安蛔。

主治：蛔厥。脘腹阵痛，烦闷呕吐，时发时止，得食则吐，甚至吐蛔，手足厥冷，或久痢不止，反胃呕吐，脉沉细或弦紧。现用于胆道蛔虫病。

用法用量：空腹时饮服十丸，一日三次，稍加至二十丸。

用药禁忌：服药期间，忌生冷、滑物、臭食等。

3. 重视汤方灵活加减

先生《遗稿》“选编”中419个完整汤方，都是针对患者就诊时突出症状、体征，结合当下时空条件形成的病机要点而拟定的适时汤方，绝不是固定不变的现有成方，或者协定处方。分析这些处方，虽然有频繁出现的如云苓、广陈皮、辰砂、炮姜、附片、石决明、白术、白豆蔻等药物，但是加减变化却各式各样，更令笔者惊奇的是，419个汤方中没有完全相同的汤方。特别是有两个连续、长时间在先生处就医的患者，一个是阳虚患者，就诊次数多达49次，另一个是阳虚肝郁患者，就诊次数也达到34次，先生在治疗时也没有开出完全相同的汤方。

限于篇幅限制，我们无法逐一进行分析，感兴趣的读者可以翻阅《遗稿》131～146页和202～214页仔细玩味这两则案例，进而学习先生灵活加减用药的一些思路和经验。

这里笔者仅就这两则案例，分别做如下提示。

（1）《遗稿》“选编”中“阳虚”第34例王某案例

该案例共有四十九诊，时间跨度达15个月，是一个较为完整的以补养阳气为主进行调理治疗的案例。

笔者分析先生这则案例的诊治过程，不仅能够了解先生在温运、健脾、补肾、养血、调肝、通络，消水、祛风、和胃等方法上的变化，而且能发现先生用药加减，不拘一格，总是根据患者当下证候的病机要点，灵活施治的用药风格。这是非常值得我们学习继承的重要诊疗经验。

（2）《遗稿》“选编”中“阳虚肝郁”第46例白某案例

该案例共有三十四诊，时间跨度达2年之久，是一个以温阳舒化为主的治疗调养案例。

与上一则案例一样，先生所有的用药加减变化，都是出自对该患者当下证候病机要点的认识。该案例始终不离温运舒化之法，同时在每一次的药物加减变化之中，又有所侧重，或者侧重于温通，或者侧重于化痰，或者侧重于理气，或者侧重于暖肾，或者侧重于和胃等，都是针对患者在阳虚肝郁证候的同时，对其所具有不同的病机特点采取不同的加减变化。这样重视当下病机要点的加减变化用药思路，为我们临床运用辨证施治观点处治疾病树立了榜样。

综上所述，先生每一次的用药加减变化都是在汤方药性的寒热温凉、升降浮沉，以及治疗作用上的侧重变化。这些变化包括增加汤方中的药物，或者减少药物，或者进行药物替换，或者改变药物的炮制方法，或者是药物分量的增减，都体现出先生重视当下病机要点，灵活纠正中医证候反映出的人体功能失调。根据证候状态的调理治疗，绝不仅仅是治疗疾病，也不是单纯地消除临床症状和体征，而是在不断地维护患者的阴阳协调、气机升降出入正常——一种整体的养生健康状态。

从另一个层面分析，先生在一段时间中连续给同一个患者进行汤方加减，也是一种杜绝患者长期服用同类药物容易产生药物毒副作用的重要方式。这是先生灵活用药给予我们的重要启示之一。

4. 处方配伍灵动不呆

如本书反复强调，传统中医从人体功能状态治疗各类疾病，其目的不单是纠正偏差、消除痛苦，更是在纠正各种偏差的同时让人体恢复，并不断维护一种能够顺从自然规律的养生健康状态。以这样的调理治疗目的去分析先生的处方用药，我们可以发现，先生用药不呆滞，如经常在配伍中加入或云苓或陈皮等运脾理气药物，将调理脾胃气机的药物配伍于各类汤方之中，让这些汤方充分显露出随时照顾脾胃功能的组方特色。

笔者系统整理分析《遗稿》“选编”419 个汤方所用 200 味中药时发现，其中使用频率最高的两味中药是具有运脾理气功效的茯苓和陈皮（占比均为 84%）。在前 20 味中药里，具有调理脾胃气机功能的还有白豆蔻（53%）、香橼（48%）、柴胡（40%）及法半夏（37%）等，均有运脾、理气、和胃的功效，详见表 2。由此可见，先生在各种汤方的配伍应用中，非常重视使用这些药物协助脾胃运化、调畅气机。

表 2　419 个汤方中前 20 味药物的使用次数及频率

排序	药物	使用次数	占比
1	茯苓	354	84%
2	**陈皮（广陈皮）**	352	84%
3	朱砂（辰砂）	275	66%
4	干姜（炮姜）	247	59%
5	附片	226	54%
6	石决明	226	54%
7	白术	222	53%
8	**白豆蔻**	222	53%
9	甘草（炙甘草）	202	48%
10	**香橼**	202	48%
11	沙参	192	46%
12	杜仲	191	46%
13	吴茱萸	190	45%
14	黄连	179	43%
15	**柴胡**	167	40%
16	**法半夏（法夏）**	155	37%
17	巴戟天	152	36%
18	桂枝（桂木）	149	36%
19	首乌藤	133	32%
20	远志	119	28%

不仅如此，先生在救治一些疑难重病的时候，处方用药往往使用大量（二两）生谷芽和（或）炒谷芽煎水煮药，以助胃气，协助脾胃的运化功能，帮助机体恢复健康。

这样的处方结构，都充分体现出先生在配伍上重视脾胃运化功能，尤其重视脾胃气机的升降。不论是解表剂、清热剂、泻下剂、和解剂，还是温里剂、补益剂、平肝剂等，包括温、清、补、泻等各种方法，总能看见先生配以或云苓，或陈皮，或白豆蔻，或香橼，或柴胡，或法半夏，或稻芽，或砂仁、山楂、建曲、佛手、豆卷、木香、藿香、麦芽等充分照顾脾胃运化、调理脾胃气机升降的药物，让各类汤方在纠正各种证候状态的偏差过程中充分照顾脾胃气机，让处方在整体性能上不呆滞，有轻巧灵动的勃勃生机。这种重视调理脾胃运化及气机升降功能的汤方配伍，从另一个侧面反映出先生“用药灵”的特色。

5. 收集良方不拒来路

在医疗实践过程当中，先生是一个极其细心的人。他非常重视收集、学习、整理、应用各种对疾病有效的治疗手段。

首先是先生学医之初，跟从蔡玉林老先生学习的针灸外治技术，一直沿用在先生开业行医后的临床工作之中。在文庙前街家中开业行医所悬挂的匾牌上，也没有忘记针灸外治法与内服药物综合治疗，诊所名为“国医曾彦适内科针灸科诊所”，显示出先生重视对疾病进行综合调理治疗的特色。

不仅如此，先生还特别重视广集各种治疗手段，以备临床之需。凡是能对纠正疾病所造成的功能失调偏差，对疾病能够产生有效治疗作用的方法，包括各种偏方、验方，先生都会虚心求教，细心收集，认真领会整理，然后应用于临床。比如：

先生重视维护人体的阳气，不仅善于使用姜、附等温运阳气的药物，还善于使用灸法维护阳气。先生之父曾天宇先生（笔者曾祖父）年高体弱，先生每在冬至节气为其艾灸关元上百壮，以致关元穴部位皮肤角质化，取得了保养肾中元气的效果，享年 90 岁。这正是先生重视多途径调理治疗疾病及各种功能失调的例证之一。

先生所收集记录的偏方、验方，集中在《遗稿》3、11、19、24、30 ～ 31、32 ～ 34、36、37、42 ～ 43 页，多达 34 个。其中不仅涉及内服方，而且有多种外治方法。

另外，先生在收集单方、验方时，也重视收集其他医生成功救治患者的经验，更借鉴其他医生救治患者的重要思路。

比如，《遗稿》21 ～ 22 页记录当时成都市著名中医陆德陔老师治三姑婆单腹病，以及其他疾病案例共 5 则。《遗稿》34 ～ 35 页记录施今墨老师在京诊治神经衰弱兼慢性气管炎案例，以及治疗小儿积滞案例。《遗稿》55 ～ 56 页还记录了中医卢仲安为国父（孙中山）开药方。

这些案例收集在《遗稿》“恒盦笔记”“问学笔记”之中，一方面反映了先生虽然师从沈绍九祖师爷、彭香谷祖师爷，但是仍然重视收集其他医生有效经验的治学态度，另一方面也反映先生在治疗方法上兼收并蓄，增加治疗手段的良好习惯。

由此观之，先生在施治方面，广开来路，收集、学习、整理各方面的有效治疗方法，而且验之临床每每获得很好的效果。

笔者先祖母李霁云就亲自讲述了这样一则故事。

先生在文庙前街开业行医期间，某年春节，一理发师因为啃吃鸡肉时被鸡骨卡住咽喉，非常痛苦，家人将其抬至当时的华西坝医院，求助西医，西医医生检查后认为，须开刀取出鸡骨，手术费用需要 50 银元。当时的理发师傅社会地位很低，收入也不丰，根本不可能支付这笔费用。无奈，求治于先生。先生闻之，却笑着说：此病可不药而愈，一分钱都不花。遂令其回家逮来邻家的大黄狗，捆束其后腿，狗头向下悬挂于树上，然后以鸡骨头引诱大黄狗，以碗接住大黄狗的口涎，让患者缓缓咽下大黄狗的口涎。照此操作，第二日，病家即提来大筐礼物感谢先生，称：得先生法，卡在咽喉的鸡骨，已经随着浸咽的狗口涎顺利下咽，病已告愈。先祖母问及先生缘由，先生说，这是《肘后方》中的一个方子，称狗口涎能够软化骨质，是因为犬类甚能啃骨，从未发现有狗被骨卡住过。

先生叔父的儿子，即与先生同祖父的堂弟曾志诚先生，在生前曾给笔者讲述他亲身经历的一个故事。他在 20 世纪 40 年代，连续 3 年在秋季都发寒热病，状似疟疾，先生以胡椒捣粉拌蒜泥，贴敷背部膏肓穴位，令其发疱，同时配合中药调理治疗，终将顽疾根除。

先生就是这样在自己的行医经历中，善于学习和应用各种民间有效单方和验方的。

如此验方，还有《遗稿》312 ～ 313 页之案：

治一鼓胀（肝腹水）病患者，在用温消水肿之法，病情大有好转的情况下，嘱以虫胡豆（虫蛀甚者为佳）炖黄牛肉及青黄鳝炖红糖二方交替长服善后，恢复良好。

治哮喘咳痰等证，常辅以麻黄根九十克，苦杏仁一百粒，生姜汁一大茶碗，装入猪大肠头子内，用白棉线缝好两端，放入水锅，先用大火使沸，后用小火久炖，令极熟后，服汤及大肠，每周一帖，十帖为一疗程，能收止咳平喘之功。

在妇科方面用调经散，当归、小茴（应为炒小茴）、川芎、香附（应为制香附）、木通（应为血木通）、佛手各等分，为细末，用酒冲服，每服三钱，治室女月经初潮或成人行经腹痛、经愆、经水不利等一切经中诸病，疗效甚佳。

不仅如此，先生在晚年逐渐认识西医学的相关知识。努力向西医同行学习，以增加对疾病证候的干预手段。

像先生这样具有非常传统中医思想的医生，对于外来的西医学，开始都是有一种天生排斥的心理。后来有一次先生肺心病发作，出现昏厥之后，被紧急送至西医院，经吸氧输液得到成功救治，先生才真正认识到西医学的科学性与意义。一旦有了这样的正确认识，先生就努力学习西医相关知识，提高自己治疗疾病的手段和能力。

在《遗稿》附篇中，有《成都日报》记者钟淑君以“孜孜不倦的老中医——曾彦适”为题撰写的一篇文章，其中记载：

在日常医疗工作中，他（先生）也是与西医师紧密合作的。他常说：“中医有独到之处，西医也有好的经验，只有中西医结合起来，才能制服许多病证。”内科九床病人王某患了白血病，最初曾老师不大同意输血，后来西医师同他一起研究了输血的根据和它的疗价后，曾老师非常支持，并且以后还一直关心着这个病人的输血问题。最近，曾老师还提出要学习西医的临床知识，请内科蒋高第主任做他的老师。他说：“学会两套本领，才能为中西医合流创造条件，才好整理和研究祖国的新医学，造福人类。”

由此可见，先生在治疗疾病的方式、方法，以及各种具体手段和措施上，都保持一种积极开放包容的态度，只要是对疾病治疗有利、对维护健康有利的东西，都可以为先生所用。

综上所述：先生在施治方法上，重视从疾病所表现出的功能失调状态上对疾病进行调理治疗，特别重视对疾病在不同时空条件之下的各种复杂病机要点变化的准确把握，能够准确根据病机要点进行调理治疗。这是先生能够获得理想疗效的关键所在。

然而，要针对复杂多变的不同病机要点去处治疾病，就必须要掌握多种多样的调理、治疗、处治疾病手段和措施。这正是先生不拒来路收集各种有效治疗手段，包括西医治疗疾病的手段，甚至还广泛收集各种单方、验方的重要原因，也是值得我们学习的宝贵经验。

（三）治疗具有温补特色

分析先生善用温热药物的源头，应该是在 1945 年前后，成都霍乱大流行，先生重用温阳药物解救危厄，起死回生，备受病家和同道的称赞，更是以“三生饮”救治霍乱重症，令先生有“火神”与“火神菩萨”之誉。

先生擅长温补，尤其善于重用温热性的附片、干姜。先生在晚年的行医过程中，擅长使用成套的温补处方，总体体现出偏于温补的特点。下面通过《遗稿》“选编”和“医案”中先生的论述，分析其使用温补法的特色和具体的临证经验。

1. 温补大法的主要架构

先生的温补大法有一个主要的架构。

《遗稿》“选编”中的教学医案，都是先生在 1959 年、1963 年、1964 年、1965 年间的教学治疗案例，代表着先生晚年诊治疾病的主要特点，也是能够充分体现先生较为成熟诊治疾病的重要经验。

笔者分析《遗稿》“选编”的 419 个完整汤方中所使用的 200 味中药，观察先生使用温补大法在处方药物上的主要架构，力求在这样的构架中，探寻先生重用附片、干姜的经验。

笔者发现在 419 个完整汤方中，使用频率最高的是茯苓（先生处方中多写成“云苓”），为 354 次，占 84%；其次是陈皮（先生处方中多写成“广皮”），为 352 次，占 84%；另外，占比在一半以上的药物分别为朱砂、干姜、附片、石决明、白术、白豆蔻，见表 3。

表 3　419 个完整汤方中最常使用药物频率分析

排序	药物	使用次数	占比
1	茯苓	354	84%
2	陈皮	352	84%
3	朱砂	275	66%
4	干姜	247	59%
5	附片	226	54%
6	石决明	226	54%
7	白术	222	53%
8	白豆蔻	222	53%

对于先生晚年最常使用的药物，笔者按照中药药性进行归类整理如下：

理气运脾药物：茯苓、陈皮、白豆蔻。

扶助阳气药物：干姜、附片。

清降宁神药物：朱砂、石决明。

健脾厚土药物：白术。

首先是关于茯苓、陈皮与白豆蔻的使用。使用率高达 84% 的茯苓与陈皮具有显著的运脾理气效果，充分证明先生在处治疾病过程中最为重视脾胃运化与气机调畅。另外，先生使用白豆蔻机会也达 53%，该药能醒脾运脾，也反映了先生对脾胃运化、气机调畅的重视程度。

先生使用温热药物，是建立在茯苓、陈皮、白豆蔻等运脾理气药物的基础上，如此，温热药物借助茯苓、陈皮、白豆蔻等运脾理气的药效，不仅仅停留于脾胃，还能更好地发挥温热扶阳的效果。

其次是关于干姜与附片的使用。干姜和附片是先生使用频率在第四和第五位的药物，占比分别为 59% 和 54%，而且干姜（先生在处方中多使用“炮姜”）高于附片 5%。这是先生重视以火生土的方式，恢复和维护脾胃元气，治疗各种疾病的重要经验。

由此可见，先生重视补阳，更重视对于后天脾胃运化功能的健康维护，常说“以后天补先天”。

再次是关于朱砂与石决明的使用。在《遗稿》“选编”中，先生每次使用朱砂的分量虽然很少，单独使用时用量只有 5 分，更多的是作为炮制剂，或以朱砂拌茯苓，或以朱砂拌麦冬等，但是朱砂（先生在处方中有时也写作“辰砂”）却是先生在使用次数上第三多的药物，占比达 66%，可见先生在运脾理气和扶助阳气的过程中尤其重视心神的安宁，这是恢复人体元气必不可少的环节。

不仅如此，先生还常用石决明，使用占比达 54%。这是先生在用朱砂宁心安神的同时，还不忘配合使用平肝潜阳的药物，一起平降心肝风火，不使姜、附妄动风火，进而有利于整体恢复和维护人体元气。这也是先生使用温补治法的重要经验。

至于白术的使用，占比虽仅为 53%，却另有深意。先生通过以上运脾、理气、平肝、宁心药扶助的阳气，再加上白术健补脾胃，其目的为厚土护火。也就是说，姜、附扶助的君相之火热，能够依靠健脾厚土的白术，变为缓缓而至的少火之气，以维护人体的健康。

以上四组药物的归纳如表 4。

表 4　先生晚年常用四组药物使用次数分析

	次数	占比
理气运脾药物	928	44%
清降宁神药物	501	24%
扶助阳气药物	473	22%
健脾厚土药物	222	10%

下面从以上四组药物的用量分析先生使用温补大法的特点。

419 个完整汤方中，云苓的使用总量为 1077 钱，陈皮总量为 522.5 钱，朱砂总量为 137.5 钱，干姜（含炮姜）总量为 636.1 钱，附片总量为 3335 钱，石决明总量为 1862 钱，白术总量为 659 钱，白豆蔻总量为 581 钱（表 5、表 6）。

表 5　八味中药的用量分析

药物	总量（钱）	占总量比	排行
附片	3335	38%	1
石决明	1862	21%	2
茯苓	1077	12%	3
白术	659	7%	4
干姜	636.1	7%	5
白豆蔻	581	7%	6
陈皮	522.5	6%	7
朱砂	137.5	2%	8

表 6　温阳四法药物用量分析

温阳四法	药物构成	总量（钱）	占总量比	排行
扶助阳气	附片、干姜	3971.1	45%	1
理气运脾	茯苓、陈皮、白豆蔻	2180.5	25%	2
清降宁神	朱砂、石决明	1999.5	23%	3
健脾厚土	白术	659	7%	4

通过以上分析可知，先生在晚年常重用姜、附温热扶阳，让汤方的配伍在总体上显露出温热的特性，同时，更重视配以茯苓、陈皮、白豆蔻理气运脾，朱砂、石决明清降潜镇，以及白术健补脾胃，形成一个温补大法的框架，以达到“少火生气”的温补扶阳效果。

要以姜附壮阳气，常需苓陈蔻来理，
佐使朱石可制妄，白术厚土少火倚。
补阳旨在强君相，借助火热补脾气，
宁心清降出妙手，精充气和显神机。

419 个完整汤方中占比为 28% ～ 48%、使用次数在第 9 ～ 20 位的较常用药物见表 7、表 8。

表 7　较常使用药物使用次数分析

排序	药物	使用次数	占比
9	甘草（炙甘草）	202	48%
10	香橼	202	48%
11	沙参	192	46%
12	杜仲	191	46%
13	吴茱萸	190	45%
14	黄连	179	43%
15	柴胡	167	40%
16	法半夏（法夏）	155	37%
17	巴戟天	152	36%
18	桂枝（桂木）	149	36%
19	首乌藤	133	32%
20	远志	119	28%

理气运脾药物：香橼、柴胡、半夏、吴茱萸。

扶助阳气药物：桂枝、杜仲、巴戟天。

清降宁神药物：黄连、首乌藤、远志。

健脾厚土药物：甘草、沙参。

表 8　以上四组药物使用次数分析

	次数	占比
理气运脾药物	714	35%
扶助阳气药物	492	24%
清降宁神药物	431	21%
健脾厚土药物	394	19%

至于以上药物的用量，这里笔者暂时不做更多的分析，请读者参考《遗稿》“选编”中相关内容。

总之，在以上 8 味 4 组姜附温热扶阳方法基础上，先生根据病情变化，在后

12味中药里进行了适当的加减，构成其使用温热药物的基本特色。

特别提示：如果撇开具体药物，只是分析先生使用温热药物扶助阳气的方法，可知先生重视温补阳气，更重视在理气运脾的基础上扶阳，同时不忘佐使清降潜镇与健脾厚土之法，如此配伍，正是先生喜用、善用的温补大法。

2. 温补大法的药物用法

下面分析先生温补大法中最常用的8味药物的用法特点。

（1）茯苓的使用方法

茯苓是先生在419个完整汤方中使用频率最高的一味中药，共计354次，占比达84%，使用方式变化也较多（表9、表10）。

归纳先生使用茯苓：有直接使用者，先生往往在处方上写成“云苓”“茯苓”“云茯苓”等，有着重用茯苓皮的，先生在处方上多写成“苓皮”“茯苓皮”“云苓（连皮）”等，更多的是被朱砂拌制过的茯苓，先生在处方上往往写成“朱云苓”“云苓（朱拌）”“云苓（朱拌、连皮）”或“云苓（连皮、朱拌）”“苓皮（朱拌）”等。

表9　419个汤方中茯苓的主要用法1

茯苓用法	次数	占比
用茯苓	320	90%
用苓皮	34	10%

表10　419个汤方中茯苓的主要用法2

茯苓用法	次数	占比
朱砂拌制的茯苓	209	59%
直接使用的茯苓	145	41%

先生选用茯苓在于其能健脾除湿与宁神：偏重健脾时往往直接选用茯苓，偏重于除湿、利水、消肿时则多用茯苓皮，若需要宁神时则选用朱砂拌茯苓。

由以上分析可知，先生使用茯苓，无论是茯苓还是茯苓皮，都喜欢用朱砂拌制，这是先生在使用温补法时的一个重要经验。

“选编”中，茯苓的用量多为三钱，偶尔也使用四钱（表 11）。

表 11　419 个汤方中茯苓用量分析

茯苓用量	次数	占比
三钱	335	95%
四钱	18	5%
缺量	1	—

（2）陈皮的使用方法

对于陈皮，先生特别重视使用广东新会出产的道地陈皮，在处方上往往写成“广皮”或“广陈皮”。先生认为“广陈皮”性味温辛，香味浓郁，不具燥性，往往直接入药。陈皮在 419 个完整汤方中的使用频率非常高，仅次于茯苓，为 352 次，占比为 84%。

关于陈皮的用量，“选编”中主要为一钱到三钱，使用最多的量是一钱五（表 12）。

表 12　419 个汤方中陈皮用量分析

陈皮用量	次数	占比
一钱	4	1%
一钱五	343	97%
二钱	2	1%
三钱	1	—
无量	2	1%

（3）朱砂的使用方法

对于朱砂的使用，虽然先生在 419 个完整汤方中每一次的用量极少，但是使用次数很多，仅次于云苓和陈皮，共为 275 次，位居第三，占比高达 66%（表 13）。

在具体使用朱砂时，先生很少单独将其入药。在 419 个汤方中共使用朱砂 275 次，但是单独使用朱砂入药者仅有 16 次，先生均写作“辰砂”，使用量均为五分，其他用法都是以朱砂来拌制茯苓和麦冬。因此先生使用朱砂，绝大多数都是跟随茯苓和麦冬一起入药。经过朱砂拌制过的茯苓，先生往往写作“朱云苓”“云苓（朱拌）”“苓皮（朱拌）”“云苓（连皮、朱拌）”“云苓（朱拌、连皮）”等；经过朱砂炮制过的麦冬，先生往往写作“朱冬”“朱寸冬”等。

表 13　419 个汤方中朱砂用法分析

用药方式	例数	占比
直接入药	16	6%
炮制入药	259	94%

朱砂拌制茯苓和麦冬的方法：用水飞过极细的朱砂粉与药物充分搅拌，令被朱砂拌制的茯苓和麦冬表面呈现出粉红色即可。根据笔者观察，炮制三钱（10g）的茯苓和麦冬所用的朱砂量，多在五分（1.5g）左右。

在 419 个完整汤方中，拌制茯苓的使用次数最多（表 14）。

表 14　419 个汤方中朱砂炮制药物

	例数	占比
朱拌茯苓	209	81%
朱拌麦冬	50	19%

在使用上，先生更多的是用朱砂直接拌制茯苓，也有用朱砂拌制茯苓皮的用法（表 15）。

表 15　“选编”中 209 例朱砂炮制茯苓

	例数	占比
朱砂拌茯苓	175	84%
朱砂拌茯苓皮	34	16%

“选编”中使用经过朱砂炮制的茯苓高达 209 次，占先生茯苓总次数（354 次）的 59%。由此观之，先生非常重视茯苓运脾与宁心安神的双重作用，在温热药物中有重要地位。

至于朱砂拌茯苓的使用量，请参看先生关于茯苓的使用方法。

关于朱砂拌麦冬的使用量，先生在《遗稿》“选编”中的用量均为三钱。

（4）干姜的使用方法

对于干姜，在419个汤方中，先生一共使用了247次，占比达59%，但是直接使用干姜者只有10次，更多使用的是炮姜，一共有237次（表16）。

表16　419个汤方中干姜与炮姜使用次数分析

	次数	占比
干姜	10	4%
炮姜	237	96%

炮姜是干姜经过相当的炒制，使干姜外表发黑而内里呈现老黄色时，取出晒凉而成。炮姜较干姜减少了燥烈之性，温中之力更为温和，并且具有温经止血的效果。

炮姜的使用量，《遗稿》“选编”中为一钱至五钱，使用三钱的次数最多，具体见下表（表17）：

表17　419个汤方中炮姜用量分析

炮姜用量	次数	占比
一钱	2	1%
一钱五	49	21%
一钱六	1	—
三钱	183	77%
五钱	2	1%

《遗稿》“选编”中的干姜使用量在二钱至五钱之间，三钱使用的次数为最多，具体见下表（表18）：

表18　419个汤方中干姜用量分析

干姜用量	次数	占比
二钱	1	1%
三钱	7	7%
五钱	2	2%

（5）附片的使用方法

对于附片，在 419 个汤方中，先生共使用了 226 次，占比为 54%，而且全部使用的是制附片。制附片是按照中药传统炮制方法，对附片进行加工减去毒性作用之后的炮制品。这些附片，被先生直接书写成“制附片”的有 205 次、“厚附片”11 次、“盐附片”7 次、“黑附片”3 次。

其中，制附片为常规炮制过的附片，具体使用时都须先煎去麻味。厚附片是选择常规炮制附片中较为厚实者，取其性味的厚重，药效较高。黑附片是在常规炮制方法基础上加入熟地黄等药物进行炮制，其温热性能较为缓和。盐附片是在常规炮制附片的基础上加入适量的食盐，使附片更具有入肾的效果。

另据先生徒弟温如秀老师介绍，先生当时使用的附片都应该是制附片，而品质较差的附片是黑附片和盐附片。20 世纪 60 年代正处国家经济困难时期，中药和其他物质供应一样，正宗的制附片往往缺货，在这种情况下先生不得已以黑附片、盐附片代之。

先生使用附片的量都较大，《遗稿》“选编”中最常用的剂量为一两和二两。占比分别为 42% 和 46%，共计 88%；最少者为五钱，最多者为二两（表 19）。

表 19　419 个汤方中附片用量分析

附片用量	使用次数	占比
五钱	1	—
八钱	1	—
一两	95	42%
一两五	24	11%
二两	105	46%

（6）石决明的使用方法

对于石决明，先生在 419 个汤方中一共使用 226 次，占比为 54%，是温热药物中重要的佐使药物。使用方法多是将石决明研细之后直接入汤剂与其他药物同煎。关于石决明的使用剂量,《遗稿》“选编”中主要为五钱至一两，最常用的为八钱（表20）。

表20　419个汤方中石决明用量分析

石决明用量	次数	占比
五钱	6	3%
八钱	184	81%
一两	36	16%

（7）白术的使用方法

对于白术，在419个汤方中，先生一共使用了222次，占比为53%。关于白术的配方炮制，先生并没有特别注明，均是明确写成白术。

白术的使用量《遗稿》“选编”中多是三钱（218次），也有一钱五（2次）、二钱（1次）、无量（1次）（表21）。

表21　419个汤方中白术用量分析

白术用量	次数	占比
一钱五	2	1%
二钱	1	—
三钱	218	98%
无量	1	—

（8）白豆蔻的使用方法

对于白豆蔻，在419个汤方中，与白术一样，先生一共也使用了222次，占比为53%。先生也是把白豆蔻作为一个辛温理气之品配合在温热药物之中，使温补药物不至呆滞。

白豆蔻的具体使用方式，主要有蔻仁和蔻壳两种，蔻仁温中作用较强，蔻壳理气开解作用较强。在419个汤方中，先生多使用蔻仁，有时候也使用蔻壳。另有2个没有特别注明白豆蔻的使用部位（表22）。

表 22　419 个汤方中白豆蔻的使用次数

	次数	占比
蔻仁	201	90%
蔻壳	19	9%
白豆蔻	2	1%

关于白豆蔻的使用量，《遗稿》“选编”中主要为一钱五到四钱，具体见表 23、表 24。

表 23　419 个汤方中蔻仁用量分析

蔻仁用量	次数	占比
一钱五	48	24%
二钱	4	2%
三钱	147	73%
四钱	1	—
无量	1	—

表 24　419 个汤方中蔻壳用量分析

蔻壳用量	次数	占比
一钱五	1	5%
二钱	2	11%
三钱	14	74%
四钱	1	5%
无量	1	5%

另外没有标明蔻仁或者蔻壳的使用部位，只是书写为白豆蔻的 2 个，用量分别为一钱五和三钱。

由上可知，先生对于白豆蔻的使用量，多为三钱和一钱五。

3. 温补大法的灵活应用

以上是笔者从《遗稿》“选编”中的处方用药特点分析先生在晚年经常大剂量使用姜、附的主要架构及药物具体使用方面的经验。

纵观先生在使用各种中药汤方治疗疾病时，始终重视汤方及其药物所适应的证候问题，也就是先生要根据在特定时空条件下，患者所表现出的证候病机要点，根据各个时期、时段的病机要点选择恰当的方剂，并进行相应的药物加减，构成针对性极强的汤方，开展有效治疗。对于以姜、附为主的温补药物，同样也是如此，在给每一位患者使用以姜、附为主的温补法时，先生也是根据各种不同的阳虚阴寒证候进行加减变化。

在先生《遗稿》“医案”中，记载了“关于八法中温法和补法的治例”（以下简称为“治例”），是先生自己对使用温补方法做的详细总结。先生从八法中的温法和补法入手，介绍了5个温法和4个补法一共9个方面的应用方法。其中温法中的回阳救逆、温中祛寒、温散风寒、温散寒湿、温开寒痰，补法中的补气、补血、补阳、补阴的临床应用，都有相当精彩的案例分析（共14个），充分反映了先生灵活应用温补法的特点。

下面笔者从这些案例中分析先生对温补方法的具体应用，进而学习先生温补法的灵活使用技巧。

（1）回阳救逆，重视缓急固脱

案一（《遗稿》79～80页）：李氏男孩，年方2岁。抗日战争期间，于某年夏季午后，其母何某携之游少城公园，偶患感冒，遂发热不适，归陕西街家，为友人西医某君诊视，遽投以伏白龙表散药（峻厉剂），遂至大汗不止，身冷肢厥，神识不清。夜9时许，延余往视，两脉模糊，亡阳在即，乃审慎久之，急投以四逆汤：

炮姜一钱，厚附片一钱，炙甘草一钱。

服一剂，至当夜子初阳气发生之时，始得逆回阳复，脱险更生，阖家称谢。现闻此子在海军学校读书，行将毕业矣。

【笔者按】这是先生成功使用四逆汤，救治2岁小孩误于汗法导致“亡阳在即”的重症案例。

先生之所以能够对稚嫩小孩使用四逆汤加以救治，是因为他重视患儿当时所具有的“大汗不止，身冷肢厥，神识不清”和“两脉模糊”的症状和体征，同时也重视小孩是在夏季罹患感冒发热之后，误用解表峻厉之剂出现的这些症状。经过周密思索，先生乃决意以单刀直入的方式，急投四逆汤救逆。

该案例先生摒弃了常用的姜附温补大法，所使用的四逆汤中，把原有的干姜换为炮姜，药物总量仅为三钱。这些都是值得我们学习救治亡阳在即病证的宝贵经验。

案二（《遗稿 80 页》）：王某，男，年 58 岁，平时体弱阳虚，精神不整，易招外感，气喘腰疼，肢厥食减，动则呼吸迫促。他医攻发表散，愈治而人不支。余诊其脉则虚弱无力，两尺尤甚。主以温阳纳气、定喘固本之法，辛温固摄为治，连服十剂而安。

潞参一两	白术三钱	干姜五钱	远志三钱
附片二两	杜仲一两	菟丝五钱	羊藿五钱
巴戟六钱	北味三钱	故纸四钱	云苓（朱拌）三钱
桂圆肉十个	砂蔻仁各三钱	龙骨五钱	牡蛎八钱
炙甘草一钱			

【笔者按】这则案例同样是误于表散耗损阳气，先生以姜附架构为主救治。

首先在证候的病机把握上，先生从患者“平时体弱阳虚，精神不整，易招外感”，以及曾经被“他医攻发表散，愈治而人不支”的病史过程中，了解到当下患者所表现的“气喘腰疼，肢厥食减，动则呼吸迫促”，以及“其脉则虚弱无力，两尺尤甚”的症状、体征，有显著的阳虚欲脱征象，因此“主以温阳纳气，定喘固本之法，辛温固摄为治”。

先生的这个救逆汤方，有显著的姜附温补大法特点。首先是大剂姜、附，同时配以杜仲、菟丝子、淫羊藿、巴戟天、补骨脂积极培补阳气，更有云苓、白豆蔻配砂仁以健脾理气，不使温补之药呆滞脾胃，并有朱砂配龙骨、牡蛎、五味、桂圆等潜镇养护心神，最后以白术配潞参、炙甘草补益中气，以厚土的方式养护阳气，最终获得回阳救逆的良好效果。

综上所述，先生根据具体的病史情况、误治经过、年龄大小，以及具体临床表现，或以单刀直入的方式投以四逆汤救逆，或以连续 10 余剂的姜附温补大法回阳，这样“急”与“缓”的不同救治方式，正是先生根据不同的证候病机要点，灵活使用回阳救逆法的重要经验。

（2）温中祛寒，重视派生兼证

案一（《遗稿 80 页》）：赵某，男，年 60 岁，素体脾肾阳虚，背冷肢厥，溲清便溏，神短气弱，眠食均差，兼有痰饮，误服寒凉，一病几殆。余诊其脉，虚不应指，痰涎不渴，奄奄欲寐。索阅前方，大率多知、柏、芩、连之品，一派苦寒伤阳应予禁忌之药物，乃急投以大剂加减附子理中汤，加入奠下温中驱寒化痰之药。温中祛寒，责之脾肾，连服十余帖，始得脱险而愈。

白术三钱	干姜一两	桂木四钱	法夏四钱
制附片二两	杜仲八钱	巴戟五钱	吴萸（盐水炒）四钱
北味二钱	砂蔻仁各三钱	广陈皮一钱半	云苓三钱
远志三钱	薤白三钱	破故纸五钱	胡桃（去皮）五钱
石蒲八分	细辛一钱	胆星一钱半	旋覆花三钱

【笔者按】这是先生救治误于寒凉之药，导致阳虚阴寒痰湿内盛的成功案例。

在这则案例中，先生从“素体脾肾阳虚”“一病几殆”“背冷肢厥，溲清便溏，神短气弱，眠食均差，兼有痰饮”等病史中，了解到曾经服用方药又“大率多知、柏、芩、连之品，一派苦寒伤阳应予禁忌之药物”，而当下更有显著的“脉，虚不应指，痰涎不渴，奄奄欲寐”之阳虚里寒、痰湿壅盛的证候特征，故而先生积极“投以大剂加减附子理中汤，加入奠下温中驱寒化痰之药。温中祛寒，责之脾肾”，从而获得理想的临床效果。

分析该方的组成，虽有姜附温补大法的架构，但是因为阴寒痰湿壅塞于里，故而减去了清降潜镇之药，直接使用姜、附，配以桂枝、杜仲、巴戟天、补骨脂、胡桃扶助阳气，云苓、广陈皮、白豆蔻、砂仁、吴茱萸健脾理气，白术健脾厚土，更有姜、辛、味，配法半夏、胆南星、薤白、远志、石菖蒲、旋覆花以化痰蠲饮，形成了培补阳气、驱散里寒、化解痰饮的有效治法。

案二（《遗稿 80 ~ 81 页》）：张某，女，年 65 岁。寒痰内蓄，而肢厥汗多，中满食少而夜咳喘甚，数年旧病，久治无功。余诊其脉，六部无力，且乏神采，中阳失运，火不生土，阳不归根，寒痰壅塞。予温以祛痰，双救脾肾。

白术三钱	桂木三钱	干姜五钱	云苓三钱
厚附片二两	法夏四钱	广陈皮一钱半	薤白三钱
菖蒲七分	砂蔻仁各三钱	杜仲六钱	巴戟五钱
旋覆花三钱			

四剂。

【笔者按】这则也是先生成功救治阳虚阴寒兼有痰饮的成功案例。

先生从“数年旧病，久治无功”的病史中，考察患者当下仍然存在的“寒痰内蓄，而肢厥汗多，中满食少而夜咳喘甚”“其脉，六部无力，且乏神采”，判断其具有“中阳失运，火不生土，阳不归根，寒痰壅塞”的证候病机要点，继而拟定了“温以祛痰，双救脾肾”的有效治法。

分析该方的组成，也是因为有寒痰内蓄，故于姜附温补大法中去掉了清降潜镇之药，直接使用姜附，配桂枝、杜仲、巴戟天以温阳扶阳，云苓、广陈皮、蔻仁、砂仁健脾理气，白术厚土养护阳气，更增加法半夏、薤白、石菖蒲、旋覆花化痰蠲饮，获得理想的临床效果。

综上所述，先生在使用温中祛寒法时，特别重视这两则案例中所派生出的痰饮、痰湿的证候特点，在积极温阳扶阳的时候，重点以蠲饮六神汤、苓甘五味姜辛半夏汤等加减法配伍其中。这是先生灵活使用姜附温补大法的重要经验。

（3）温散表寒，重视不留余邪

案一（《遗稿81页》）：堂兄某，年45岁，秋间偶感风寒，遂发寒热，时医投以杏苏饮数帖，其病如故，且项强几几，得汗而热不退，食减，恶寒，乃请余诊视。寸浮、数，而不甚渴。审知病得于早起受寒，遂犯太阳，时经数日，并及阳明，乃投以桂枝加葛根汤，温散风寒之剂，一帖而愈。

桂枝三钱　白芍三钱　生姜三钱　大枣二枚

粉葛一钱半　炙甘草一钱

【笔者按】这是先生应用桂枝加葛根汤治愈风寒感冒的成功案例。

分析先生果断投以桂枝加葛根汤的原因，是他重视当时所收集的“秋间偶感风寒，遂发寒热，时医投以杏苏饮数帖，其病如故”的重要病史资料，而且“审知病得于早起受寒”，同时当下诊得“项强几几，得汗而热不退，食减，恶寒”“不甚渴”，脉象“寸浮、数”，故而有明确的邪“犯太阳，时经数日，并及阳明”的证候病机要点诊断。

把桂枝加葛根汤的组方特点与姜附温补大法进行比较，显然先生在重视温阳的同时，并不滥用姜附。当有显著表卫病邪时，先生会摒弃姜附温阳扶阳架构，积极排解表卫风寒之邪，绝不滞留病邪，更不养痈遗患，变生他病。

另外，该案使用的是桂枝加葛根汤的原方药物，但是其用药分量比例与桂枝加葛根汤原方不同，这是先生根据具体病证病机要点进行的灵活加减，值得读者留意。

案二（《遗稿81页》）：廖某，男，年38岁，暑天偶冒风寒，畏冷恶风，虽时当伏日而布衣数重，犹觉奇冷。医投以香薷饮及杏苏饮，清暑解寒，毫无寸效。延余诊视。见其无汗微渴，蜷卧被中，并无热意。脉之，则寸浮而紧，口苦溲黄，大便结燥。审知为伏热为外寒所束，表邪未去，法当辛温表散，以解客邪。乃疏麻杏石甘汤与之，覆杯立起，一剂竟愈。

麻茸（后下、去末）二钱　杏仁三钱　生石膏三钱　生姜三钱
炙甘草一钱

【笔者按】这是先生使用麻杏石甘汤解救“伏热为外寒所束”寒包火的成功案例。

首先，先生从患者“暑天偶冒风寒，畏冷恶风”和“（他）医投以香薷饮及杏苏饮，清暑解寒，毫无寸效”的病史中，诊查到患者当下所具有的“畏冷恶风，虽时当伏日而布衣数重，犹觉奇冷”的寒邪伤阳的临床表现，同时具有“口苦溲黄，大便结燥”的里热实证，而且患者还有“寸浮而紧”的脉象，这让先生果断把握住“伏热为外寒所束，表邪未去”的病机要点。患者怕冷恶寒的表现，绝非阳气不足的虚弱证候，故先生投以麻杏石甘汤“辛温表散，以解客邪”，获得“覆杯立起，一剂竟愈”的良好效果。

不言而喻，麻杏石甘汤与姜附温补大法，完全是两个相反的治法。先生在这里列出麻杏石甘汤的有效案例，是在提醒我们，在应用姜附等温补法时，千万要详查病史，分清恶寒与怕冷的虚实特征，切莫把风寒表证误认为阳虚证候而误用姜附温补。

另外，对该患者使用麻杏石甘汤，其配伍用量及用法，特别是加用生姜三钱，是先生灵活使用麻杏石甘汤的重要经验。

综上所述，先生在应用温法时，并不是始终强调其擅长使用的姜附温补大法，而是强调温法的灵活应用。特别强调在使用温法时，一定要辨识清楚阳虚与寒邪的虚实真假。对于表寒未尽的实证，应该禁止使用姜附温补大法，而当积极排解表卫病邪，避免滞留病邪，变生他病。

（4）温散寒湿，重视温通经络

案一（《遗稿81～82页》）：友人刘某之夫人，年40岁，久居乡间，地下为

三合土筑成，房屋新建，处之数月，病见遍身强痛，两足尤疼，不能触地，呻吟床褥，服药枉效。刘君促余下乡诊视。其人体素壮实，平时少病，颇能操持家政；痛不可忍，眠食俱废；脉濡而兼弦劲，两膝关节尤痛；苔白而薄，口不甚渴，二便如常，经期亦调，此《金匮》所谓历节痛痹者是也。疏方乌头煎与之，嘱其连服两帖，病遂霍然若失。

川乌头三钱（纱布包好，白蜜一两同乌头先煎3小时，去乌头，入余药，再煎）。

麻黄（后下，去沫）三钱　黄芪五钱　知母三钱　酒芍三钱

桂枝三钱　生姜三钱　炙甘草一钱

以上药只煎一次，水量宜多，分三次温服。忌油、风。

【笔者按】这是先生使用《金匮要略》乌头汤加减治疗寒湿痹证的成功案例。

先生从患者“久居乡间，地下为三合土筑成，房屋新建，处之数月”的起居环境入手，了解到患者年40岁，“素壮实，平时少病，颇能操持家政”的体质禀赋，患病后“遍身强痛，两足尤疼，不能触地，呻吟床褥，服药枉效”等。在这样的病史调查中，先生详细地观察到当下患者“痛不可忍，眠食俱废”“两膝关节尤痛”，而且“脉濡而兼弦劲”，正是寒湿闭阻经络的典型证候。先生还发现“苔白而薄”“口不甚渴，二便如常”，说明没有里热兼夹其间，这是能够使用温热散寒止痛重剂的重要条件，因此使用《金匮》乌头煎获得了理想的临床效果。

这首乌头汤方与先生姜附温补大法，虽然同属温热治法，但是有温通与温补的不同效果。因此在具体使用时，需要根据寒湿病邪的实证和阳气虚弱的虚证而区别用之。该患者在体质禀赋、居处环境、当下症状与体征等方面，均显示出寒湿闭阻经络的实证，应该积极使用温通之法，而不应使用姜附温补大法只是扶助阳气。

在处方用药时，先生严格按照《金匮》乌头煎的方法炮制川乌头，同时配合使用麻黄、黄芪、知母、酒炒白芍、桂枝、生姜、炙甘草等，这样的药物配伍及用量，有着《金匮》乌头汤与桂枝芍药知母汤的合方特点。“以上药只煎一次，水量宜多，分三次温服”的煎服方法，“忌油、风”的医嘱，也都是我们应向先生学习使用温通治法的重要经验。

案二（《遗稿82页》）：七外甥雷某，年25岁，在新疆乌鲁木齐攻俄文3年，长居塞外，久受寒湿，两足心足跗痛楚难支，停学治疗一年，服西药、注射，毫

无疗效。毕业回蓉，请余诊治。详询病情，他无所苦，腕肘时痛，西医诊断为风湿关节炎，已成慢性病，束手无策。余诊其脉濡滞，苔白舌润，能食不渴，足跗足心奇痛拒按。遂断为风寒湿痹证中寒邪偏多之痛痹，主以温化，因其病久，乃用大剂调之：

白术三钱	桂枝四钱	怀牛膝三钱	炮姜三钱
厚附片一两	防己三钱	松节一两	生姜三钱
酒芍三钱	石楠藤六钱	蚕沙四钱	广陈皮一钱半
秦艽三钱	云苓三钱	炙甘草一钱	杜仲（盐水炒）八钱
巴戟五钱			

一二剂后，痛处大减，遂致本方中厚附片由一两递增至四两，出入为方，重在温化，服药 30 余帖，而病痛若失，痊愈。

【笔者按】这是先生使用温通法治疗寒湿痹证的又一有效案例。先生从患者“在新疆乌鲁木齐攻俄文 3 年，长居塞外，久受寒湿”的生活起居特点中，了解到所罹患的“两足心足跗痛楚难支”“西医诊断为风湿关节炎，已成慢性病”，并经过“停学治疗一年，服西药、注射，毫无疗效”的治疗经过，更详细地调查到患者当下“足跗足心奇痛拒按”“其脉濡滞，苔白舌润，能食不渴”寒湿闭阻经络的证候特点，因此利用姜附温补大法加减而获得良好效果。

该方是在姜附温补大法中减去清降潜镇之药，增加温化疏通经络药物。在这种温通治法中，先生配合使用祛风、除湿、散寒、通经的防己、松节、石楠藤、蚕沙、秦艽、牛膝，针对该病证重在温化，附片由一两增加到四两，服药达 30 余帖而愈。这些治疗方法和用药比例，都是先生治疗寒湿痹证的重要经验。

综上所述，以上两个治疗寒湿痹证的成功案例，都是以温热之性的药物祛散寒湿病邪，较之姜附温补大法，两个汤方都去掉了清降潜镇之品，说明先生更重视在温热剂中使用辛味疏通治法。

在这两个案例中，第一例病势急迫，病程较短，使用《金匮》乌头煎获得积极的效果；第二例病程较长，病势稍缓，故以姜附温补大法汤剂加减出入，更有缓缓图治的良好效果。这些也都是我们向先生好好学习应用温热药物的重要经验。

（5）温开寒痰，重视蠲化痰饮

案一（《遗稿 82 ～ 83 页》）：钱某，年六旬以上，痰饮素重，体素阳虚，咳唾艰难，兼见喘逆，饮食减少，精神倦怠，病已经年，久治多方，其效殊少。余诊其脉，濡而兼大，阳虚，寒痰壅滞胸中，乃主以辛温开化、涤饮蠲痰之剂，一投即效，更坚余志，加减出入为方，连服20余帖，病乃霍然。

桂枝四钱　炮姜三钱　胆星一钱半　石蒲八分
厚附片二两　法夏四钱　生姜三钱　化橘红（广）一钱半
薤白三钱　旋覆花三钱　杜仲八钱　巴戟四钱
细辛七分　北味一钱半　半硫丸（分冲服）三钱　云苓三钱

夜间加服控涎丹五分，白开水送下，共服六夜。

前方连服二帖，痰饮大减，控涎丹服三钱后遂停止不服，仍用前法：前方附片加为三两，加砂、蔻仁各三钱服之，食增痰化，咳喘大减，神旺眠安，吐唾自如，遂停服半硫丸（共服二两），连服20余帖而愈。

【笔者按】这是先生以温法为主配合使用涤饮蠲痰重剂治疗阳虚痰饮内盛的成功案例。

先生从病情中了解到，该老年患者平素一直有“咳唾艰难，兼见喘逆，饮食减少，精神倦怠”等病史，以及长期形成的“痰饮素重，体素阳虚”的体质特征，更了解到“病已经年，久治多方，其效殊少”的治疗经过，再细查“其脉，濡而兼大”，故而断定当下证候的病机要点是“阳虚，寒痰壅滞胸中”，确定使用“辛温开化，涤饮蠲痰之剂”，以姜附温补大法的汤方加减，获得良好效果。

在这个汤方结构中，先生去掉了温补大法中清降潜镇与健脾厚土之药，重点使用姜、附、茯苓、广陈皮，同时增加蠲饮六神汤、半硫丸、控涎丹，与姜、辛、味配合使用，取得了温阳、蠲饮、消痰的良好效果。

对于痰湿痰饮疾病，特别是素体痰多饮重的患者，在治疗时一定要有一个通盘设计。先生在患者“一服即效”的基础上，坚持以前方加减出入，令患者服药达20余剂，并在之后的药物中逐渐减去控涎丹和半硫丸，加入砂仁、白豆蔻以增强健脾理气的功效，最终达到“食增痰化，咳喘大减，神旺眠安，吐唾自如”的良好效果。

案二（《遗稿》83页）：孙姓小儿，年方三岁，素禀阳虚，面白体胖，父母并皆虚弱，得之于中年以后，久患消化不良。儿科医生屡用寒凉攻伐之品，以致伤脾胃阳气，饮食锐减，泄泻呕吐，肢冷不渴，脉现虚濡。经余诊视，知为苦寒所误，已成慢惊，寒痰内壅，胸膈痞痛，乃急用逐寒荡惊方2剂，以开寒痰而宽胸膈，止吐定惊，先其所急。

胡椒一钱　炮姜一钱　肉桂一钱　公丁香六粒

以灶心黄土三两煮水，澄清后煎药。

服后，惊止痰减，乃继之以附子理中方加味三帖善后而安。

潞党参五钱　白术三钱　炮姜一钱半　厚附片五钱

云茯苓三钱　广陈皮一钱半　蔻仁（捣）一钱半　砂仁（捣）一钱半

生谷芽五钱　炙甘草一钱

【笔者按】这是先生以温开寒痰法救治小儿吐泻重症的案例。

患者为3岁小孩，先生在诊治时，首先了解到患儿"父母并皆虚弱"，而且患儿是父母在中年之后所生，因此，患儿"面白体胖"体现出"素禀阳虚"的基本体质情况，加之患儿"久患消化不良"，儿科医生又"屡用寒凉攻伐之品"，导致阳气受损，结合"饮食锐减，泄泻呕吐，肢冷不渴，脉现虚濡"的症状、体征，先生断定当下患儿被"苦寒所误"，导致"寒痰内壅，胸膈痞痛"，已经成"慢惊"之证。故果断使用"逐寒荡惊方2剂，以开寒痰而宽胸膈，止吐定惊，先其所急"，获得"惊止痰减"的积极效果。之后所用的附子理中汤善后之法，是先生根据患儿素体阳虚基本体质情况拟定的调理方法。

在处方用药上，患儿慢惊发作期间，寒痰壅盛，吐泻交作时，是不能使用姜附温补大法的。这时只能以逐寒荡惊方，温中和胃以定惊、止吐、止泻。关于逐寒荡惊方的药物煎煮方法等具体应用，是先生治疗慢惊风病证的重要经验。

对该患儿的善后调理，先生考虑到寒痰中阻的慢惊证候，在用附子理中汤为主的姜附温补大法时，不使用清降潜镇药物，而使用谷芽、砂仁、白豆蔻、陈皮、云苓健脾理气之剂，以促进脾胃元气的恢复。

综上所述，先生在温开寒痰时，更重视的是痰湿病邪内阻情况，并不是首先使用温阳健脾的补益方法以杜绝寒痰滋生的源头，而是迅速消除寒痰、痰饮等壅阻状态，尽快恢复人体气机升降出入。以上两则案例，在温热药物的使用中，首重消痰蠲饮利气，这正反映了先生温化寒痰的重要思路；在善后调理方面，在姜附温补大法中不用清降潜镇之品，多用健脾理气药物。这些都是值得我们好好学习先生在温开寒痰治法方面的重要经验。

（6）四种补法，重视缓调脾胃

通过分析先生灵活应用温法的五方面内容，可以得出这样的结论：先生在具体应用温法时，特别重视分清临床寒证的虚实情况，对于寒证中的实证多采取祛寒、温散、温通、温开治法，而对于阳气欲脱的虚证则需要用温补治法以回阳救逆。

这里先生所用的补法，只是针对虚弱之证而设，其具体应用则需要根据气虚、血虚、阳虚、阴虚的不同特点，分别采取不同的补益措施。

在笔者认真学习“治例”关于补法的四个案例中发现，先生在临床应用补法时，随时重视温养脾胃，始终用以火生土的方式，用温热药物促进脾胃运化，通过缓慢调理，让虚弱的患者达到阴阳协调、气机升降正常、精神元气充盛的补益效果，最终恢复顺从自然规律的健康状态。

①关于补气法的案例（《遗稿》83 ～ 84 页）

马某，女，年 40 岁，其夫为裁缝工人，在“旧时代”中，家庭清苦，子女数人。某年夏间，产后血崩不止，神昏肢厥，气短欲脱，其夫深夜叩门，急而求救。余乃急驱往视，则两脉细弱欲绝，首戒以妄动，听其安卧床上，不可惊扰以散失其阳气，乃赠以米洋参一两，浓煎灌服；处方以补气温阳、固下理中为主，大剂服 4 剂，药物之资，概由余付。服后，气固崩止，食进阳回，母子均安，再以温补之法善后而愈。

独参汤：米洋参一两，浓煎频服。

补气温脏方：

米洋参三钱	白术三钱	干姜五钱	杜仲一两
厚附片二两	菟丝一两	北芪八钱	广陈皮一钱半
龙骨一两	牡蛎粉一两	益智仁五钱	云苓（辰砂拌）三钱
淫羊藿五钱	砂蔻仁各三钱	炙甘草一钱	

生谷芽二两煮水煎药。

善后方：

潞党参一两	北芪五钱	白术三钱	杜仲八钱
厚附片一两五钱	土炒秦归三钱	炒芍三钱	巴戟五钱
菟丝五钱	砂蔻仁各三钱	益智仁五钱	淡苁蓉八钱
广陈皮一钱半	龙骨六钱	牡蛎粉八钱	生谷芽五钱
炮姜五钱	炙甘草一钱		

【笔者按】先生介绍的这则气虚案例，其实是一例气随血脱的气脱案例。先生在诊查该患者时，重视40岁女性，在夏季患产后大失血“产后血崩不止，神昏肢厥，气短欲脱”，更诊得“两脉细弱欲绝”，故可断定为气随血脱，元气欲脱的重症。气随血脱，首当益气固脱。在令其服药之前，先生首先立下“首戒以妄动，听其安卧床上，不可惊扰以散失其阳气”的重要医嘱，并赠与患者“米洋参一两，浓煎灌服”，同时参照患者“家庭清苦，子女数人”等平时劳损情况，处以补气之剂，积极调治，在取效之后，仍然以调理脾胃元气法善后，获得理想的临床效果。

在温脏补气汤方中，先生以姜附温补大法温阳补气为主，在姜、附温阳的同时，还配合使用杜仲、菟丝子、益智仁、肉苁蓉、淫羊藿；在清降潜镇方面，则使用辰砂、龙骨、牡蛎；在健脾理气方面，使用云苓、广陈皮、砂仁、白豆蔻；在补气厚土方面，不仅使用白术，而且用米洋参、黄芪、炙甘草培补中气。以生谷芽二两煮水煎药的方法，充分显示了先生使用补益之法重视恢复和维护脾胃运化功能的重要思路。这里最有意思的是，在温脏补气方中并没有一味止血药物却获得了止血的效果。

至于该患者的善后处治，也没有脱离姜附温热补益的架构，其中姜、附配以杜仲、巴戟天、菟丝子、益智仁，健脾理气的广陈皮、砂仁、白豆蔻配以生谷芽，清降潜镇的龙骨、牡蛎，健脾厚土的白术配以米洋参、黄芪，都是先生温阳补益的标准配备，而善后方中配入的炒白芍、当归则是先生重视产后失血应该缓缓补血的重要配伍经验。

②关于补血法的案例（《遗稿》84 ～ 85页）

周某，女，年42岁，以贞女而充小学教师。某年夏秋之间，久病数月，身肿食少，精神不支，服药甚多，厥效殊少。余以友人介绍而往诊视，则脉弱无力，口不甚渴，最奇者是指上用针刺之，无血而仅流清水，面无华色，唇白舌润，叩其经期，则向来错乱，比来信水已数月不潮，大便干结，阴血大耗，阴分虚极，中夹痰湿。苦思良久，乃投以金匮肾气丸为煎剂，一服而效，小便增多，肿处渐消，思食便行，神亦渐旺，遂以原方出入加减，仍以肾气丸为主，连服20余帖，病乃霍然而愈。

金匮肾气丸加味：

熟地三钱　　枣皮三钱　　苓皮四钱　　怀山药三钱

泽泻（炒）二钱	丹皮二钱	牛膝三钱	前仁三钱
桂木三钱	厚附片五钱	桑枝一两	椒目三钱
姜皮三钱	杜仲五钱	海金沙三钱	巴戟四钱
针砂丸（分冲）三钱			

【笔者按】准确地说，这则并非单纯的血虚案例，而是血虚兼有痰湿水饮的肿胀案例。

首先，先生从年届42岁的未婚女性、小学教师等个体生活环境中，了解到患者在“夏秋之间，久病数月，身肿食少，精神不支，服药甚多，厥效殊少”的重要病史，并在诊病过程中发现患者月经周期“向来错乱，比来信水已数月不潮，大便干结”，经检查发现“脉弱无力，口不甚渴，最奇者是指上用针刺之，无血而仅流清水，面无华色，唇白舌润”等症状、体征。虽然有阴血不足、毫无血色的典型血虚证候，但是其身肿食少，又有典型的中虚痰湿内阻征象，因此先生断为该患者现在主要为“阴血大耗，阴分虚极，中夹痰湿”之证，最终以金匮肾气丸的变通治法获得良好的效果。

在以金匮肾气丸煎剂治疗该患者的阴血亏虚证时，先生重视附片、桂枝、巴戟天、杜仲、牛膝的温阳补肾作用，以及健脾除湿的苓皮、生姜皮、泽泻的应用，这样的温阳健脾作用，有利于脾胃元气的恢复。以阴柔熟地黄、山萸肉、怀山药配伍其间，则能以阳化阴，很好地补益阴血。至于所配合使用的前仁、椒目、海金沙、针砂丸、桑枝等，不仅有利水消肿、舒畅经络的效果，而且有利于脾胃运化功能的恢复。在连服20余剂的汤方之后，获得如此良好的补血效果，实为先生所独到治法，是很值得我们学习的灵活变通治疗血虚病证的重要经验。

③关于补阳法的案例（《遗稿》85～86页）

钱某，男，年72岁，高年气喘，食少而易患腹泻，偶一行动，辄觉气短喘促，口和畏冷，虽夏日而常戴帽多衣，自汗神倦，抱病数月，杂药频投，病躯日损。余诊其脉则微细无力，沉不应指。乃以补阳纳气、固下镇摄之剂投之。初服数帖，便获疗效，继以原方加制，服20余剂，病情逐渐好转，食加神旺，时值冬令，乃以丸剂善后，调理数月，延至翌年春后，阳气来复始愈。

西洋参三钱	白术三钱	北芪五钱	干姜八钱
厚附片二两	焦远志三钱	枣仁三钱	杜仲八钱
菟丝一两	杭巴戟五钱	益智仁五钱	龙骨一两

牡蛎一两	广陈皮一钱半	破故纸四钱	砂蔻仁各三钱
吴萸（盐水炒）六钱	北味二钱	云苓三钱	炙甘草一钱

丸方：

西洋参一两	白术一两	北芪二两	干姜三两
厚附片五两	破故纸一两	吴萸（盐水炒）六钱	北味五钱
杜仲二两	砂蔻仁各五钱	牡蛎粉二两	龙骨一两
远志六钱	云苓五钱	西茸末二两	法半夏五钱
巴戟一两	广陈皮五钱	炙甘草三钱	

以上细末，炼蜜为丸，如梧桐子大，朱砂穿衣。每早晚空腹各服三钱，早用米汤，晚用淡盐开水送下。忌萝卜、生冷。

【笔者按】对于该案例证候的认定，首先是患者为老年久病之躯，又有“食少而易患腹泻”“偶一行动，辄觉气短喘促”“虽夏日而常戴帽多衣”的重要病史，以及“抱病数月，杂药频投，病躯日损”的治疗经过。在这样的背景下，患者还具有“口和畏冷”“自汗神倦”和“微细无力，沉不应指”的脉象，均代表着脾肾阳气虚损的状况。这正是先生判定该患者所具有阳虚证候的重要根据。

本案在汤方药物配伍应用上，完全体现了先生使用姜附温补大法的特色，重用姜、附，配以茜茸末、杜仲、菟丝子、巴戟天、益智仁、补骨脂温补肾中阳气，更以云苓、陈皮、白豆蔻、砂仁、吴茱萸、法半夏健运脾气，调理气机；配以龙骨、牡蛎、五味、远志清降潜镇，安神定志；白术配西洋参、黄芪、炙甘草以补气健脾厚土。经过 20 余剂的加减调治，获得很好的扶阳效果。

不仅如此，先生顺应冬季扶阳的自然特性，将扶阳汤方变化为“朱砂穿衣”的丸剂，增强安神定志的作用，缓缓调理一个冬季，“延至翌年春后”，获得“阳气来复始愈”的良好效果。

④关于补阴法的案例（《遗稿》86 页）

孙某，男，年 60 岁，人瘦身长，失眠食少，性躁心烦，口渴便结，溲黄心悸，舌赤津少，脉虚细而数，素体阴虚，至老弥甚。延余诊视，为订滋水涵木、养阴安神、柔润之剂，服之而安，饮食增加，渐可熟睡，津回舌润，渴减便行。因思补阴较补阳为难；补阳则温脏益气，收效较速；补阴则铢积寸累，须假时日，载在医经，莫之或爽。乃为制膏方，嘱其长期调理，服至半年，诸疾乃愈。

煎剂方：

泡沙参一两	冬术三钱	怀山药三钱	菟丝五钱
熟地黄四钱	甘枸杞五钱	钗斛五钱	龟板一两
鳖甲八钱	朱寸冬五钱	潼蒺藜五钱	菊花三钱
蔻仁一钱半	广陈皮一钱半	牡蛎粉一两	首乌藤三两
枣仁皮各三钱	龙齿五钱	朱云苓三钱	生谷芽五钱
炙甘草一钱			

膏方：

米洋参一两	沙参三钱	天冬一两	麦冬一两
熟地黄二两	细生地二两	怀山药一两	枣皮五钱
龟胶一两	潼蒺藜八钱	朱云苓三钱	羊藿一两
西茸末二两	钗斛一两	枸杞一两	高粱米半斤
炙甘草五钱			

【笔者按】这则阴虚案例的认定，是先生在充分重视老年患者“人瘦身长”的体质特征，以及“至老弥甚”“失眠食少，性躁心烦，口渴便结，溲黄心悸”“素体阴虚”的病史特点，加之当下所具有的“舌赤津少，脉虚细而数”的重要阴虚舌脉象。

对于补阴药物的应用，先生始终重视健补脾胃方法的应用。如先生使用熟地黄、金钗石斛、枸杞、龟甲、鳖甲、朱寸冬等补阴药物时，总是以冬术（冬苍术）、广陈皮、炙甘草、泡沙参、生谷芽相配合，充分证明补阴必须通过脾胃的有效运化，才能发挥真正的疗效。配合使用的龙齿、枣仁、朱云苓、朱寸冬、首乌藤等宁心安神之药，能增加夜晚的睡眠时间和睡眠质量，是纠正阴虚、恢复健康必不可少的的条件。如此配伍的汤方当然能够获得很好的补阴效果。

另外，先生认为“补阴较补阳为难”，“补阳则温脏益气，收效较速；补阴则铢积寸累，须假时日”。先生的这种看法，在中医界具有普适性，故以汤方为基础，配制成膏方，服用半年，最终饮食胃口正常，睡眠安稳，精神元气充沛——恢复到健康状态。

综上所述，先生针对气虚、血虚、阳虚、阴虚使用的四种补益方法，体现了以下特点：始终维护脾胃的运化功能，使脾胃的气机升降出入保持正常；在临床具体应用补益之剂时，始终关注患者的胃口和二便情况，在针对阴虚和血虚进行补阴、补血治疗时，其药物配伍也隐含这样的思路。这是先生使用补法的重要经验。

另外，先生使用补法时，还尤为重视睡眠状况对恢复虚弱证候的促进作用，正如人们所说“睡好一觉当吃十副补药”。夜晚安稳的睡眠是顺从自然规律恢复阴阳气血必不可少的条件。先生在救治气随血脱的危急重症时，用“首戒以妄动，听其安卧床上，不可惊扰以散失其阳气”的强硬语气，对患者提出保持睡眠的告诫，并以睡眠质量的好坏判定其虚弱证候的恢复情况。“眠食均安”，既是恢复虚弱证候的必备条件，又是衡量虚弱证候恢复的标准之一。

特别需要提出的是，对气虚、血虚、阳虚、阴虚的补益，需要较长时间脾胃运化功能的恢复，以及夜晚安稳睡眠的自我调理，才能使虚弱证候得到彻底的恢复。尤其是比气虚、血虚更为深层的阴虚和阳虚患者，更是需要缓慢调理脾胃、持续保持安稳的睡眠，令气机升降出入正常，阴阳协调。这正是先生对阴虚案例使用膏方、阳虚案例使用丸剂，缓缓服药调理的重要经验。

4. 温补大法的重要启示

通过以上对先生使用姜附为主温热药物的分析，特别是对先生晚年用药的分析，笔者得出这样一个结论：先生喜用姜附等温热之剂，但绝不滥用，而是善于把姜附温热之剂，作为一种温补大法，以各种形式，在明确使用目的的基础上，应用于各种疾病证候的治疗。

下面总结先生温补大法给我们的几点启示：

第一，温补大法要讲究结构。

先生用姜附温热药物时，非常重视君臣佐使药物的合理搭配。如以姜附温阳补火为君，以茯苓、陈皮、白豆蔻一类健运理脾行气药物为臣，同时配合有明显清降宁神的朱砂和石决明，以及白术等健补脾气、厚土护火药物为佐使，形成温补扶阳、健运脾胃、清降宁神的治疗大法。这种大法借助少火生气，以火生土的形式，健运脾胃，有强健后天、培补元气，恢复健康的治疗特色。

第二，温补大法要对证应用。

以温补扶阳、健运脾胃、清降宁神为特色的姜附温补大法，在具体应用时，一定要有针对性，要在中医辨证施治原则指导下，针对脾肾阳气不足证候来使用。姜附温补大法，主要应用于久病体虚、老年虚衰、产后大失血等导致的面色少华、短气乏力、嗜睡乏神、心悸头晕、畏寒怕冷、手足不温、纳呆食少、便溏腹泻、舌质淡嫩、苔白津润、脉弱无力等脾肾阳气不足证候。

需要注意的是，脾肾阳气不足证候，这种功能失调状态，在临床上并不是孤立存在的，它受各种时空条件的影响而发生各具特色的兼夹与变化，或兼夹痰湿，或兼夹寒湿，或表现为气脱，或表现为失血，或表现气虚，或表现为血虚，甚或兼有阴虚，因此在使用姜附温补大法时应该有所侧重，有所加减变化。

不仅如此，在具体使用姜附温补大法时，还要重视与脾肾阳虚类似证候相鉴别。特别应该重视与外感风寒，闭塞阳气，或者痰浊湿热病邪，阻塞气机，造成阳气遏郁、不能伸展而出现畏寒怕冷、手足寒冷的阳虚假象相鉴别。对于由于病邪导致的阳气遏郁不能伸展的证候状态，绝对不能使用姜附温补大法，而应该选择使用宣透病邪、调畅气机的方法加以治疗。

第三，使用温补大法要明确目的。

使用温补大法是针对脾肾阳气不足的证候状态，以扶助阳气的方法，重点恢复脾胃中气的运化能力。需要注意的是，先生使用这种方法的目的，并不是单纯改善脾肾阳虚给患者造成的神衰、怕冷、短气等不适感觉，而是恢复顺从自然规律的健康状态，这与先生使用其他如疏散风寒，清化痰热、清理湿热等治法的目的是一样的。

先生在使用姜附温补大法时，自始至终都要顾及脾肾阳气不足证候状态中的眠食、二便情况。在辨识脾肾阳气不足证候之初，重视眠食二便正常与否，以了解证候的严重程度；在治疗过程中重视眠食、二便的各种变化，以了解温补大法的治疗效果；在脾肾阳气不足证候恢复之后，重视眠食、二便的康复状况，以判断预后。先生俨然把个体的饮食摄入、二便的排泄及睡眠状况等人体最基本的新陈代谢指征，上升到阴阳协调，气机升降出入正常的高度加以认识。也就是说，使用姜附温补大法，不仅要消除脾肾阳气不足给人体造成的不适的症状和体征，而且要让人体达到“眠食二便均安”的阴阳协调、气机升降出入正常的健康状态，并且这种状态一直要延续下去。这正是先生提出为医之人，要“司人之命”的要旨所在。

笔者认为，以上三点，是最值得我们向先生汲取在临床使用姜附温补大法的临床经验。

三、医话点滴，强调知常达变

为了更好地完成本书的编著工作，笔者对《遗稿》之外的相关资料进行了再次收集，特别是收集到先生亲炙弟子白淑仪老师、温如秀老师保存的先生的学术资料，包括温如秀老师的临床跟师笔记、经先生批改审定后的课堂教学笔记等，对此进行系统整理，同时结合《遗稿》中医话形式的部分资料，成为本书“临床经验”的医话部分。这部分内容很能反映先生在临床辨证诊断，灵活施治的经验特色。

（一）灵动多变，规矩方圆是要求

笔者在学习这部分资料的时候，发现先生临床上灵活多变的治疗手段，虽然看上去有些杂乱，但是蕴含着一定的规律。

“老师说，学中医要一踩九头翘，要灵活，就是要有‘龙’一样的聪明意识，犹如一触及‘龙’的头部，全身都在动。华夏文明，以‘龙’为图腾，中国人是‘龙’的传人，作为中医医生，更应具有聪明才智。”这是温如秀老师转述先生在讲到作为一名中医医生应该具备聪明才智时的一段话。

这句话，其实道出了先生在《遗稿》“医学笔记”首页所提及医生基本素质中关于“灵”字的要求。即医生在施术之时，应该根据中医证候的病机要点，灵活使用药物和各种治疗技术，有针对性地调理治疗各种疾病证候。

当然，灵活不是无规矩的灵活。《遗稿》“医学笔记”首页所写首先要“理熟法熟”，所有治疗技术都必须在遵医“理”、守“法”度的基础上讲灵活。在临床上，一定要在多方调查各种临床信息资料，综合分析，准确诊断出中医证候病机要点之后，才能做出具体治疗措施。

白淑仪老师在她的学医笔记中，明确记录了先生对诊治疾病的基本要求：

在临证诊断方面，先生强调说：“临证总要从容，要考虑到气候季节的变化，起居环境的影响，问病总要详尽，情志、好恶、旧疾、精力、眠食二便皆与疾病有关，均须询问清楚。”

先生在进行辨证分析时，强调四诊合参，反对在诊病时不问病情，诊脉须臾即予处方。先生常言：“辨证准确之要在于精审四诊所获资料”“诊脉原借以参证病情，非专以脉诊病；望、闻、问、切，缺一不可，辨证最要，切脉次之。”

先生在疾病治疗过程中，完全就是按照这样的要求对证候状态进行调理和治疗的。

白淑仪老师在笔记中还明确记录了先生这样的观点："辨证论治是中医诊治疾病的首要环节，舍此则无特效方、特效药可言。"临证要求"病有寒、热、虚、实之分，治有温、凉、补、泻之异，不可混治""治病必求于本，先其急，后其缓"。这些都是先生所强调的作为中医医生，必须要遵守的准绳。

既要灵活施术，又要在辨证施治原则指导下使用各种中医技术。先生特别重强调对《内经》阐述的中医理论必须全面掌握，并在此基础上灵活使用各种中医技术。先生说："《伤寒》《金匮》之方是前人所开之法门，须观其范围，而其变化在我。苟熟《内经》，我即可治方；我即古人，古人即我，何必依人门户。"这种观点显露出先生作为医家的高度自信，倡导医生既要具备理论上的规矩，又能根据临床疾病证候的病机要点，高度灵活处治疾病，即医生具有将中医基础理论烂熟于心中，熟练应用于临床的基本素质。

（二）临证数语，循循善诱显要点

师承教育最大的优势是徒弟在与师父密切接触过程中，能够潜移默化、水滴石穿般地感受师父在临证时的辨证诊断、施术用药的思维过程，从中体会师父处治各种疾病的重要经验和观点。从表面看，这些经验和观点往往得之于只言片语，但的确是先生利用传统中医的技术，灵活机动处治各种疾病的重要认识。白淑仪老师、温如秀老师在这方面获益匪浅。

笔者从白淑仪老师和温如秀老师处收集到她们在跟师过程中记录先生谈论中医诊治疾病的一些医话，以下内容大多源于此，另有两则医话源自先生的《遗稿》。

1. 话脉象

初学切脉，先须掌握，浮、中、沉，三部脉法，不分寸、关、尺，但看上、中、下三焦。浮取，指头全不用力；中取稍用力，此候中焦（脾胃）。沉取：指头重用力，按之至骨，此为沉取，此候下焦（肝与肾）。

依《素问》，两手寸关尺，六部配脉为：

左：心肝肾；右：肺脾命，命，即命门肾脉也，为肾火。

另有一种说法，肾阳主于左尺为肾火，也配肾阴，故两尺脉均候肾脉。

肾关系人之寿命，健康最为重要，故古人候脉，两手候之，特别重视肾气的强弱。

其他：肺主气相配以大肠；心主血相配以小肠。

即所谓：肺与大肠相表里；心与小肠相表里。

至于脾与胃相表里，故右关脾脉，更有深意在候胃气是也。而左关肝脉，更有深意可以审查胆气的变化。

按五脏之脉必须在各经脉象中兼见和缓之象，和缓之脉即胃气是也。诸脉必具和缓之象方有生机，真脏脉皆毫无和缓之象也，所谓无胃气之脉也，无胃气之脉死不治。经云有胃气则生，无胃气则死是也。故医家但凭脉象之有无和缓之胃气，而可预料患者之生死，而胃气之强弱可判断病之轻重，此乃理论与临床实践两方面之铁的规律，毫无例外之实事上的唯物辩证也。

肝脉之中外急，心脉之坚（硬）而搏，脾脉之弱而乍数乍疏，肺脉之大而虚，肾脉之搏而绝，此硬、急、弱、大、绝之绝脉毫无和缓可言，故曰："无胃气则死。"

两尺脉旺者，少阴脉洪数有力者（少阴—左寸）皆为有子。

阴病见阳脉者生，阳病见虚脉者死。

凡脉沉弦者（尺脉尤甚），为阴脉，属阳虚，脉细数者，为阳脉，阴虚。

浮大无根，大为散象，按之空，为虚大之脉。

脉涩为阳虚是血痹之本也。

肝胃不和，肝脉必弦。

2. 话舌象

凡阴虚火旺（虚火），舌色必定红绛（深红色）而干津少。

阳虚舌是润的。

3. 话阴阳

阴虚定脉定证：阴虚（肝肾）（厥少二阴）两脉浮中取弦脉，或兼细，犹以关脉更是，经常弦数，一般尺脉无力，只兼细数。症多头痛，头昏，耳鸣，心烦，多梦，神短（神衰），心悸，口苦，咽干，或渴或不渴，四肢温暖，或兼五心发热，食少（肝木克土），便干，或结或不结，小便经常为黄色，或梦遗，或经愆，舌红，苔少，重则无苔。

阳虚定脉定证：阳虚（脾肾）为脉濡弱无力，脉多不应指，尺脉尤甚。症见四肢厥逆，怕冷，背心冷，倦怠，欲寐而不安眠，两足无力，头昏晕，食欲不振，腰酸胀痛，不思饮水，不欲谈话，或遗精，溲清，便溏，带下清稀，舌润，苔白。

总上言之，其意都在经云“阴虚生内热，阳微发外寒”，这两句名言当中。

凡人补阳尤易，养阴最难，补阳用辛温之品，重剂温之，可以收功于一旦，其效可立待。至于养阴，其清滋之品，多服久服，徐久累积，收效最迟，不能速见。同时虚证，滋养最难，病家皆不得不知之。

4. 话气血

人生以气为重，气生血，气生一切，此阳生阴长之意义。

5. 话辨证与施治

凡临证，总以理法为上，辨证为主，方药出于理法，理法正确，方药自然不致错误，昔贤云无方之书宜多读，有方之书宜少读。

临证总要从容，要考虑到气候季节的变化，起居环境的影响，问病总要详尽，情志、好恶、旧疾、精力、眠食二便皆与疾病有关，均须询问清楚。

辨证准确之要在于精审四诊所获资料。

诊脉原借以参证病情，非专以脉诊病；望、闻、问、切，缺一不可；辨证最要，切脉次之。

辨证论治是中医诊治疾病的首要环节，舍此则无特效方、特效药可言。

病有寒、热、虚、实之分，治有温、凉、补、泻之异，不可混治。治病必求于本，先其急，后其缓。

《伤寒》《金匮》之方是前人所开之法门，须观其范围，而其变化在我。苟熟《内经》，我即可治方；我即古人，古人即我，何必依人门户。

6. 话脾肾

人生肾为先天（得之禀）之本，脾、胃为后天之本，全靠饮食营养。如先后天俱强者（脾肾），其人多寿少病，纵然患病，治病不难，绝少虚证（慢性病）。若先后天俱弱，则体气不强，每每多病，治疗颇难，补救之法总要固脾肾，故医者对于阳虚之体，妄投苦寒，使其食欲不振，饮食减少，断其营养之路，阻其生生之机，贻害无穷，万不可以！

昔贤云：壮年气血充实，阴阳旺。小儿之阴阳为稚阴稚阳，老人之阴阳为残阴残阳，对于稚阴稚阳、残阴残阳，务须考虑，既不可用大苦大寒，又不可用大辛大温。

7. 话阴虚夹痰湿

阴虚之体，若兼痰湿，用药最难，滋阴则生痰，燥痰则伤阴，医者当双方兼顾，攻补可施，用药权衡，再观察两者比重之多少，而选药配量，宜斟酌之。（此痰湿之来多由外因）

阴虚夹痰湿咳嗽咯血者，患者由于反复咳嗽，大量咯血，吐多量黄、绿痰，致使肺肾阴虚，舌红，苔少，脉弦、细、无力，时感心烦、冲热。处理此证最为矛盾，用药必须两面兼顾。养阴要不生痰，治痰要不伤阴。用玉竹、女贞子、旱莲草、石斛养阴，用贝母、胆星、竹茹、前根、百部、枇杷叶清化热痰而止咳；用血余炭、花蕊石、茅根、三七粉、仙鹤草化瘀止血，使之阴生、痰化、血止。

8. 话虚实补泻

邪实正虚治法，凡邪实正虚之病，用药最难，大要分两种治法。首先，以祛邪，但祛邪仅祛其十之八九而止。余邪候正气恢复自然而愈，所谓“树德务滋”是也。如果邪实而正不虚，则祛邪务求彻底，不可稍留根株，所谓“除恶务尽”是也。其次治疗之法，辅（扶）正祛邪，同时并举，仍须查其虚实比重，而斟酌用药，方少遗憾。

凡是阳虚抓紧脾、肾，凡是阴虚抓紧肝、肾。

9. 话感冒

沈绍九先生常用加减杏苏饮治四时风寒犯肺，临床特效。

加减杏苏饮组成：苏叶、薄荷、防风、杏仁、信前（即信前胡）、尖贝、陈皮、甘草。

前方随兼证之寒热、邪气之轻重加味。

感冒轻者，可用苏梗，如热重加苦寒药黄芩、连翘等，寒重者可加砂、蔻。

银翘散，银翘桔薄行，豉草芥芦中，可加藿香、薄荷、六一散。

香薷饮，厚朴、扁豆、薄荷、香薷。香薷用量一钱至钱五。

常用扁豆皮（遵从叶天士《临证指南医案》，取其活动不呆滞），厚朴改为朴花取其轻灵活动。

（香薷辛温解暑特效）

沈先生在香薷饮方曰，常加用蔻壳，取其辛温除湿、温胃之意，蔻壳在辛温之中，有流动的作用，与厚朴花、扁豆皮之意相同，避免药物之呆滞也。法宗叶天士轻灵活泼也。

10. 话暑热与湿热

暑热、湿热不同之点：暑伤气，暑先入心，故症见发寒热，气短，舌红，口渴，左寸（心）有显著浮数象，头昏，溲黄，两脉浮数，兼弦等。香薷饮主之，藿香正气散（也主之）。湿热为阴阳两贼脾胃之病，其症恶寒发热，但多在午后（上午则不发热，不恶寒）倦怠，食减，口干，不思饮，苔白等。其中苔白或黄白，舌润，尤为特征。

11. 话黄疸（《遗稿》308 ~ 309 页）

阳黄实证为湿热阴阳二邪合而为患，湿邪客于脾，而热邪则客于胃，《金匮》所论各疸、酒疸皆属此类。治法之要在于清消湿热，下开二便，中温脾阳，兼用苦寒以泄胃热，叶天士所主之苦辛通降法能发挥《金匮》之余义。而《金匮》之治以茵陈蒿汤为主，纯任苦寒去黄之品用于湿热为患之证似嫌不足。

叶天士之甘露消毒丹，以苦、辛、通降立法，根据湿热偏胜情况，权衡加减。恶寒发热甚者加栀、豉，口渴壮热者加白虎汤、芦竹根；胁痛加左金丸、铃炭等清热泻肝之品。可以参照此法治疗急性黄疸型肝炎。

此法也是治疗一切湿热难分难解之患，每能达到热清、湿消之目的。

阴黄证，主因要在肾虚，偶感湿热是其诱因，治当温肾、补肾为主，佐以茵陈苦寒散黄之品，必使黄退，纳佳，精神渐复，大便转干，方可脱险，《金匮》之硝石矾石汤不可妄投。

12. 话咳喘

治一切急慢性哮喘，无论男女少幼，皆可。（化痰、温中、纳下，散寒）《金匮》法。

例：麻黄根三～五钱，桂木三钱，生姜一钱五～三钱，附片五钱或一～三两，薤白三钱，菖蒲五分～一钱，法半夏三钱，茯苓三钱，陈皮一钱五，细辛七分～八分，旋覆花三钱，北五味一～二钱，远志三钱，砂仁一～三钱。

（备用药：冬瓜仁一两，杜仲五钱，菟丝子五钱，胆南星一～二钱，瓜蒌仁三钱，神曲三钱，助肺家行制节。）

13. 话水肿

凡治阳虚（脾肾）肿证，以温通为主，一经认定，用药即须注意，凡一切酸敛寒凉（白芍、参等，因气壅塞）、苦寒攻伐之品在所禁忌。务须严密遵守此戒。

水肿患者用药处方有参、草之品，皆为错误，故不论处方者何人，此皆历代先贤所重戒者，学者不可不知之。

治肿病（虚）以温通为主，故有姜、桂、附等，温性药又有通利之药如海金沙、前仁等。

当归，走而不守，入血分。肿病在气分，故不用当归。桂是气血均走，通膀胱之药，故通利小便多用。

阴虚也可致成水肿，脉证以阴虚为特征（多兼热象），阴不养肝肾，水邪上泛，加以其人素嗜茶酒等，外因所成。

14. 话利尿药

凡一切利小便之药，皆足以伤肾，故孕妇用药在所必忌。

石韦——通淋补劳。甘苦微寒，清肺金以化源，通膀胱利水道，益精气，补五劳，治淋崩发背。

冬葵子——甘寒淡滑，滑肠利窍，润燥，通营卫活血脉，行津液，利二便，秋葵复种经过冬天至春作诸（“至春作诸”疑为在春采摘之意），名冬葵子。

瞿麦——苦寒降心火，利小肠逐膀胱邪热，为治淋恶药，唯通经堕胎，唯利善下，虚人慎用。

海金沙——通淋泄湿热，甘寒，淡渗，除小肠、膀胱血分瘫热，治肿满，五淋，茎痛。

萹蓄——即扁竹，苦平，利尿通淋，黄疸热淋。

15. 话血证

咯血——咳而带血。吐血病，阴虚者占十之八九（饮食不慎，多食厚味），以养阴为主，化瘀。

一切血证，化瘀之要药：茅根、前根、三七与姜灰（姜灰，为经过煅烧之后的生姜，温经止血效用过于炮姜）（导血归经）；血余炭、小蓟、鲜藕或藕节，通便（小便）；花蕊石（醋淬）、旱莲草、棕灰、茜草（炭）、乳没等；其余白芍、地黄（生地黄、干地黄）为必用之药。寸冬、尖贝、女贞子、天冬、胶珠、蒺藜、石斛，可酌用。

【笔者按】以上是先生在治疗血证时的一些常用药，其中有三组：第一组为茅根、前根、三七与姜灰，有止血与引血归经的效果。第二组为血余炭、小蓟、鲜藕或藕节，有利尿止血的效果。第三组药，花蕊石、旱莲草、棕灰、茜草、乳香、没药，有化瘀止血的效果。白芍、地黄是治疗血证必用之药，而寸冬、尖贝、女贞子、天冬、阿胶珠、蒺藜、石斛是可以酌情加减的药物。

童便，取其寒咸下降，行瘀清热。

姜灰，辛温性减，导血归经，逐瘀行浊。

当归，是苦辛温行血走窍，若咯血、吐血则必忌用也。

16. 话活血药

红花：入肺经而破瘀，活血，润燥，散肿止痛。

益母草：入手足厥阴，消水行血，祛瘀生新，调经解毒。

五灵脂：味厚。

三棱：入肝经血分，破血中之气，兼入脾经，散一切血瘀气结，痞硬。

莪术：入肝经血分，行气中之血，祛瘀通经，开胃，消食，止痛等并用。破。

牛膝：入足厥阴、足少阴，补肝肾散恶血，能引诸药下行。补药宜用怀牛膝（怀庆府所产），入泻药用川牛膝。

桃仁：两厥阴血分药，泻血滞，缓肝气，通大肠血秽，泄热入血室。

17. 话产后大出血

产后大出血，四肢逆冷，六脉皆无，用独参汤一两。随时吃，如果口噤就鼻饲。如果有汗就用参附汤。（此要用高丽参。）

“参：补气，能回原气于无何有之乡”，如果来不及就用切薄片放入口腔，切记动作不可惊扰患者，亦不可摇动患者。

18. 话拯救亡阳重症

欲绝之候，急当温阳救脱。大剂四逆汤去草，速投之，而且煎药不可过久，煎至沸点便可服用。干姜一两至四两。附片（白）二两至四两。

病特别重者投以三生饮加味以救之。

川乌头一至四两，白附片一两，生南星八钱，生半夏八钱，生吴茱萸八钱，浓煎频灌，取其大辛、大通、大热以救垂绝之阳。扫荡阴霾寒邪。此方猛烈异常，但如果有上述（亡阳）危急脉证，则不可顾忌一切，放胆用之，以吐泻停止为度。如吐泻得止，慎不可再服之。

19. 话霍乱

吐泻等物俱秽浊，发热，口渴，小便黄赤而短，舌红而干，口渴，脉数而有力，属实证，可用苦寒攻下通利之法。易治。

寒霍乱的特征：吐泻清水不臭、不浊、毫无气味，大肉尽脱，而二目深陷、四肢厥冷、冰冷，手冷过肘，足冷过膝，不渴，不思饮水，精神极其萎靡无力，六脉全无，此伤脾肾，阳微。

20. 话温病治疗

温病救阴最易，通阳最难，通阳在利小便（恢复期），用木通等，而不能用广陈皮、砂、蔻等。

21. 话中风（《遗稿》307 ~ 308 页）

《金匮》治中风主以“侯氏黑散”及“风引汤”寒热不同的两大法门，其意以填补空窍为要，而且强调“治疗中风无论寒热，祛风之后，当急用药填补脏腑空窍，充实内部，以图根治”。

临床之际，首当详辨内风、外风，寒、热，闭、脱。

所谓外风，是指风寒自经络而入，即一般所称中经络之证，发寒热，麻木拘急，口眼㖞斜，半身不遂等是其特征，治当以祛风散邪为主，但邪之所凑，其气必虚，故填补之品亦不可少；所谓内风，系指因痰火内盛引动肝风，或因气血虚而肝风内动者，即一般所称中脏腑之证。

凡两手紧握，口闭不开者为闭证；手撒开，二便均自遣（勘误为“遗”）者为脱证。闭证当开，宜随症选用至宝、苏合之类；脱证当固，宜重用参、附、杜仲、巴戟天、补骨脂、益智、芦巴，或黑锡丹等固脾肾元阳之脱。

凡症兼三阴寒象，手足厥冷，不渴，溲清，便溏，面白，脉浮细无力或兼弦象者属寒，多脱证；凡症兼手足温暖，面赤，口渴，壮热，溲赤，便结，舌赤，脉弦细数而有力者属热，多闭证。

脉缓，为邪在表；大，为气虚；迟，为虚寒；数，为虚热；滑，为痰湿；涩，为血虚。浮、促、有力、弦、劲、鼓指，主气火冲逆之实证、热证。一般脱证，其脉多虚大无力，主元气衰败；闭证，其脉多一息七八次，不大不小（非虚证），虽险，尚可治；若脉大无伦次或极其细小（极微），多不可治；若其脉，虚大而散（渐不应指），主气血涣散；指下脉象模糊不清，主气血亏虚，痰涎凝聚。

在脉象上，虚人患中风应特重脉，有时应舍证从脉；实体中风应特重证，有时应舍脉从证。

在苔色上，一般闭证多呈白腻而干，或起裂口；脱证多苔薄，质嫩，或舌萎缩。凡苔白而滑腻者，多主痰湿；黄、厚而燥者多属热邪；黑苔燥裂甚或起芒刺者，热盛耗津也。

治寒证（中风）用“小续命汤”，化燥用“录验续命汤”；热证用“灵犀丹”或“犀角地黄汤”加羚羊及杜仲、菟丝子、枸杞、刺藜等奠下之品，若能加金色熊胆三至四钱，研末冲服则更具宏效，纯用金胆，其效亦佳；若热盛阴亏，虚阳有外越之势者，用“地黄饮子”壮水制火，引火归原。

中风闭证先见弦、滑，继见涩、小、沉、伏，症现气喘、汗出如油、额汗如珠、喉中痰声拽锯者预后不良；脱证先见虚大，次见虚涩，渐以散乱或竟指下全无，症现摇头上串、口常虚吹者预后不良；久病之后，大肉已脱，筋痛不可忍，毛发枯直者，预后亦不良。

22. 话小儿

乌梅、理中是小儿常用之药，犹宜于小儿中之面白、体丰、食欲不振、便溏，不贪玩。三阳脉聚于颜面，面白乃是虚象，非贫血也，为阳气不足之证，法当温养。此类小孩，若擅投苦寒，必伤脾胃，后患不堪设想。彼反对温药、用苦寒之医者，其弊多矣。以上系沈绍九夫子常教人之语。彦师曰：余临床以来深觉师言之可信、可贵。

凡小儿面白，或肥或瘦，多属脾胃阳虚，不可强调贫血，用药则苦寒宜慎、宜少，当以健胃运脾、温阳行气为主。昔贤所谓：理中、乌梅皆是此类小儿常服之药。一般儿科医生，不管体质如何，动则施以苦寒，以清火消炎，戕贼脾胃，犯医家之大戒，其弊甚大。学者宜知之。

川派中医药名家系列丛书

曾彦适

学术思想

笔者在反复研习《遗稿》的宝贵资料中，处处都能看到先生处治疾病的智慧。先生在指导徒弟和学生时总是谆谆教导“临证总要从容”“看病总是不要慌张”，并经常以李中梓《医宗必读·行方智圆心小胆大论》告诫徒弟和学生，要认真钻研中医理论，反复进行临床实践，临证时才会从容不迫，才能真正做到胆大心细，准确诊断用药，最终获得良好的临床疗效。这正是先生发挥聪明智慧处治疾病的重要前提。

笔者深深体会到，先生提倡这种从容不迫、认真负责诊治疾病的态度，是他30多年医学临床实践的一种修养，是先生作为医家的品质，更是我们每一位中医医生必须通过修炼达到的一种境界。

先生为何有这样的境界？

医人者，总要理熟法熟，认证确，用药灵，始可拯人之急，司人之命。

笔者结合自身临床，深深领悟到先生在学医之初就写在“恒龕医学笔记”（《遗稿》2页）上的这段文字，正是先生终其一生诊治疾病的座右铭。正是在这样的座右铭之下，让先生在30多年的行医生涯之中，升华了做医生的境界，获得了高尚的医家品质。

不仅如此，先生把这个座右铭化作自己一生诊治疾病的指导思想和行医原则，并在此指导下进行大量的临床实践，积累了丰富的临床经验，形成了自己的传统中医技术风格，也体现出先生对传统中医的学术见解和学术观点。

一般而言，一个人在某个领域学术思想的形成，一定有他深入而丰富的实际工作经验，这些经验会形成自己在这个领域里的独到见解或观点，进而逐渐形成在这个领域能有效指导实践的学术思想。

下面笔者拟从先生“恒龕医学笔记”的座右铭入手，首先分析先生在丰富的临床经验中体现出来的学术见解和学术观点，进而归纳总结先生重要的中医学术思想，并分析形成这些思想的要素。

一、理熟法熟，不离纲要核心

中医治疗疾病一定是在中医理论指导下的医疗行为，因此，每一位中医临床医生都必须熟练掌握中医基础理论和相关知识，诸如阴阳学说、五行学说、元气学说，以及藏象、经络、体质、病因、发病、病机、辨证诊断、治疗原则、养生原则等内容。只有熟练掌握以上中医基础理论，具有“理熟法熟”的中医理论修养，临床才有可能使用中医各项适宜技术，处治疾病，维护健康。

在中医理论修养方面，先生重视掌握阴阳两纲和六经纲要的相关理论，特别重视阴阳两纲和六经纲要在临床上的具体应用。

（一）强调阴阳两纲

先生熟谙中医基础理论，特别强调在临床时秉承传统中医的理论，使用各项中医技术，尤其重视利用中医传统的阴阳两纲观点，分析疾病证候特点，根据阴阳证候的不同特点，处治各类疾病。如对阳虚为主的证候，或是阴虚为主的证候，或是阴虚与阳虚证候相互兼夹，或是虚实互见、寒热互见、表里互见，以及真假寒热虚实的各种变异状态，先生都根据所掌握的阴阳两纲进行准确辨识，并据此列出各种针对性的治疗措施，获得积极的效果。

在《遗稿》“语录”（64页）中，先生首列“阳虚定脉定症”和“阴虚定脉定症”，这正是先生使用阴阳两纲，在临床上对各种症状、体征进行分类的纲领性描述。

阳虚定脉定症

肢冷，畏寒，背冷，溲清，便溏或不溏，不渴不饥，神倦身软，脉虚、濡弱无力，两尺尤甚，两尺重按不应指，舌白津润，或有白苔，或有白涎痰，人肥面白。

阴虚定脉定症

肢暖，手心时发热，少寐多梦，心烦口渴，思冷饮、或热饮，耳鸣头晕，溲黄赤，或便结，或有浓痰，舌干，舌红、津少，口苦，脉弦细数，左脉尤甚，尺部细数，或有力，或无力，人廋（勘误为“瘦”）身长，黄。

中医基础理论中的阴阳学说，除了阴阳的各自分类特性以外，还有阴阳的对立统一、阴阳互根互用、阴阳相互转化等。先生在《遗稿》“医案”中，特别列举了八个以阴阳两纲为主的证治案例，不仅列举中风的阳热证和阴寒证的不同治法，而且列举了其他阳证似阴、阴证似阳、阳虚阴虚的兼夹变化，以及阴寒阳脱等的疑难危重病证案例，这说明先生不仅具备熟练掌握中医阴阳学说，并以此推演、处治各类疾病的能力，而且充分体现出先生以阴阳两纲为主导，分析处治疾病的学术观点。

（二）重视六经纲要

先生在临证时还特别强调对六经纲要的熟练掌握，并把它作为指导临床的重要理论根据。在先生参考谭次仲《伤寒评志》所编写的《遗稿》“新讲”中，特别对六经纲要做了相应的补充，作为临床对证候进行六经归类辨识的重要依据。

先生指出（《遗稿》286 ～ 287 页）：

将脉浮，头项强痛，腰脊强，恶寒，发热，面赤，恶风，或有汗，或无汗等这一系列的症状，均列入“太阳”系统里面去；将胸胁苦满，往来寒热，口苦，咽干，目眩，耳聋等这一系列症状，均列入“少阳”系统里面去；将胃家实，目疼，鼻干，不得卧，蒸热而渴，汗出，谵语等这一系列症状，均列入“阳明”系统里面去；将腹满，自利，呕吐，口干，津不到咽等这一系列的症状，均列入“太阴”系统里面去；将脉微细，但欲寐，四逆，自利等这一系列的症状，均列入“少阴”系统里面去；将消渴，气上撞心，心中疼热，饥不欲食，食即吐蛔，下利不止，烦满，厥逆，耳聋，囊缩等这一系列的症状，均列入“厥阴”系统里面去了。

下面将伤寒六经证要与先生补充六经证候内容列表总结（表 25）：

表 25　先生补充六经证候

六经纲要	《伤寒论》原文	先生补充
太阳纲要	脉浮头项强痛而恶寒	腰脊强，发热，面赤，恶风，或有汗，或无汗等
阳明纲要	胃家实是也	目疼，鼻干，不得卧，蒸热而渴，汗出，谵语等

续表

六经纲要	《伤寒论》原文	先生补充
少阳纲要	口苦咽干目眩	胸胁苦满，往来寒热，耳聋等
太阴纲要	腹满而吐，食不下，自利益甚，时腹自痛，若下之，则胸下结硬	口干，津不到咽等
少阴纲要	脉微细，但欲寐	四逆，自利等
厥阴纲要	消渴，气上撞心，心中疼热，饥而不欲食，食则吐蛔，下之利不止	烦满，厥逆，耳聋，囊缩等

在当时的情况下，先生如此补充六经证候，充实了六经纲要的内容，让纲要能够更好地指导临床工作。

这里值得一提的是，先生根据六经纲要的辨证诊断方法，准确辨认厥阴证候，利用厥阴病的主方乌梅丸治疗阑尾炎、阑尾穿孔腹膜炎。

先生在其撰写的“中医治疗阑尾炎及阑尾穿孔腹膜炎的点滴经验”中，这样阐述用乌梅丸治疗阑尾炎及阑尾穿孔腹膜炎的思路（《遗稿》301 ～ 302 页）：

我为什么治疗阑尾炎及阑尾穿孔腹膜炎采用乌梅丸这个方子呢？我们必须要回到《伤寒论》上来。《伤寒论》厥阴证提纲说：“厥阴之为病，消渴，气上撞心，心中疼热，饥而不欲食，食则吐蛔，下之，利不止。”……厥阴病寒热诸症，错综复杂，在临床上更应灵活掌握病状。在阑尾炎及阑尾穿孔腹膜炎症中，患者每觉心烦、口渴、气急、腹痛等症，是已具有厥阴病状，即可据此诊断为厥阴病，就可以采用乌梅丸方。

先生在临证时，特别重视症状、体征所具有的六经整体状态的证候特征。先生将阑尾炎、阑尾穿孔腹膜炎所具有的“心烦，口渴，气急，腹痛等症”与病史相结合，进行多方分析之后，判断其具有寒热错杂、虚实兼有的厥阴病的证候状态，故而可以秉承乌梅丸的组方旨意，大胆化裁加减，获得理想的临床效果。

另外，先生在“医案”中对表寒证和温热病初期使用桂枝加葛根汤的案例（《遗稿》81 页、294 ～ 296 页）、利用四逆汤轻剂救治小儿误汗案例（《遗稿》79 ～ 80 页）、用麻杏石甘汤巧治伏热为风寒所束案例（《遗稿》81 页），还有本书在临床经验部分介绍先生桂枝汤加附子治疗桂枝证不愈案例，以及“医案”中以三生饮救治吐利欲绝的三阴之霍乱重症案例（《遗稿》78 ～ 79 页），无一不体现着先生在擅长使用阴阳两纲的同时，还使用六经纲要指导临床实践的技术特长及学术观点。

综上所述，在理论修养方面，先生重视把理论知识有效应用于临床实践，特别善于以阴阳学说为纲，辅以六经纲要的分类方法去认识疾病和处治疾病。这正是先生对待中医理论的基本态度和学术观点。

二、认证准确，识证本质要点

纵观先生以阴阳两纲为主导，辅以六经分类处治疾病的方法，并不是针对某一个疾病，而是针对证候。

针对证候获得疗效的关键，不在于简单地对证候状态特征的一般性认识，也不是对疾病进行分型治疗，而是把阴阳、六经等证候状态放在具体时空条件下做具体分析，抓住证候变化的关键点——病机要点，进行有针对性的处治，纠正阴阳、六经等状态在各种条件下的偏差，进而逐步恢复人体整体阴阳协调、气机升降出入正常、精神元气充盛的健康状态。

如此分析先生所强调的“认证确”，便能发现先生是强调在辨证诊断中一定要做好准确的病机要点诊断。

这里有必要对先生所强调的“证”，即中医学中“证候”的实质进行深入的探讨和分析，并希望能够从中研究先生对证候本质认识的一些学术见解和观点。

（一）证候是阶段性人体功能失调状态

先生所强调要认准的证候，是中医学的一个专有名词。

证候中的“候”，有征兆、外象的意思，代表疾病过程中所表现出的各种外在表象，往往是疾病的外在状态，多表现为各种症状和体征，其实质是疾病造成人体功能失调之后，表现在外的重要信息。

证候中的“证”，有证据、根据的意思，是指疾病外在表象的内在根据。外在表象状态是标、内在根据是本，只有准确把握“证”这个内在根据，针对“证”进行治疗，才可能获得很好的临床疗效。

这里需要强调的是，“证”这个内在根据，是用传统中医理论作指导，对人体失调功能状态进行各种不同层次、不同角度分类时，获得的寒热虚实、脏腑经络等状态上的一个阶段性根据。

鉴于“证”这个内在根据的重要性，当“证候”作为词组出现时，更偏向于“证”这个内在根据的属性与概念。

为了进一步了解先生对证候认识的特点，笔者拟从以下三个方面加以说明。

1. 证候与症状体征

首先，症状和体征是证候的重要组成部分。如上述疾病过程中证候中外在的“候”，包含着临床上随时可以观察到的症状与体征。其最大的特点就是患者常常向医生介绍自己的不适体验和感受等外在信息。每一位中医临床医生，都需要从症状、体征的信息中去辨识证候的内在根据，然后针对证候进行治疗。这是中医辨证施治的重要内容之一。

这里需要注意的是，用传统中医方法通过外在的症状、体征去辨认证候的内在“证”的根据，并不是去探寻内在的具体病理改变，也不是去检查具体的病灶，而是通过外在的症状、体征等信息去分类评估，判断这些症状、体征所具有的阴阳气血、寒热虚实、脏腑经络、六经、卫气营血、三焦“证”的状态特质。

按照传统中医的观点，这样的证候评估判断结果，是人体正常的阴阳气血、脏腑经络等出现的偏差，是疾病最根本的内在根据。在临床上通过症状、体征等信息，分析判断如上证候状态，进行相应的调理治疗，能够有针对性地消除疾病的内在根据，让人体回归到阴阳协调、气机升降出入正常、精神元气充盛的健康状态。

需要注意的是，证候往往是一种人体综合失调的功能状态，因此外在表现往往不只是单一的症状与体征，大多数情况下是一组或者多组症状群，但是又有别于单纯的“症状组合”，它是人体在某个疾病阶段与阴阳气血等状态的失调相关联，与寒热虚实等状态的偏差相关联，与脏腑经络、六经、卫气营血、三焦等状态的紊乱相关联的“证候群”。

因此，证候与症状、体征存在着中医对疾病本质的不同认识层次。症状与体征是人体在疾病状况下的外象，是标象，是幻象；证候则是疾病状况下的内象，是本象，是实象，是中医处治疾病的重要根据。

通过本书对先生临床经验方面的分析阐述，我们可以清晰地发现，先生在诊治疾病过程中，具有高超的辨证诊断技能，能够通过这些外象、标象、幻象，准确把握证候这个内在的实质，具有很好的“认证确”功夫。

2. 证候与中医疾病

在中医临床各科中，中医对病的认识往往是宏观、整体状态的认识，即把疾病看成在多种条件和因素作用下，人体功能失调的演变过程。比如在内科，把以感冒为主的一类功能失调病变过程称为感冒病，以胃痛为主的一类功能失调病变过程称为胃痛病，把消渴为主的一类功能失调病变过程称为消渴病，把以胁痛为主的一类功能失调病变过程称为胁痛病；在妇科方面，则把痛经为主的一类功能失调病变过程称为痛经病，把带下为主的一类功能失调病变过程称为带下病，把闭经为主的一类功能失调病变过程称为闭经病。其他还有在儿科方面的水痘、麻疹、惊风、疳积，外科方面的痈疽疮疡等疾病，中医学都是从其所具有的功能失调状态过程去认识疾病的。

要从状态上对疾病进行有效的认识和治疗，其着眼点绝不是疾病的整个过程，而是从疾病过程的某一个阶段入手，做到有目的、分阶段、按步骤地调治疾病在各个阶段、时段，甚至是某个时点的证候状态——阶段性地纠偏，才能有效地治疗各种疾病。因此证候与中医疾病既有状态上的关联，又有整个过程状态与某一个阶段状态上的不同。

在临床上，只有针对证候状态进行阶段性调理治疗，对一个阶段一个阶段的功能状态有效处治，才有可能获得对整个疾病的治疗效果。这也正是中医辨证施治的原则。

先生对中医疾病的治疗，都是针对疾病各个阶段的功能失调状态而展开的。特别需要指出的是，这样的状态治疗，完全是分辨出中医的证候，随时把握疾病在证候状态上的病机要点，分阶段、按步骤地调理和治疗。关于这一点，可以在先生《遗稿》“医案”中所治疾病得到很好的验证。

3. 证候与西医疾病

现代临床医学所建立起的疾病认识与治疗观，是建立在病因对人体自身组织结构造成破坏的认识基础之上，从造成疾病的具体病因（病原体）、病灶分析入手，进行以消除病灶、恢复健康为宗旨的疾病认识与治疗。这是基于现代临床医学能够比较全方位，经过解剖等各种手段，科学地分析认识人体的组织乃至细胞、分子、基因，以及病原体的细菌、病毒等结构，已经具备对疾病发生、演变及各种转归做出深入细微分析与处治的能力。比如，对感染性疾病的认识与治疗，已经具备找准感染病灶，查清感染源的病毒、细菌性质的科学技术，能够有效地消除感染源与感染灶，治愈疾病。

因此，临床医学治疗疾病往往是明确诊断了具体病灶，明确病因（病原体）之后，才有针对病灶和病因（病原体）的具体治疗方案与措施。这与中医学从状态上认识疾病，从疾病某个阶段的证候状态去分析处治疾病的方式与方法，存在着明显的差异。

由此比较分析，中医的证候与西医的疾病，虽然都是面对疾病给人体造成的功能失调的临床表现（症状、体征），但是却存在着认识这些临床表现（症状、体征）的不同角度。总体上讲，临床医学主要从微观的具体病灶上认识和防治疾病，传统中医则是从宏观的整体状态上认识和防治疾病。

也就是说，中医证候，包括用中医观点认识的疾病，都不是以某一个病灶组织为核心的疾病过程。

需要指出的是，临床医学也有疾病的阶段特点，比如某一个疾病的分期、分型等，但是这样的分期、分型，都是以具体病灶为根据的，这与中医证候从整体的功能失调状态上去认识阶段性的证候特征，存在着显著差异。

在先生《遗稿》中记录着很多有效治疗西医疾病的病案，甚至是一些疑难重症，而先生诊治西医疾病的方式与方法，完全是按照传统中医辨证施治的原则，从证候状态入手的具体而有效的措施。比如：阑尾穿孔腹膜炎、重症霍乱、蛛网膜下腔出血、肝炎等，先生无不是从中医证候状态中，分辨出厥阴的乌梅丸证候、阳虚阴寒证候、阴虚肝阳上亢证候、湿热证候进行治疗而获得疗效的。

因此，先生对任何疾病的认识和处治，不论是中医疾病还是西医疾病，也不论是轻浅疾病还是疑难重病，都是从证候状态上去分析处治。诚如先生《遗稿》中大量的案例，都是在分析出疾病某个时间阶段在人体功能状态上所表现出来的或阳虚证或阴虚证，或风寒表证，或厥阴寒热错杂虚实互见证，针对这些证候进行具体治疗。先生治疗肝胃不和，或阳虚肝郁，或阴虚肝郁、子宫虚寒等证候状态时，所使用的药物加减变化等技巧，也都是针对这种状态的有效治疗手段。

由上分析可知，证候是中医学对疾病过程中所反映出来的人体功能状态上某个时段的症状与体征的分类认识。传统中医诊治疾病就是建立在对疾病某一阶段证候的准确诊断基础上的有效治疗。

先生继承前辈们这样诊治疾病的重要经验，一直从证候状态上，恪守中医辨证施治原则去认识疾病、治疗疾病。这正是先生指导临床工作的重要学术观点。

（二）证候有性质状态与部位状态特点

中医对证候状态的认识，是把疾病过程中人体失调功能的状态按照阴阳表里寒热虚实，以及脏腑经络、六经、卫气营血、三焦的性质状态和部位状态进行划分的。

在传统中医这个行当里有两句老话：一句是“治病不明寒热虚实，开口动手便错”，另一句是“治病不明脏腑经络，开口动手便错”。

所谓寒热虚实，还应该包含阴阳，这是中医学从性质上对人体失调功能状态的分类认识，比如先生以阴阳为纲分辨出阴寒证和阳热证就是显著的例证。只有分辨清楚功能失调的阴证与阳证性质特征之后，才会有温阳散寒、泻火清热的治疗方案，才会有针对阴证和阳证的具体药物与技术的应用。关于虚实的性质，也是只有明确了人体功能失调的虚与实的不同状态特点之后，才有可能在治疗方案上选择补法或者泻法，也才会有针对虚证与实证的具体药物与技术的使用。

这充分说明中医从阴阳寒热虚实性质特点上分类认识人体失调功能状态的特色和重要性。

除了对人体功能状态从性质上进行分类外，还必须对寒热虚实进行部位上的判断，必须明确是哪一个部位出现了寒热虚实的偏差。

这里需要注意的是，中医对病变部位的认识并不完全是解剖部位，而是一个个状态上的部位。

比如：中医的脏腑，更多的是指藏象状态上的部位，经络更是经络功能状态的部位，而六经部位、卫气营血部位、三焦部位也都是功能状态上的定位。比如中医肺的部位，更多的是指主气，司呼吸，主宣发肃降、通调水道、下输膀胱，开窍于鼻，外合于皮毛的功能状态部位。只要发现这一类功能状态的失调与异常，则可以辨别出是肺的部位，或称为肺系部位失调或异常，再以这种功能失调与异常为对象，分辨出肺的寒热虚实的性状特征，就能辨识肺系的各种证候状态，给予积极治疗。其余脏腑部位的判断均是如此。

关于经络部位的定夺，除了经络在体表循行有大体的部位特征外，也多是从经络所属脏腑的功能状态进行辨认的。对于六经部位、卫气营血部位、三焦部位等，也都有六经纲要特点、卫气营血证候特点、三焦证候特点等功能状态特点，而不是具体的解剖部位。

因此，在辨证诊断过程中，必须把寒热虚实状态及脏腑经络、六经、卫气营血、三焦等部位状态辨识准确，中医的治疗方案才能有针对性。

纵观先生处治疾病，无一不是以对人体功能状态进行性质、部位状态的辨识为根据，纠正状态的偏差而获得很好疗效。在《遗稿》中到处可以看到先生对于阳虚肝郁、阴虚肝郁、肝胃不和、脾肾阳虚、中焦湿热、风寒表证、寒湿阻经、阴虚肝阳上亢等证候状态的诊断与治疗。这种针对证候的性质状态和部位状态治疗疾病的方式与方法，充分体现了先生重要的技术特点，也体现了先生对证候状态的学术见解。

（三）证候有个性化的不稳定状态特点

当我们深入了解证候的状态特征之后，发现证候的状态往往具有复杂多变的不稳定特点。这是因为人体作为一个生命的整体，是生存于自然、社会之间的生命活体，其功能状态一定会受到多种因素的影响而发生各种各样功能状态上的变化。

比如，同是一个风寒表证的状态，会受到发病时间、诱发因素、感邪程度、季节气候、生活环境、起居特点、治疗干预、性别、年龄、体质、旧有疾病等条件和因素的影响，而有风寒表证的不同变化，或是麻黄汤证，或是桂枝汤证，或是杏苏散证，或是九味羌活丸证，或是荆防败毒散证，或是葱豉汤证，或是红糖姜汤证等，而且这些汤证均还存在着各种加减变化。因此，就风寒表证这个证候而言，就存在着不稳定的特征。又如同是肾阳不足的证候，也有由于各种条件和因素造成肾阳不足者，因不同时间段、不同体质特点、不同的生活习性、不同伴随疾病与证候，而呈现出各种各样的变化，因此，对肾阳不足的治疗自然会出现或以金匮肾气丸加减，或附子理中汤加减，或以先生的姜附温补大法加减，甚至黑锡丹等的不同治疗方案和措施。只有根据患者在不同时空条件下所表现出的肾阳虚的具体状态，选择针对性强的调理治疗方案与措施，才能对肾阳虚证候状态产生积极的治疗效果。因此，就肾阳不足的虚证而言，会出现各种不同的变化，也就具有不稳定特征。

纵观先生《遗稿》，先生虽然按照阳虚肝郁、阴虚肝郁、肝胃不和等证候状态处治一些疾病，但是我们并不能找到完全相同的处治方法，处方用药更是有明显的变化。之所以有各种各样的变化，正是因为先生重视了证候不稳定性所出现的个性特点。

先生非常重视证候存在的不稳定性，重视针对证候在不同阶段、不同时空条件下的个性化状态特点，有针对性地进行阶段性调治，获得了理想的临床效果。因此，重视证候不稳定性，重视不稳定性所呈现出来的个性化特点，根据证候个性化特点进行灵活调治，充分体现了先生重视证候不稳定性的学术见解。

（四）多维分析临床信息，掌握病机要点

证候是一种人体在疾病时表现出的功能失调状态，更是患者受多种条件和因素影响呈现出的不稳定的个性化状态。因此，中医施治前必须对个性化的证候状态有一个准确的辨认。笔者认为，准确辨认的实质，就是要把辨证诊断落实到具体处治个性化证候的关键点上。

如何把辨证诊断落实到个性化的处治人体失调功能状态的关键点上？

解决了这个问题，就能够把准确辨证落实到处治证候的实处，就能有针对性地调整阶段性的人体功能失调，从而获得良好的临床疗效，也就能更深刻地理解先生“认证确”的核心思想。

为了更清楚地理解“具体处治个性化证候的关键点”，我们可以根据《素问·至真要大论》对“病机”的论述做一番探讨。

《素问·至真要大论》中特别提出了病机的概念，重点从司天在泉等环境、气象变化因素方面论述证候状态中的病机特点，强调中医在处治各种证候的时候，必须要“谨候气宜，无失病机”“审察病机，无失气宜”，也就是告诫我们在对个性化的证候状态进行准确诊断时，一定不能忘记对形成证候的气候环境条件、时间因素等的分析与判断，并做出“谨守病机，各司其属，有者求之，无者

求之，盛者责之，虚者责之”重要告诫，即以“审证求因”的方式对证候中的“病机”这个关键点进行准确诊断和调理治疗，才是中医辨证施治的真正内涵。

笔者试分析如下：

当疾病以证候状态呈现的时候，我们一定要准确把握住这个证候状态的“机”点，笔者将其称为“病机要点”。

“机”，在《辞海》中解释为“古代弩箭上的发动机关”，也有人解释为“事物的枢要、关键”。因此“机”有“机要”“枢机”的意思。可见，《素问·至真要大论》中的病机，其实质是中医证候状态中，犹如古代弩箭上的发动机（现在枪械的扳机）一样的关键点。这样的关键点，往往是造成某个阶段，甚至是某个时段证候状态最为重要的变化点，也是纠正这种证候状态最为重要的转折点、切入点。

需要指出的是，病机要点是中医证候上的要点，具有证候最为基础的寒热虚实性质状态，以及脏腑经络、六经、三焦、卫气营血等部位状态的属性。

中医辨证施治，最为重要的是在辨证诊断中能够准确地辨认“病机”这一某个阶段、某个时段（特别是“当下”干预处治功能失调状态的这个时段）的证候状态中的关键点——病机要点。显然要找准这样状态的病机要点，首先应该认真分析我们临床上能够观察到的症状和体征，做出性质状态和部位状态的分类认识，这是《素问·至真要大论》告诫我们要做病机要点诊断，首先要“有者求之”的意思。

但是，只是单纯从人体功能状态去寻找证候病机要点往往是不够的，比如只是从风寒表证所表现出来的恶风寒、流鼻涕、头痛身痛、咳嗽咯痰白色等特点上，是分辨不出该用麻黄汤、桂枝汤、九味羌活丸、荆防败毒散、葱豉汤等方药的，而且红糖姜开水，甚或是用烫脚、温灸等外治方法也能治疗风寒感冒。因此要对风寒表证进行有效治疗，必须从风寒表证出现的时间长短、感邪轻重、发病经过、治疗情况、干扰因素、兼夹证候，患者的性别、年龄、体质、性情，妇女三期等做出相应的评估判断，做到《素问·至真要大论》要求的“无者求之”。也就是必须把风寒表证纳入这些具有病史意义的背景资料之中，比较分析风寒表证中的盛衰、虚实状况，即所谓“盛者责之，虚者责之”，把风寒表证变为一个个立体的、与风寒表证相关联的阶段性的个性化状态，做出相关的汤证比较，才能真正做到准确辨证，才能做出真正的病机要点诊断。因此，对证候进行整体多维度条件分析，是抓准证候病机要点的关键。

纵观先生在疾病的辨证诊断中，都是充分重视从证候的各个细节入手，从中勾勒出某个时段证候状态的总体特征，进而抓住调理治疗疾病证候的病机要点，从而获得积极的疗效。

先生除了重视调查每位患者症状、体征之外，还重视这些症状体、征形成的条件和各方面因素，如年龄、性别、发病时间、发病经过、治疗情况、情绪变化、个人嗜好，以及妇女月经、孕育、胎产情况，总是将每位患者的症状、体征与这些条件和因素联系起来，审证求因，形成一个既有临床症状、体征，又有特定时空条件和因素，立体的、极富个性化的、信息饱满的阶段性病状特质，再针对这样的病状，从不同角度做出比较，排除假象，分清主次，做出准确的病机要点诊断。这种诊治疾病的思路，完全体现出先生非常重视在特定时空条件下，对证候状态做出多维比较与分析，做出准确病机要点诊断的学术见解。

综上所述，先生在《遗稿》“医学笔记”题词中提到的“认证确”，其实既是提醒自己也是告诫后人，诊治疾病首先必须充分认识证候在某个阶段上人体功能失调状态的基本特征，特别要充分把握在处治这个功能失调状态时，具体时空条件下形成的证候病机要点。只有弄清楚证候、证候中的病机要点，才有可能在中医施治中用好各种巧妙技术，治愈疾病，维护健康。

笔者从以上四个方面综合分析认为，先生“认证确”的深层含义，就是强调在辨证诊断时，需要在全面详尽地调查多方临床信息资料基础上，审证求因，因证互参，多维比较分析，准确把握证候病机要点的重要性。《遗稿》留下的大量治疗案例中，也反映了先生这种诊治疾病的风格，这也正是先生提倡准确辨证诊断的重要学术观点。

三、用药灵活，积极主动应变

用药灵活，变化多样，是笔者学习先生处方用药以及具体施术时的深切体会。

先生在诊治疾病的过程中，始终重视辨证诊断，所有的施治完全建立在具体证候的病机要点诊断之上，进而适应病机要点变化，选择多种多样的治疗手段和措施，演变出各式各样的药物加减和巧妙治法。

（一）根据病机要点，巧妙灵活施治

证候的病机要点作为一种状态，总是受着特定时空条件等多重因素的影响，表现出各种各样的复杂变化。这些变化往往让初学中医的人不能理解，临证时不知所措。

记得笔者在刚刚跟随恩师王文雄先生临证时，问及师父对一个痰热阻肺的肺炎患者进行治疗，为什么不继续使用已经取效的麻杏石甘汤加减，而选用了葶苈大枣泻肺汤加味？师父语重心长地说，我看到的不只是痰热阻肺的肺炎，还看到这个肺热壅盛患者开始有表卫余邪的肺气闭郁现象，经过治疗之后，表卫证候已经不明显，而肺热壅盛状态仍然较重，大小便也不够通畅，所以要用泻肺为主的葶苈子组方为治。由此观之，针对证候状态中的病机要点处方用药，一定会出现很多的药物加减变化。因此，恩师与先生一样，在临床上显示出的用药灵活、不拘一格的用药和施术特点，都是建立在复杂多样的证候病机要点变化之上的。

比如，先生的确善于使用成套路的姜附温补大法来治疗脾肾阳虚的多种疾病，但是在具体应用时，总是根据患者所处时空条件来判断脾肾阳虚证候的具体病机要点，对姜附温补大法进行各种加减变化。脾肾阳虚的证候，往往会因为患者的年龄、体质、患病新久、治疗过程、兼夹病证、病情轻重等影响，呈现出或兼痰湿，或兼寒湿，或兼气陷，或兼肝郁，或兼气逆，或兼气滞，或兼水饮等各种各样的变化，有时甚至会出现与脾肾阳虚证候相反的假象来。因此先生要根据患者的具体病机要点，采取最为贴切的加减变化，而且先生特别重视脾肾阳虚疑似证的鉴别，对脾肾阳虚出现的假象采取相反的治疗措施。在《遗稿》“医案”中，先生在温法中讲述的十四个温补案例，其实都是姜附温补大法的具体加减和变法应用。

尤其需要指出的是，对于疾病的治疗，先生总是重视对脾胃运化、气机升降出入正常功能的维护。处方用药总是善用云苓，或陈皮，或白豆蔻，或香橼，或柴胡，或法半夏，或稻芽，抑或是砂仁、山楂、建曲、佛手、豆卷、木香、藿香、麦芽等充分照顾脾胃运化，调理脾胃气机升降的药物，让各类汤方在纠正各种证候状态的偏差过程中，充分显露出重视照顾脾胃气机，让所组成的汤方在整体性能上不呆滞，更有轻巧灵动的勃勃生机。这也从另一个侧面反映出先生根据病机要点的状态，照顾脾胃气机功能，恢复和维护人体顺从自然规律健康状态的“用药灵”的特点。

由此观之，先生采取了一切治疗手段措施都针对证候中的病机要点展开调治的基本思路，这些病机要点受具体时空条件的影响，会出现各种各样的复杂变化，因此，我们所观察到先生的治疗手段与措施，特别是药物的加减，以及汤剂、丸散剂的灵活应用等，都有丰富多彩的变化；同时也充分反映出先生在针对证候病机要点处治疾病的过程中，总是重视脾胃气机的升降出入用药，灵动不呆滞的特征。这样的特征也体现着先生在施治技术上，一切围绕证候病机要点，灵活施治的学术见解。

（二）应对病机要点，广集治疗手段

笔者在总结先生《遗稿》的临床经验时，发现先生在自己的医疗实践中，总是采取积极主动的态度应对各种复杂证候的病机要点变化。先生不仅积极主动地认识、辨识证候的病机要点，而且不分门户，主动广泛收集、整理、分析、应用各种有效的药物、各种有效治疗疾病的技术、甚至是民间的单方、验方，以应对复杂多变的证候病机要点。只要对治疗疾病有效，先生就不拒来路，兼收并蓄，虚心学习，记录使用情况。就这样，先生掌握了众多有效治疗疾病的药物、汤方、针灸技术、偏方、验方等，可以根据各种复杂多变的证候病机要点，选择最有效的手段处治疾病。这成为先生处治疾病的一大特色。

比如：先生熟练掌握了200种以上的药物，熟知药物的性味、归经、升降浮沉、治疗功效，更熟谙常用药物的炮制方法、药对配伍、用法用量，这为先生灵活施术、灵活加减用药提供了技术上的保障。

又如：先生的治疗手段涉及多种外治技术，包括针灸技术中的艾灸关元扶阳、天灸发疱截疟等，都是先生在临床上针对不同证候病机要点施治的有效措施。

再如：先生有随时收集各种单方、验方的好习惯。在《遗稿》中我们可以发现，先生从学医之初，就记录沈绍九祖师爷、彭香谷祖师爷有效的方药及其单方、验方，一直到晚年，先生仍然没有改变这一习惯。《遗稿》“选编”中还有先生诊治疾病时所记录的患者家属提供的治疗哮喘的有效偏方等。不仅如此，先生对于当代各种先进有效的西医治疗技术，也采取了包容与接纳的态度。

因此，在干预治疗多变的证候病机要点的手段上，先生都是采取积极主动和开放的态度。

这种不分门户，只要有效就兼收并蓄、为我所用的态度，不仅充分显示出先生对中医各种治疗方法的学术见解，而且显示出医疗大家的风范。

综上所述，先生在“恒盦笔记”首页题词中提到“用药灵”。这个“灵”字，应该有两种解释：第一种解释是用药一定要灵验，要有效应、有疗效；第二种解释是用药要灵活、灵动、不拘泥、不呆滞。这是先生随时提醒自己，也是告诫后人在用药及实施其他治疗措施时，要积极主动应对证候所表现出的复杂病机要点变化，掌握更多、更广泛的治疗技术。

作为医者，无论是单方、验方，还是内服、外用方，只要对疾病的证候状态有积极治疗意义，能够有效解决证候的病机要点问题，我们都应该不分门户、不排西医、不拒来路地接受，着眼于患者所具有的证候病机要点，灵活施治，纠正各种证候的偏差，同时充分重视脾胃气机升降功能的恢复与维护，以提高临床疗效。

先生在教导徒弟、学生诊治疾病时，也始终强调要针对具体患者证候中复杂多变的病机要点，灵活处治，积极主动，不拘一格。在古方应用上，先生特别重视古方所立治病法门，而又不拘泥于具体方药，常说：“《伤寒》《金匮》之方是前人所开之法门，须观其范围，而其变化在我。苟熟《内经》，我即可治方；我即古人，古人即我，何必依人门户。”这种治疗疾病的气魄，正是先生熟谙中医辨证施治精髓，在中医临床工作中灵活施术的重要学术观点。

四、拯人危急，始终以平为期

纵观先生的医疗经验及案例可以发现，先生的确具有解救危急、拯人疾苦的实在功夫，不仅经常受到患者赞誉，而且受到同行肯定。我们深入探究其根源时发现，先生的动机不只是解救危厄，缓解临床症状，而且背后有其深刻的中医学意义。

（一）纠正证候的具体偏差状态

传统中医辨证施治，不在于缓解或者治疗疾病给人体造成的各种痛苦，绝不是“对症治疗”，而是在于纠正造成患者在阴阳、寒热虚实、脏腑经络、气血、六经、卫气营血、三焦等中医证候上的偏差，乃至失调与紊乱，并杜绝造成这种病理改变的相关因素。

《遗稿》“医案”中的“中风之阳证、热证”案例、“中风之阴证、寒证”案例、“阳证似阴之温病”案例、“阴证似阳的胃痛病兼咳喘的重症”案例、“咳嗽、咯血之阴虚夹痰重症”案例、“典型的温病重症、兼太阳伤风之症”案例、“典型的阳虚（里证）兼温邪（新感）重症”案例、“寒霍乱重症”案例等均体现了以上治疗理念。所有救治措施的最终目的都是恢复和维护平衡状态。另外，《遗稿》“医案”中 14 个温法与补法的案例，也无一不是以温法、补法作为治疗手段，纠正各种各样的阳虚、阴寒，以及气虚、血虚、阳虚、阴虚的证候状态，也就是纠偏调治。

这里还需要说明的是，先生在这样的纠偏治疗中也贯穿着“审证求因”的思想，在具体的处治措施中，要杜绝造成证候偏差的各种原因和条件。比如处治外感病证、麻疹病证时，要求忌食油荤；处治脾肾阳虚证候时，要求忌食生冷滑腻之物。这样的行为干预措施，都是利于从人体功能状态上的纠偏治疗。

另外，先生通过这样的治疗方式，能够治愈西医认识到的疾病，甚至是必须通过手术才能治愈的疾病。比如先生在《遗稿》“语录”中，对“慢性气管炎（哮喘）”“肝炎”“麻疹”“疟疾”“痢疾”“水肿”及对妇科诸病的讲述，无一不是在阐明这些疾病所具有的寒热虚实、脏腑经络等证候状态上的偏差及其具体的治疗措施；在“中医治疗阑尾炎及阑尾穿孔腹膜炎的点滴经验”中，论述了纠正厥阴证的失调状态而获得的疗效。

（二）恢复人体的整体平衡状态

中医通过对证候的各种寒热虚实、脏腑经络等状态纠偏治疗与调理，其最终的目的是让证候的偏差恢复到阴阳协调、气机升降出入正常，能够顺从自然规律的健康状态。正如《内经》所提出的“不问其病，以平为期”这一治疗疾病的根本目的。这也应该是传统中医治疗、治愈疾病的根本道理所在。

那么阴阳协调、气机升降出入正常的具体表现是什么呢？

笔者在深入学习先生的临床经验过程中，有这样的发现，先生在调查了解病情时都要询问患者的眠食二便情况。不论是什么样的疾病，案例中均记录着“健饭”“能食”“食少”“胃纳太差”“能睡”“眠差”“便稀”“便溏”“便秘”“大便干结”“小便通利”“小便黄赤”“小便频数”等众多有关饮食二便睡眠的文字；而且在经过救治，获得疗效的成功案例中，也有该患者的“眠食二便均安”或者“眠食二便正常”的记录。也就是说，先生在诊治疾病过程中，非常重视每一位患者的饮食、睡眠、二便具体改变与恢复情况。笔者在先生夫人（笔者先祖母）李霁云指导下临证时，每次都要被先祖母督促认真询问患者的饮食、二便及睡眠情况。可见受着沈彭二氏学术基因的影响的后人，都十分重视人体这三方面的生理现象，即人体最为基本的新陈代谢状态。

夜寐与昼寤是涉及人体的阳气能够顺从自然规律，由阳入阴，又由阴出阳，营卫周流，阴阳协调的重要生命状态；而饮食摄入与二便排泄，也涉及人体脾胃的气机升降、肺气的宣发肃降、肾气的蒸腾气化等气机升降出入功能正常的重要生命状态。

先生之所以这样重视眠食二便的情况，是因为“眠食均安”“二便正常”这种顺从自然规律的阴阳平衡、气机升降出入正常的健康状态，是中医治病求本的宗旨所在。

综上所述，先生在《遗稿》“医学笔记”首页题词中所提出的“拯人之急”，不仅是解救急难重症，更是在强调作为医生应该具备在准确辨认证候状态的基础上，针对证候病机要点，灵活施以针对性强的治疗措施，以纠正各种状态偏差，并以此为手段，恢复以良好睡眠、正常饮食摄入与二便排泄为代表的阴阳协调、气机升降出入正常的顺从自然规律的健康状态，并且以此为目的，最终在危及人体生命的疾病中，拯救患者于水火。先生这种诊治疾病的思路，真正体现了《内经》“不问其病，以平为期”诊治疾病的精神，也体现了先生治疗疾病以求得患者最终的阴阳协调、气机升降出入正常这一根本的学术观点。

五、司人之命，牢记行医宗旨

通过以上论述我们知道，先生认为为医之人应该具备“理熟法熟”的修养、“认证确、用药灵”的技能与技巧及“拯人之急”以恢复人体顺从自然规律的健康状态的能力。这里再分析《遗稿》“医学笔记”首页题词中的“司人之命”，进一步分析、理解先生的中医学术观点。

医生是一个与人体生命密切相关的职业，因此医生除了必须具备高超的医疗技术之外，还要有把控人体生命整体，维护人体健康状态的高尚情怀。这正是先生所倡导为医之人必须具备“司人之命”这一行医宗旨的意义所在。

（一）对待生命整体的胸襟

在中国古汉字中，医生的“医”下面有一个“巫”字，右边还有一个“殳”字，写作“毉”。从医学的发端上看，“医”应该与“巫”相通；“殳”是古时候用于械斗的兵器。因此“医”是一个上晓天文、下知地理、中通人事，并能够以有效手段解救人类疾苦的职业。对“医”这个职业为何要有这样高的技术要求？

医者重视人体的生命，更重视生命在自然、社会整体变化中的健康状态。要达到这样的目的，当然需要上晓天文、下知地理、中通人事。具体地讲，医者所具备的医疗技术，不仅需要对人体整个生命进程中不健康的疾病给予有效治疗，而且要从整体上对影响健康状态的不良因素加以干预，不断维护健康状态。

在深入整理、分析先生临床经验和学术思想的过程中，笔者感悟到，先生提出“司人之命”警语的深层含义，正是告诫我们，作为医生不仅要治疗疾病，还要解决如何恢复和维护患者在整个自然、社会进程中，更好地生存与发展的整个生命周期的健康问题。

也就是说，医生不仅要有拯人之急，恢复和维护患者个体的阴阳平衡、气机升降出入正常状态的本事，而且要有更高的关爱生命整体的医学胸襟，去影响患者在自然、社会中的整体健康状态，促使患者在自身阴阳协调、气机升降出入正常的同时，顺应自然、社会的变化与发展，最终恢复和维护与自然、社会和谐相处的大健康状态——笔者将其命名为“养生健康状态”。如此才可能成为一位名副其实的医生。

纵观先生30多年的行医经历，不仅具备这样的医疗境界，更是以自己的实际行动，将其作为行医宗旨，随时指导自己的临床工作。

（二）保持良好医德的风尚

有这样对人体性命攸关的整体健康问题的高度认识，自然让先生建立起对患者高度负责的良好医德。

先生不仅以他丰富的医疗知识和技术，细心解救患者的疾苦，而且对患者有非同寻常的怜悯之心。在《遗稿》中真实记录了先生为贫困家庭免费诊病，并且为危重患者垫付药费、赠送名贵西洋参救命等案例，也有先生徒弟的亲身经历，在困难时期，先生把自己节省下来的核桃捐给所需患者的真实故事。这些正是先生关爱生命，具有良好医德的真实写照。

不仅如此，先生在诊病过程中，经常告诫徒弟和学生，“临证总要从容，要考虑到气候季节的变化，起居环境的影响，问病总要详尽，情志、好恶、旧疾、精力、眠食二便皆与疾病有关，均须询问清楚”（《遗稿》307页）。之所以要这样详尽了解病情，正是先生能够充分认识到，疾病过程中所出现的各种人体功能失调的证候表现，均离不开个体在自然、社会环境中的变化。医生必须站在“司人之命”的高度，关注个体在具体环境条件下的整体健康，才能全面把控疾病在功能状态上的证候特点，特别是证候中的病机要点。

诚如笔者如前所举例子，不论是简单的感冒病证的治疗，还是严重的脾肾阳虚的证候调治，都会因为个体性别、年龄、季节气候、所处环境、体质因素、患病新久、旧有疾病，乃至精神情志、性格特征等因素的影响，表现出个体的证候病机要点。对待这样的证候病机要点，只有深切了解个体与自然、社会环境的密切关系，才能对人体各种失调功能状态的证候准确把握，才能开展针对性极强、对疾病证候最有效的救治。

笔者深深体会到，先生这样的诊疗作风，完全是把自身良好的医德融入具体的医术之中了。

（三）落实操行大道的细节

先生本着《内经》“不问其病，以平为期”的目的救治危厄，拯救疾苦，充分说明先生对“司人之命”这一行医宗旨的高度重视，并把这个行医宗旨作为具体技术细节，落实在始终恢复和维护患者个体能够顺从自然规律的养生健康状态的医疗实践之中。

在诊治疾病时，先生特别重视眠食二便的恢复情况，不仅看患者是否能吃、能睡、能排泄，而且需要看是否能够按照自然规律，有中医养生意义的吃、喝、拉、撒、睡。

具体地讲，在疾病治疗过程中虽然消除了病痛，但是眠食二便尚未恢复正常，仍需要继续调理和治疗。就睡眠而言，虽然能够睡，但是睡眠时间却是在白天，夜晚反而不能睡，违背了自然规律；就饮食摄入而言，虽然能吃，但是饮食摄入量和时间不协调、不规律；就二便排泄而言，虽然二便能够排泄，但是排泄的量与时间不正常。以上这些都应该视为不健康，医生应该站在“司人之命”这样重视生命整体健康的高度，对此继续给以干预、调理或治疗。

另外，在处治各种疾病时，先生总是会下一些重视生命总体状态的行为干预医嘱。比如，在《遗稿》“医案”中先生救治的一例产后血崩案例，对患者的行为干预告诫是“首戒以妄动，听其安卧床上，不可惊扰以散失其阳气”；在使用桂枝加葛根汤救治高热发痉患者时，所下医嘱为“坚主忌风，忌油”；而对于使用乌头汤加减救治寒湿痛痹时，也有“忌油、风”的重要医嘱。这些都可以站在“司人之命”的高度去认识先生的这些行为干预措施。

综上所述，先生这种在辨证施治原则指导之下治疗疾病的方式，始终没有离开重视人命的根本宗旨。先生始终站在“司人之命”的高度对人体整体生命状态进行根本上的健康维护和疾病治疗，这不仅反映在先生对患者的怜悯同情等可贵医德上，也包括先生以高度负责的态度，重视掌控人体生命整体的养生健康状态的医疗技术。这正是先生从中医技术的角度，对医生——特别是中医人素质要求的重要学术观点。

六、学术思想，归纳四个观念

以上五方面的学术见解和观点，体现了先生从宏观角度对人体生命状态及疾病状态认识的基本特点，即无论是对人体健康的恢复和维护，还是对人体疾病的调理和治疗，都从宏观状态入手。

下面笔者对先生的观点进行更高层次的总结和提炼，形成更具曾彦适学术特点的中医学术思想，以更好地指导先生后人开展中医临床实践，并可作为其他中医实践者的借鉴。

（一）对生命状态的养生健康观

先生重视人命，特别重视生命个体在自然、社会等综合因素影响下形成的养生健康状态。他以传统中医阴阳两纲、六经纲要为主的分类辨识方法为指导，从人体整体功能状态上，包括从所处自然、社会的大范围内去认识和解决个体健康问题。也就是说，先生始终抱定治疗疾病的根本目的，是遵循《内经》所提及的“不问其病，以平为期”，恢复人体顺从自然规律的养生健康状态。

（二）对证候状态的病机要点观

先生在临床面对各类非健康状态的时候，一定本着中医辨证施治的原则，首重辨证。他重视各种人体失调功能状态在中医证候上的性质和部位状态偏差。这之中又非常重视这种状态偏差在特定时空环境条件下，特别是当下干预处治功能失调这个时段极具个性化的证候病机要点。先生始终坚持在重视辨识证候的性质与部位状态的同时，详尽调查导致这些状态的各种原因、条件等诸多信息，更以“审证求因”“因证互参”综合分析的思维方式，掌握处治证候状态偏差的病机要点。

（三）对病机要点的灵活调治观

为了在辨证施治的调理治疗技术上，有效应对证候状态中缺乏稳定性的病机要点，先生始终主张广泛收集各种各样有治疗作用的方法。如广泛收集中药本草知识，包括单味药物的性味归经、升降浮沉、七情配伍；具体应用，包括内服药物的汤剂、膏丹丸散剂、药膳、药物外用等；外治技术，包括针刺、灸疗等中医适宜技术，甚至不排斥西医治法。不仅如此，先生广泛的施治技术还包括各种有效的单方、验方，甚至涉及有效行为干预的医嘱等。这种主张充分体现了《内经》所提倡的“圣人杂合以治，各得其所宜”的综合调理治疗的施治精神。

另外，先生对各种证候状态的处方用药，始终照顾人体气机升降出入，特别重视维护脾胃的运化、传导功能。对于寒热温凉处方的应用，都不失时机地使用或陈皮，或茯苓，或山楂，或建曲，或生姜，或白豆蔻，或砂仁，或稻芽，或麦芽等照顾脾胃运化的药物。这种应用能够让各种汤方在整体性能上，显露出照顾脾胃运化功能，调畅气机、轻巧灵动的勃勃生机。

（四）对疾病状态的分步治疗观

对于具体疾病的治疗，不论是中医疾病还是西医疾病，先生都是重视疾病所表现的功能失调的证候状态特点，特别重视疾病在某阶段的证候病机要点变化。其治疗不只是消除疾病及疾病给人体造成的痛苦，而且强调分阶段、按步骤、有目的地调治证候的失调状态。纠正一个一个的证候病机要点，不断恢复和维护人体正常状态，即以正常睡眠、饮食、二便为基本特点的阴阳协调、气机升降出入正常、精神元气充沛，能够顺从自然社会发展变化规律的养生健康状态，并在此基础上有效防治疾病。

以上四点正是先生在中医基础理论指导下形成的人体生命观与健康观，在中医技术应用上所形成的疾病认识观与治疗观，也是先生在30多年的临床实践中所形成的有自身特色的中医学术思想。

七、师承根源，实践积累总结

了解先生以上学术思想之后，我们应该进一步探究先生为什么会形成这样的学术思想，更深入地了解形成先生中医学术思想的源头，才能让先生的学术思想更有生命力。不仅如此，如果能够从先生这样的名中医形成学术思想的过程中得到启示，无疑会对我们学习继承传统中医有极大的帮助。

分析形成先生学术思想的渊源，与先生学承传统中医、尊师重道、严守师训的师承教育分不开，与先生重视学习、反复实践、善于有效积累的治学方式分不开，更与先生在晚年善于归纳总结的思想方法分不开。

（一）尊师守训

在对先生临床经验和学术思想进行深入分析的过程中，笔者发现，先生所具有成熟的中医临床经验和学术思想，首先是秉承了前辈们的临床经验和学术思想，特别是受到成都中医大家沈绍九及彭香谷两位祖师爷的指导，使先生接受正规的传统中医的教育，为之后形成自己的学术思想奠定了坚实的基础。

关于这方面的内容，将在本书的“学术传承”部分系统论述。

（二）积极实践

先生在 1934 年开始挂牌行医，之后 30 多年的生涯中，从来没有离开过中医临床，不管出现什么情况，先生都坚持每天诊病，特别是疾病高发季节，每天诊病更是应接不暇。正是这样大量的临床实践，让先生有积累丰富临床经验的机会。不仅如此，先生还将有意义的案例记录下来。

先生认真对待每一位患者，重视记录大量的临床病历。这一习惯，一直延续到先生晚年带教徒弟、带习学生的临床工作中。笔者体会到，先生在繁忙的临床工作中，如《遗稿》中大量的临证病历记录，为先生在应诊时仔细分析多方资料、准确把握证候病机要点，赢得了宝贵的思索时间，不仅会大大提升临床疗效，更是为先生不断获取临床经验储备了重要的第一手资料。因此先生如此长期、有效率的临床实践，是一个值得我们好好学习的中医临床实践方式。

（三）有效积累

先生所具有的中医临床经验和学术思想不是一夜之间形成的，特别是学术思想，其形成一定是一个不断学习，不断实践，从理论到实践，又从实践到理论的反复过程。

在这样慢慢积累的过程当中，先生特别重视勤动手、多记录。他不仅记录临证病历，而且写下诊治案例的心得，包括很多在沈祖师爷、彭祖师爷指导下的学习笔记。先生常说“好记性不如烂笔头”，比如，先生在《遗稿》“医学笔记”的序中写到“受业于吴兴沈绍九夫子后，每有闻问，退辄有记”。

先生好读书，不仅自修《黄帝内经》《难经》《伤寒论》《金匮要略》《本草纲目》等中医基础理论书籍，而且喜读更为结合临床的《柳选四家医案》《兰台轨范》《医门法律》《徐洄溪医案》《温热经纬》，常把这些书籍置放在床前、案头，随手翻阅。先生还好购书，家中现在还保存着在生活困难时期，先生不顾夫人的劝阻购置的线装版《本草纲目》。他经常在书籍中勾勾画画，书写只言片语的读书心得要点。先生在学习和临床实践过程中，勤于记录的好习惯持续了一辈子。

应该说，先生正是通过继承前辈们的临床经验、学术成就，在导师的指导下，同时通过自身有效率的临床实践，勤于读书，以善于动笔的学习方式，逐渐积累着临床经验，并逐渐朝着有条理的思想方面升华。

（四）思想总结

总体上看，先生能够形成有自身特点的学术思想，应该是在 20 世纪 60 年代。这时的先生已年届花甲，并在成都中医进修学校执教《伤寒论》、中医内科学等中医基础课程，著有非常有代表性的“恒龕医案”“华阳曾彦适医学语录”等教案，以及“治疗温热病的经验介绍”“中医治愈肠痈（阑尾炎、穿破腹膜炎）报告”“中医治疗阑尾炎及阑尾穿孔腹膜炎的点滴经验”等学术文章。

以上论著虽然不多，但是却反映了先生在中医学中的重要学术思想。《遗稿》“医案”和“语录”中，记录着先生遵从中医整体观念、辨证施治原则处治各类疾病，一些重大疑难病证的临床经验，更是隐含了先生在思想层面的重要总结。这些总结都彰显着先生秉承先辈们的教导，形成自身特色学术思想，在临床灵活有效治疗各种疾病的智慧。

笔者认为，先生在 30 多年极其丰富的中医临床实践中留下的宝贵资料，是我们不断学习升华先生有自身特色中医学术思想的重要财富。

学术传承

川派中医药名家系列丛书

曾彦适

先生有丰富的中医临床实践经验，更有上升到理论高度的中医学术思想。这些临床经验和学术思想有相当明显的学承渊源，有先生继承前辈的学术思想和临床经验，更有先生传授白淑仪老师、温如秀老师两位徒弟，继而更深刻影响笔者的医疗风格。相信这样的传承渊源，还会对后人产生更为深远的影响。

下面笔者从以下三个方面，就先生对前辈临床经验、学术思想的继承与传授情况进行介绍，借以阐明先生临床经验和学术思想的重要渊源及其对后代的深刻影响。

一、尊师重道，继承传统中医精髓

先生有很好的中西文化修养，虽然学医已经是在他成家之后，但是先生在受到蔡玉林老师的中医针灸教育之后，便全身心投入沈绍九门下。在沈祖师爷去世前的1934年，又结识同样为中医大家的彭香谷，并谦恭地执弟子礼。先生的人品和治学态度，深受两位祖师爷的喜爱。在虚心向两位老师求教医学的过程中，不仅得到老师的细心指导，更潜移默化地继承着前辈们的中医文化精髓。两位祖师爷在临证时耳提面命的亲切教导，为之后先生形成自己独具特色的中医临床经验和学术思想播下了重要的种子。

下面笔者根据《遗稿》中的资料，分析先生受两位祖师爷直接影响形成临床经验和学术思想的一些情况。

（一）潜心中医学，认真写笔记

先生开始正规学习传统中医时，已是30岁以后，更有家中亲人罹患重病不得医治，立志发奋学医的重要动因。因此先生学习传统中医的劲头十足，又非常重视学习方式方法，深得两位祖师爷的赞许。

先生在“医学笔记”的序（《遗稿》2页）中，详细介绍他当时跟随两位祖师爷的学医状况：

余自民国二十一年（1932年）壬申之秋，偕内子霁云夫人受业于吴兴沈绍九夫子后，每有闻问，退辄有记，迄至二十四年（1935年）底，匣中积恒龕医学札记二十有八册。二十五年（1936年）一月乙亥腊月十七日绍师遽归道山，余自愧学术无成，深负良师，札记于是乎止。幸于二十三年（1934年）甲戌冬季，获交名医彭香谷姻长，以霁云夫人之赞助，乃得请益质疑，所得甚钜，遂更识医学之门庭。

先生还深入分析两位祖师爷的各自特点，他认为（《遗稿》3页）：

绍公之学宗叶、薛，香公之学宗徐、喻，二公皆源于仲景之书，根柢皆固，学有本源，攻补之术各造其极。香公固夙推服绍公，目中殊无余子，学术既高，㧑谦自牧，尤为余所倾倒。

有这样优秀的导师在先生学习传统中医之初做指导，自然能够让先生在中医临床上逐渐获得很好的疗效。

先生是如何学习好两位祖师爷的传统中医技术，继承好两位祖师爷的在传统中医方面学术思想的呢？

据笔者分析，先生有常做临床笔记的好习惯。除去惜因住家几经迁徙而遗失的28册跟从沈绍九祖师爷的医学笔记以外，现存跟从彭香谷祖师爷的两册“医学笔记”和“问学笔记”近3万字。这两个笔记中，不仅详细记录了彭香谷祖师爷对先生的精确指导，也记录了彭祖师爷和部分沈祖师爷的临床治疗案例，以及二人所传授的非常有效的偏方和验方，更记录了先生在接受彭、沈祖师爷指导之后，自己治疗疾病的心得体会。

这样的心得体会，显然得之于先生虚心求教于两位祖师爷，并在自己的中医临床实践中潜移默化地传承着沈氏、彭氏医疗风格，也促使先生形成自身的临床经验和学术思想。不仅如此，这样的传承还对后学在继承传统中医方面产生了深远而积极的影响。

（二）重视生命观，做个好医生

先生在1933年“医学笔记”首页的题词，无疑是受沈绍九祖师爷及彭香谷祖师爷的影响而写就的。先生认识到医生不仅要“拯人之急”，更要“司人之命”。笔者理解先生所提“司人之命”的意思，一方面指医生是掌管患者性命的重要职业，另一方面指医生更是掌管着患者从生到死的整个生命周期健康状态的职业。医生是把调理治疗疾病、解除疾病痛苦、保全性命作为手段，恢复能够顺从自然规律的养生健康状态。

先生有着这样行医目的，充分反映着先生受前辈影响形成的对医生本质的认识。在30多年的行医生涯中，先生不仅以“司人之命”为行医宗旨，而且把“司人之命”作为重视人体整体生命状态的中医学术思想融入自己的临床实践，这正是先生成为一位负责任的好医生、一位名中医的根本所在。

先生在“医学笔记”首页背面（《遗稿》2页）抄写了清乾隆年间沈归愚先生在《沈归愚文集·叶香岩传》中的一段话：

叶天士遗训云：医可为而不可为，必天资敏悟又读万卷书而后可借术济世，不然鲜有不杀人者。是以药饵为刀刃也，吾子孙慎无轻言医。

这是先生在两位祖师爷影响下形成重视“人命”根本的医学指导思想的重要重申。

（三）针对具体证，处治各种病

在《遗稿》的“医学笔记”和“问学笔记”中记载着大量彭香谷、沈绍九两位祖师爷的经典案例，反映了两位前辈的临床经验和学术思想。这些案例无一例外地以中医阴阳两纲为主导，对具体疾病的证候进行辨识与治疗。也就是说，所有救治疾病的案例，没有一个是有西医临床诊断意义的案例，都是从疾病所具有的寒热虚实、脏腑经络的证候状态去认识与治疗。更为经典的是，先生在求教祖师爷治疗方案时，得到的更多指导，是教会先生如何认识某一个具体患者在具体环境、具体时段、具体条件下的处治要点。笔者认为这正是前辈们教导先生如何利用中医辨证施治，在具体条件下如何抓住病机要点处治疾病的重要经验，也是形成先生学术思想的重要源泉。

比如：在“医学笔记”中先生记录这样的案例（《遗稿》3～4页）：

忠烈祠中街汇龙堂茶铺主人牟俊斋名宗鼎，阴虚体质，素嗜饮酒，中宫遂有湿痰。去岁壬申（民国二十一年）腊下大雪天寒，误服生姜胡椒炖羊肉，大伤阴分，年逾五旬（年五十五），肾家亦虚，初患手足麻木而痉，舌强语謇，口流涎水，病已久，今年正月二十三日余以余三舅祖之介绍开始为之诊视。渠两脉虚大数，舌红而裂，小便黄赤，大便艰少；系阴虚夹痰湿，主方如下，秉承绍师开示也。

沙参	白术	云苓	麦冬
角参	石斛	首乌	枸杞
沙菀	甘草	旱莲草	鲜藕
刺蒺藜	炒芍	夜交藤	桑枝
生地炭	玉竹	桑寄生	谷芽
扁豆皮	黑豆皮		

又连诊十余次，时逾三月，牟病稍好而忽复，又觉腹胀，人微晕眩，俄顷即好，曾试用泽泻，人即不支，愈时已能步行三四条街。病复后诸状如前。

黄绪香【黄绪香老师为沈绍久老先生的第一个弟子】谓，必有痰，可用尖贝，竹茹。余曾用尖贝，未用竹茹。

绍师谓可用橘络……

【笔者按】这是一则典型的阴虚夹痰案例，先生给予积极养阴化痰治疗之后，患者病情忽然又有反复，出现一时性的腹胀、眩晕。先生加减用药时，只要用泽泻人就感觉虚弱，不能支持。先生也根据有痰的情况，使用过尖贝等药。好转时，尚能步行三四条街，疾病反复后则诸般症状如前。当时先生将这则案例上呈沈绍九祖师爷，沈祖师爷根据当时的具体情况，给出“可用橘络”的指导。

下面再举一例彭祖师爷指导先生治疗胃阴被伤之后，胃脘反复胀满，消化不良的案例（《遗稿》44 ～ 45 页）。

钟某之女，年十六七，平日纵恣饮食水果、酸辣，任意贪多。中西药杂进，大肆消导（大承气汤，礞石滚痰丸及西药下剂甚多），胃阴受伤，大便日二三次而色白，小便短黄，饮食减少，胃胀而足面见肿。

余迭进温养脾、肾及化气之品，厥攻（功）甚微，乃转介绍于谷丈。

丈谓：系阴脉，故两寸、尺见弱象，病全在两关。虽病久三年余而精神声音皆好（足见非阳虚），系胃阴为刻夺所伤。

投以五苓加芡实、乌，以养肝胃。服后即小便多而不黄。再诊：进理中汤加芡、芍及疏通肝胃之品（台乌、白芍），（忌阴腻之药）外食莲子，并嘱加意谨慎饮食以调养脾胃。因其食后噫嗳，犹有余味，足为胃伤之证云。仿昔日刘隆章胃病，吃莲子一季，必可痊愈。按数诊后，六脉皆起，胀消，食进，足见胃阴既复，其胀亦平。

【笔者按】这个十六七岁的女子，平时嗜吃生冷水果，还特别喜欢酸辣食物，自然伤及脾胃的运化功能，前医已经对此有足够重视，但是大多以重剂消导为治，而且中西药物杂投，效果不好。延及先生治疗，先生重视脾胃久伤，又有前医过于消导之嫌，因此所主方药“迭进温养脾、肾及化气之品”，可是效果不好，先生自我调侃为“厥功”，非“至伟”而是“甚微”。

这时，先生请教彭香谷祖师爷。彭祖师爷在这些病史背景资料中，重视“两寸、尺皆见弱象”，独显关部偏大，因此断为病全在两个关部，病变部位应该在中焦，是中焦不通为主的病理改变。同时彭祖师爷结合患者“精神声音皆好”，排除阳虚证候，进而判断该患者是一个饮食所伤、攻伐太过、误于温运的胃阴被伤证候。其采取的治疗措施则是，分步骤应用五苓散加芡实、台乌药，继进理中加台乌药、白芍，并嘱其忌阴腻之药，同时配以莲子药膳，告诫谨慎饮食，即注意忌口，最后以莲子药膳善后，获得“六脉皆起，胀消，食进”的理想临床效果。

彭祖师爷以综合分析病史资料的方法，善于抓住关部脉象、声音、精神因素，认识本病的病机要点“系胃阴为刻夺所伤”，而且以综合整体的手法，包括饮食将息忌口、药膳调理等，有针对性地处治疾病，获得很好的疗效，足可令后学得到启示。

先生跟从两位祖师爷，经常受到这样的影响，最后结合自己的实践，从而逐步成熟起来。

再看看先生记录彭香谷祖师爷救治的一例温病重症案例（《遗稿》6～7页）：

谷丈治其友傅某之子，年九岁，初患鹅掌疔，既生对口疮，疮愈则患大汗、大渴、大吐、大烧（高热）、欲泻不泻，脉洪、数、有力。

丈初用藿香正气散去法夏，加旋覆、代赭，继进清瘟败毒饮一剂，不大效。复进神犀丹，反更烧热，乃再进大剂神犀丹，热渴顿止。险症、重病而以沉着明决之手眼治之乃愈。可佩、可佩。

丈因谓：消水乃温病之要证也。

【笔者按】这则案例的治疗经过可谓惊心动魄。疮痈之病演变而为重症温病，是一个渐进的过程，开始使用藿香正气散没有明显疗效，再以神犀丹救治，在“反更烧热”的情况下，继续“再进大剂神犀丹”，最终获得“热渴顿止”的良好效果。彭祖师爷指出的“消水乃温病之要证也”，无疑是其处治该例患者温热证候时，所抓住的重要病机要点。先生学习记录的这则彭祖师爷治疗温病案例，肯定对先生之后治疗温病重症产生了深刻的影响。

综上所述，先生就是在两位祖师爷的熏陶之下，学会了使用中医重视证候状态，善于抓住病机要点，综合处治疾病的方法，也是在这样的学习和实践环境之中，坚定了先生以传统中医辨证施治救治疾病，乃至重大疾病的信心。

（四）治疗方法广，功夫在多面

在两位祖师爷的影响下，先生重视从更为广泛的角度，收集各种有效治疗疾病的方法，解决各种复杂的证候状态。

在《遗稿》“医学笔记”和“问学笔记”中记录了先生从两位祖师爷那里获得的各种治疗汤方、加减用药经验，也记录了两位祖师爷传授给先生的有效单方和验方。这些资料足可证明两位祖师爷在诊治疾病时，治疗套路是开放的，是以广开来路的方式收集各种有效的治疗方法，积极治疗疾病，缓解疾病给人体带来的痛苦。

这之中不仅有内服的药物，还有外治的方法，包括他们随时收集单方、验方等。其中特别需要提及的是，先生对诊治疾病具有精益求精的态度。据笔者不完全统计，先生熟练掌握了200味以上中药性味归经、升降浮沉、主要功效、七情配伍，也掌握了诸如针刺穴位、灸疗发疱、药物外洗的外治方法。不仅如此，先生还广泛收集有效的民间单方、验方，以及不分门户地收集其他著名医家的有效治疗方法。这样广集治疗手段、精益求精的治学态度，无疑是先生受到两位祖师爷治疗风格的影响而形成的。

（五）主以乌梅丸，治疗阑尾炎

1958年先生在成都市第二人民医院担任中医内科主任期间，以中药内服方法成功救治了30多例阑尾炎，甚至是阑尾穿孔腹膜炎的患者，震动了成都医界。

先生在“中医治疗阑尾炎及阑尾穿孔腹膜炎的点滴经验”总结性文章中，是这样介绍他以乌梅丸汤方加减，以中药内服的方式有效治疗这种外科急腹症的（《遗稿》301页）。

从前我曾听到我的老师说过，乌梅丸可治多年的慢性阑尾炎，当时也没有十分重视这个训导。在1937年曾经遇见一个慢性阑尾炎，病已数年，我就劝他服乌梅丸剂，每日服四钱，缓缓试之，在服完乌梅丸半斤之后，旧疾竟愈。这事使我更信古方治病之功，因为这些古方完全是唯物辩证、理论结合经验的总结，是十分可靠的。后来我也曾经用过此方治好了些慢性阑尾炎，但是多属于慢性病。1958年，当时在党组织的支持、鼓励下，我就大胆地想到能治慢性病的方子，也一定可以治急性病。经过试用之后，果然疗效不错。这样就增加了我的信心和决心。

从这段文字记录中可以明确，先生之所以能够大胆使用乌梅丸进行汤方加减治疗阑尾炎，是传承了老师的有效经验。这样的经验让先生认识到，能够治疗慢性阑尾炎的方子也可以通过汤方的加减试着使用于急性阑尾炎。

不仅如此，先生更是思索了阑尾炎疾病的中医证候特点，进而找出乌梅丸汤方加减化裁治疗阑尾炎病的基本原理，先生写道（《遗稿》301 ～ 302 页）：

我为什么治疗阑尾炎及阑尾穿孔腹膜炎采用乌梅丸这个方子呢？我们必须要回到《伤寒论》上来。《伤寒论》厥阴证提纲说：“厥阴之为病，消渴，气上撞心，心中疼热，饥而不欲食，食则吐疣（蚘），下之，利不止。”仲景在《伤寒论》中于六经辨证上常说，诸症不必备具，但有数症即可。这就教人以灵活应用古方之意，不可呆执古书，不知变通。厥阴病寒热诸症，错综复杂，在临床上更应灵活掌握病状。在阑尾炎及阑尾穿孔腹膜炎症中，患者每觉心烦、口渴、气急、腹痛等症，是已具有厥阴病状，即可据此诊断为厥阴病，就可以采用乌梅丸方。乌梅丸方：人参、当归、桂、附、梅、连、姜、椒、细辛、黄柏，是一个寒热并用的古方，以治寒热互见的厥阴病，意义非常完备周到 。在临床应用上可以随证加减，不可过于拘执。例如患者发热者则可去桂，加金铃炭、竹茹等药，姜、附亦宜减轻用之，黄连或可稍微加重，总以对症斟酌为要。

先生之所以敢于使用乌梅丸加减治疗阑尾炎，不仅有老师的经验，更为深层的原因在于弄清了阑尾炎与六经纲要中厥阴病证的关系。先生认识到，以乌梅丸汤方加减，针对具体阑尾炎患者所反映出的厥阴乌梅丸证候的病机要点进行治疗，就可以获得很好的疗效。

先生夫人（笔者先祖母）李霁云告诉笔者，先生认为乌梅丸方中主要药只有四味——梅（乌梅）、连（黄连）、姜（干姜）、椒（花椒）。先生只要认准有厥阴寒热虚实错杂的证候存在，就一定不离这四味药物，据证加减，都能获得很好的效果。

毋庸置疑，先生能够有效以乌梅丸加减治疗阑尾炎、阑尾穿孔腹膜炎，是继承了祖师爷的临床经验，更是有效继承两位祖师爷重视证候状态、抓准病机要点，有效处治疾病学术思想的真实写照。

从以上分析可以看出先生在接受祖师爷指导，学习前辈医疗技术经验过程中的重要经历。在这样的学习实践过程中，先生潜移默化地继承着沈绍九和彭香谷两位祖师爷具有的传统中医学精髓。两位前辈的学术基因，无疑为先生形成有自身特色的学术思想奠定了坚实的基础，为先生治疗各种疾病，甚至是疑难重症树立了强大的信心。

二、带教学徒，传授学术思想经验

先生在晚年已经有了相当丰富的中医临床经验积累，逐渐形成了有自身特色的学术思想。由于先生曾经当过教师，在 1959 年，岁在花甲之时，有机缘给西医学习中医的中高级职称医护人员讲授中医基础课程。由此发端，先生逐渐进入他认为更有意义的中医教学工作，并于 1961 年正式从成都市第二人民医院调到成都市中医进修学从事中医教学工作，主讲《伤寒论》《金匮要略》、中医内科学等基础课程。

先生给学生授课，往往有很多临床典型案例穿插其间，经典理论往往能够和临床实践案例相结合，加之先生授课语言多诙谐风趣，深受学生欢迎。先生亲炙弟子白淑仪老师回忆先生的授课：“在教学方面，由于恩师在中医理论方面基础深厚，且临床经验又非常丰富，讲起课来深入浅出，令学生受益颇多。”在带领学生见习、实习过程中，“先生总是理论联系实际讲解书本内容，让学生们深受启发，所以恩师在教学方面，深受众多学子的赞誉，都非常喜欢听他讲课”。

在先生从事的中医教学工作中，最值得一提的是以师带徒形式，对先生亲炙弟子白淑仪老师和温如秀老师的传承教育。这样的教育不仅深刻影响着白淑仪老师和温如秀老师的一生，而且对包括笔者在内的后学者产生了深远的影响。

在1960年和1962年，先生响应政府号召，分别收下由卫生部门保荐的两位签约徒弟——笔者尊敬的温如秀老师和白淑仪老师。

先生手把手传授给她们自己独具特色的中医药技术，待她俩如自己的女儿，亲切关怀，循循善诱，认真指导她们的临床实践。60多年过去了，笔者在与白淑仪老师、温如秀老师谈起先生往事时，她们仍会动情地说着先生对她们的教育、培养及各种帮助。

中国传统文化中的技能、技艺传承，历来就有师徒传承的特点。师徒如父子、如父女，“一日为师，终身为父”。白淑仪老师和温如秀老师与先生亲如父女般的感情，正是两位徒弟深入学习、深刻领会先生临床经验和学术思想的重要基础。

（一）白淑仪老师的传承情况

白淑仪老师，现年84岁仍然有自己的中医门诊时间，认真服务社会，不仅受到患者好评，而且受同道的敬重。她不仅继承了先生的学术思想，不断应用先生临床经验，获得很好的临床效果，并且在成都中医学校的中医教学中，秉承先生的教学特长，执教中医《伤寒论》、中医内科学等中医基础课程，参加编写全国统编教材，之后还担任成都中医学校校长之职，又兼任过全国中医药职业技术教育学会理事，四川省中医学会理事，四川省卫技高职评委会委员、专业组副组长、成都中医学会副理事长等学术要职。由她撰写的“曾彦适老师学术思想及临床经验简介”发表于1987年第10期《四川中医》，也被收录在《遗稿》的306页。

在近5000字的“曾彦适老师学术思想及临床经验简介”一文中，白淑仪老师从辨证精当、药善温补、补泻有度、治疗手段多样四个方面介绍了先生的重要学术思想和临床经验，对此做了很好的总结，也令笔者在继承和系统学习、总结先生学术思想和临床经验过程中受益匪浅。

不仅如此，白淑仪老师在操行先生临床经验和学术思想时，非常有心得和体会，曾不止一次对笔者讲起她曾经使用先生传授的，以大剂温热之剂调理脾肾阳气，从证候状态入手，治愈一位严重的尿路感染患者。在笔者编著本书，向她索取这个案例的文字资料时，白淑仪老师这样写道：

“在几十年前，我曾遇到一位40多岁的男性患者，他说小便管不住、尿频、夜尿次数多，检查小便脓球（++++），记得当时正是庆大霉素用治尿路感染的最佳时期，我问他用过‘庆大’没有？他说用过，可是无效，这时我全部按中医的望、闻、问、切，辨证施治，患者怕冷、面色较为苍白、舌淡、脉弱无力，实属脾肾阳虚，这时我全按恩师的教导，大胆地用参、芪、术、羊藿、制附片、益智仁等益气补肾阳的方药治疗，1周后小便脓球减了一个+，2周后，在脉象较前稍有力时，适量地加入银花藤、连翘、木通、瞿麦等清利下焦的药，就这样服药2个多月，小便的脓球全部转阴、症状体征也恢复正常。”

不仅如此，白淑仪老师在传承先生重视证候整体状态，用辨证施治方法处治疾病时，还结合自己卓有疗效的临床实践，深深体会到：“疾病的发生与外因、内因都有着非常密切的关系，中医在重视内因方面确是优于西医，是非常值得发扬的。”白淑仪老师还举治疗顽固性咳嗽的例子，介绍她根据先生学术思想的治疗经验和体会，她写道：“治疗常见病咳嗽方面，有时在使用消炎化痰止咳药后，都不能痊愈，从中医的辨证施治观察，这类患者常兼有卫气不足的情况，根据病情按照恩师的教导，适当加入参、芪类的扶正药，常取得满意的疗效。”所有这些都是白淑仪老师秉承着先生从整体状态，以中医辨证施治的方法治疗疾病的重要学术思想。

白淑仪老师还传承了先生很多非常有疗效的治疗经验，她写道：“治疗肿瘤、囊肿方面，西医没有消肿块、囊肿的药，恩师教导，治肿块可在辨证施治的基础上加用软坚散结的鳖甲、土鳖、山慈菇、夏枯草等，治恶性肿瘤可再加用半枝莲、蛇舌草、蜈蚣虫等，治囊肿可加用土鳖、芒硝、前仁等。”白淑仪老师遵循先生的这一经验治疗此类疾病，几十年来观察到坚持服中药者，消除肿瘤、囊肿的确是不少。还有对恶性肿瘤的治疗，“在把握好应用西医的手术、放化疗的同时，按上述扶正祛邪、消肿散结、活血化瘀的方法，配合服中药的疗效都甚过单纯用放、化的疗效，临床（成功的）案例是非常的多”。

不仅如此，在紧紧跟随先生临床实践过程中，先生对各种病证的巧妙施术，都给白淑仪老师留下了深刻印象，并受到深深的启发。白淑仪老师继续写道：“如在讲胃病时，他（先生）强调在临床上，比较多见的肝胃不和证，治疗上除了健胃助消化，在选药方面除要注意寒、热、虚、实的轻重程度而配方外，还要重视疏肝理气，并告诉大家在临床上他常使用石决明、炙柴胡配合，必要时还可加佛手。几十年来我用以指导治疗胃病方面确实收到良好疗效，且常用上述疏肝理气的搭配方法，在治疗其他病证需要疏肝理气时配用，也收到很好的疗效。特别是现代工作繁忙的今天，应用相当的多，且疗效甚佳。再如当讲到哮喘时，他强调在根治哮喘方面，使用清热解毒、止咳化痰、活血化瘀、降气平喘的同时，再根据病员的体质情况，适度加以益气、健脾、补肾等药方，配制成水泛丸，一般轻证1～2剂（1剂配服2～3个月）、重证2～3剂即可达到目的。几十年来我使用这种方法根治哮喘已经上万例。"

白淑仪老师对作为先生嫡孙的笔者，一直关爱照顾，在笔者进入成都中医学校系统学习传统中医，乃至于之后从事传统中医临床工作中，都时刻关注笔者在中医学领域的成长，把她在先生那里获得的学术思想、临床经验，以及自己的临床体会悉心交与笔者，使笔者在继承传统中医上获益匪浅。

（二）温如秀老师的传承情况

温如秀老师，在拜师先生时只有17岁，先生待她更像小女儿，不仅传授给她中医学知识，还谆谆教导她为医做人的基本道理。

温如秀老师跟师毕业之后一直工作在基层中医临床第一线，1997年被聘为成都市中医药大学附属门诊的专职医生。她不仅继承先生中药治病的医疗技能，还秉承着先生多方面收集有效干预中医证候病机要点状态的学术思想，不断钻研刮痧术等外治技术。不仅如此，温如秀老师还受先生及师母李霁云（笔者先祖母）的影响，研习佛学，形成综合治疗、干预疾病的医疗风格，深受病家的欢迎。温如秀老师现年79岁，虽然身体状况欠佳，但是仍然坚持中医临床工作，认真服务社会。她在工作期间还曾经担任过成都市职工中医研究会常务理事。

温如秀老师特别对先生使用姜附温补大法，以附子理中汤加减治疗各种老年性疾病有深刻的体会。她和笔者合作撰写了"曾彦适治疗老年病的经验"，收入吴刚、刘正才主编，由四川电子科技大学出版社出版的《中医长寿学研究》一书。这篇文章介绍了先生治疗老年病的经验，也是温如秀老师学习继承应用温补法为主治疗老年哮喘、水肿、痹证、腹泻、腰痛的深刻体会。

温如秀老师说起先生这方面的经验时，告诉笔者："老师常说，老年病的基本特点在于肾气不足，常说‘人到老年先衰一脏，这一脏就是肾脏’，因此对老年病，老师往往要加入温补肾气之药。”温补肾气的药物始终不离附片，用量多在一两至二两，甚至多达四两，同时还多配有干姜、桂枝、杜仲、菟丝子、益智仁、补骨脂等药。在临床具体应用时，一定要据证加减，灵活处治。老年哮喘寒痰水饮较重常以小青龙加减；老年水肿则以苓桂术甘汤去甘草，加入椒目、姜皮、泽泻、针砂丸等利水药物；痹证则往往将附片改为川乌、草乌，同时配合使用松节、石楠藤、海桐皮、姜黄等；老年腹泻则直接使用附子理中汤加入砂仁、白豆蔻，甚至加入赤石脂、禹余粮，并以生谷芽 60g 煎水熬药调养胃气；老年腰痛则多配用续断、桑寄生、狗脊、石楠藤等。

笔者分析温如秀老师的这些体会，其实都是继承着先生分析各种疾病状态，以中医辨证施治的观点，结合老年病肾虚特质，抓住老年患者的病机要点救治老年疾病。这也是学习先生学术思想和临床经验的重要收获。

在笔者从事中医临床工作之后，温如秀老师更是把她受先生深刻影响，向先生学习到的丰富临床经验和学术思想，全部传授给笔者，并且鼓励辅导笔者积极学习有非常疗效的刮痧技术。温如秀老师这样告诉笔者：“上游（笔者小名），一定来跟我学刮痧，它会使你如虎添翼。”正是在温如秀老师的鼓励下，笔者开始深入研究中医刮痧术，最终让刮痧这个民间疗法，成为笔者开发并掌握的有传统中医学意义的浅表刺激络脉的治疗技术，也成为现在笔者从事中医“治未病”“中医健康管理”综合健康干预的重要技术之一。

下面附上一则温如秀老师在跟师先生 4 年时，完成的一篇经过先生亲自批改的中医治疗哮喘病证的课堂作业，从中可以看出先生对该病证的基本认识和治疗特点。这也是温如秀老师认真跟师学习，继承先生临床经验和学术思想的真实写照。

跟师临证治疗哮喘病的体会

写于 1964 年 7 月，完成于 1964 年 9 月 26 日

概说

哮喘病是以症状为名，呼吸急促，喉间有痰鸣声的一种疾患。详而论之，有哮和喘之别。哮以喉间有鸣声为主，是一种经常发作性的疾病。喘则以呼吸困

难，甚则张口抬肩不能平卧为主。哮必兼喘，故一般通称“哮喘”。本病涉及的范围比较广泛，概括说来皆为气机升降出纳失其常度，所以一般可分为虚实两类。实者为邪气壅肺，痰气交阻，闭塞气道，肺失升降之职，多由风寒痰浊等所引起，治以祛邪利气化痰为主；虚者其因在肺、脾、肾三脏，为肺不降气，肾不纳气，脾虚生痰，精气内亏而形成，治以温阳、化痰、纳下。在临床上又应分清标本、缓急，运用四诊、八纲随证施治。

病因、病机

师云：“哮喘之病在肺为实，在肾为虚。”又云：“呼出心与肺，吸入肾与肝，吸入之气不能到达下焦（肝、肾），中逆而返，故成喘逆；肾家气（阳气）虚而不能纳吸入之气，故气短成喘。”导致哮喘病的病因甚多，可由外感六淫之邪，内伤正气之虚，由各种疾病所引起，但总不外乎邪实、正虚两途。兹以此为纲，概述如下。

实证

师云：“形寒饮冷则伤肺，形寒，外邪也，饮冷，内邪也，内外合邪遂致伤肺而咳喘。”又云：“脾为生痰之源，肺为储痰之器”，从而论述哮喘之疾有由起居不慎或寒温失调，重感风寒，侵袭于肺。因肺为气主，职司呼吸，外合皮毛，为五脏六腑华盖，故内则壅阻肺气，外则兼伤皮毛，郁遏肌表，表气失于疏泄，导致肺气胀满，宣降失职，呼吸受阻，气逆而为哮喘。有痰浊为因的，由于饮食不慎，损伤脾的运化功能，不能游溢精气，积湿生痰。如逢暑喜饮寒水，本欲止渴，爽快过多，逸而不动，留而为饮。饮得阳气的煎熬，则生成痰；或素体痰湿过盛，日渐积累，脾经痰浊上扰，水饮凌心而作喘证。若痰湿由中焦而上干肺，以致肺为痰壅不得宣畅，呼吸迫促而成喘证。可知吾师对实证者是由六淫风寒外因之浊痰而导致。

虚证

师云：“肺为气之主，肾为气之根。肺虚则气无所主，肾虚则气不摄纳，故成哮喘之证。”说明：虚喘在肺肾两脏。按五行的道理，肺为金脏，肾为水脏。肾虚是子病，肾虚而咳是子病及母。根据“呼出心与肺，吸入肝与肾”，吸入之气不能到达下焦肝肾中，是而反故成喘逆。祖国医学认为真正的火是藏于水中的；真正的水是藏于火中的。此是肾阳不能运化肾水，水泛为痰，痰浊壅滞，肺气不得降，呼吸不利为咳喘。五行之中，肺金生肾水，肺为咳所伤，故金弱而不能生水，是肾之母脏先病，而蒙其祸。或由房室戕贼，或久病不已，穷必及肾。肾藏精，精生于谷。今正气溃败，精气内伤，故脾虚不化精微，肺虚而高原化竭，均足以造成肾虚精亏以致阳虚水泛或阴虚火升，灼津而成痰。其寒痰为病者则伤及三阴之阳，痰热为病内郁，郁者则耗灼肺肾之阴，肺肾之真元伤损，根本不固，则气失摄纳，上出于肺，出多入少，逆气上奔而为哮喘。正如彦师上言诸语，虚喘在肺肾二脏。

辨证施治

“咳、喘”之证在临证时，首先应按《内经》云“察色按脉，先别阴阳”虚实的理论，进行辨证施治，也正是曾老师常教导我的：证见机能衰弱，少气，懒言，咳声低怯，动则喘甚，胃纳不佳，咳喘卧难，自汗面青，溲清便溏，舌润苔腻，脉濡，怕冷为阳虚。正如《内经》云“阳微发外寒”是也。盖肺为气之主，肾为气之根。肺虚则气无所主，故气短而喘，少气懒言，咳声低怯。肾虚则下元不固，因而气不摄纳，呼多吸少，动则喘息更甚。命门火衰，不能温火熏脾土，脾胃阳气不足，运化失职，舌润苔腻，胃纳不佳，便溏，肺肾二脏阳既衰，卫外不固，故汗出。阳气不能温养于外，故肢冷，面青，脉濡。治疗之法，彦师常说：不专在肺经，而重在固下（下焦，肾也）纳气。盖肾为气之根，说明下焦之不足者纳之，使之归其窟宅，而根本之源地固矣。正是《内经》有所云，彦师有所论：“治病必求于本也。”又咳喘是脾肾阳气衰而患者体之阳衰，群阴密聚，气化受阻，三焦决渎失调，聚水成饮，由饮成痰，咳喘之病则发矣。

老师云，历代诸贤常说：“善治咳者先治痰，善治痰者先治水，善治水者先温阳（脾肾之阳）纳下。”故温阳之法为治哮喘病之大法。温阳者温人身脾肾两脏之阳也。肾主先天之阳，脾主后天之阳。吾人身中阳气之来源，一切卫气、营气莫不仰赖之。故直温脾肾，即是温吾人阳气之源。盖痰饮由水饮停也。水归于肾，而受制于脾。欲水由地中行而归其壑者，非用温药以化气不可。欲水不泛滥而筑以堤防者，非用温药以补脾不可也。况水行从乎气，得寒则聚，得热则行。温药发越阳气，则可以开腠理，通水道。阳气健运则水行而痰可化。水行，痰化，哮喘自解。

在临床上老师常常运用《金匮》之论：“病痰饮者，当以温药和之”。采用小青龙汤加减主方：

①桂苓五味姜辛半夏汤。②桂苓五味甘草汤。③苓甘五味姜辛汤。④苓甘五味姜辛半夏杏仁汤。⑤苓甘五味姜辛半夏汤加附片、薤白、石蒲、远志、菟丝子、羊藿、杜仲、巴戟天、麻黄根等药。

方中以辛温大热纯阳之制附片为君，大补命门真火，真所谓“益火之源以消阴翳”之功。而菟丝子、羊藿、杜仲、巴戟天均为肾家之药，而又能助附片之力。薤白、石蒲通胸中之阳，豁痰，远志补心肾，能通肾气上达于心。故三味药配合可使痰易吐，不致壅塞肺，且细辛、北五味亦为肾家要药。细辛辛散，五味收敛，一散一敛能治肾虚之喘，更配以茯苓之淡以导之，姜之辛以行之。二陈汤治痰，故此方是较全面的。但临床上的变化是错综复杂的。若证见汗出的，可加浮麦、大枣；痰黄者加瓜蒌、覆花；食欲不振者，加砂蔻仁。随证加减，在临床上取得的效果是显著的。兹举出几份病案说明如下。

以下三例曾经中西医治疗，投药甚多而疗效均无。老师医术超群，辨证精确，处方入扣的诊断治疗中，病员全部恢复了健康。由于跟师门诊见习时间较短，疾病种类的局限性在所难免，故仅以治疗虚喘病的辨证施治加以论述如下。

例一：李某，女，24岁，成都十七中教师。

自幼即患哮喘病，吐黄痰，手心热，肩、膝关节痛，大便正常，溲多，月经量少，带下剧，脉濡，苔润、薄、白而腻。阳虚咳喘，拟温纳之法。处方如下：

麻黄根五钱	云苓三钱	北五味（捣）一钱五	炮姜三钱
制附片（先煎）一两	北细辛七分	薤白三钱	石蒲七分
法半夏三钱	全瓜蒌（捣）三钱	炒吴茱萸三钱	远志三钱
杜仲八钱	巴戟天六钱	乌贼骨二两	砂蔻仁（捣）各三钱
炙旋覆三钱	广陈皮一钱五		

5月25日复诊：上方服3帖，自述咳、喘减，食增，余证同前。仍宗前法，方中制附片加至一两五钱，服4帖。

6月2日再复诊：带止，能食，自汗，咳喘痰量均减，余证同前。仍宗前法，方中去乌贼骨，加浮麦一两，广陈皮改为橘红，制附片加至二两。照原方共服25帖药而愈。

例二：包某，女，65岁，中医医院挂号室小包之母。

咳喘五年余，心悸二年，气紧痰为白泡，不易吐出，冬季加剧，二便正常，舌润，苔薄，脉濡。阳虚，咳喘。拟温运化痰纳气。处方如下：

桂木三钱	炮姜三钱	法半夏（生姜汁拌）四钱	广陈皮一钱五
制附片（先煎）一两	云苓三钱	薤白三钱	石蒲七分
远志三钱	北五味（捣）一钱五	细辛七分	旋覆（炙）三钱
砂蔻仁（捣）各三钱			

上方服3帖，10月28日复诊：自述服药后咳喘、痰量、心悸大减，食增，不渴，舌润，苔白。仍宗前法，方中制附片加为一两五钱。复诊，共服24帖病愈。

例三：王某，女，25岁。

哮喘三四年，吐白黄浓痰少许，心悸，心烦，妊娠五月，能食，平时喜饮水，寐少，无梦，有带，脉洪弦，舌润，苔薄，怕冷，易感冒。阳虚，咳喘。拟温运之法。处方如下：

炮姜一钱五	云苓三钱	细辛七分	北五味（捣）一钱五
广陈皮一钱五	远志三钱	薤白三钱	石蒲七分
菟丝子五钱	麻黄根五钱	羊藿五钱	巴戟天五钱
半夏（生姜汁拌）三钱	炙柴胡三钱	石决明八钱	全瓜蒌（捣）三钱
生谷芽五钱	首乌藤一两		

7月4日复诊：晨间咳嗽止，多汗，余证同前。

方中加炙旋覆三钱，芦巴三钱，砂壳三钱，浮麦一两，大枣一枚；去瓜蒌，陈皮改为橘红。

7月11日复诊：咳喘、吐痰均止，精神及睡眠好转，食少。故方中加上蔻仁以调理脾胃，善后治疗。共服20帖药病愈。

此外，由于此病是一种常见的顽固性的慢性疾患，因而病后的巩固疗法是较重要的。老师常用验方治愈了很多患者。原方如下：

麻黄根一至二两，苦杏仁五十至一百粒，生姜汁一大茶碗，共装猪大肠内，先用大火炖开后，用小火炖熟。服汤及大肠。

解释本方时，老师说：麻黄根形似气管，能领诸药到肺，止喘，生姜汁辛温能祛散寒邪。而肺与大肠相表里，故取猪大肠多脂，润肺止喘。此方处处周到，疗效甚佳。

综上所述，白淑仪老师和温如秀老师认真继承着先生的学术思想和临床经验，同时积极将她们所获得的这些学术思想和经验传授给笔者，使先生的学术思想和临床经验得到有效继承。这里笔者要感谢她们对先生学术思想、临床经验的承传，并代表家人感谢她们对先生及笔者先祖母晚年生活的关照，更要感谢她们对笔者的关爱与帮助。笔者视她们为亲人，均亲切称呼她们为“白孃孃”“温孃孃”！

三、弘扬传统，彰显学术思想光辉

先生于1966年11月6日去世，那时笔者还只是一个不谙世事的7岁小孩。当笔者以一个下乡知识青年的身份，在1977年考入成都中医学校系统学习传统中医时，接触到的先生临床经验和学术思想，最主要是靠先生夫人——笔者先祖母李霁云的讲述，以及传授给笔者的相关资料。

先祖母与先生一道拜师于成都著名中医大家沈绍九与彭香谷两位祖师爷门下，在传授给笔者相关资料的同时，也结合她自己的临床实践，按照传统中医的教学方式，传授给笔者她与先生在前辈们那里得到的中医学知识。

参加工作之后，笔者接受先生亲炙弟子白淑仪老师、温如秀老师的指导，同时也受到先生挚友、笔者恩师王文雄先生众多有关传统中医的影响，最终让笔者成为有沈彭二氏中医学术基因的曾彦适中医学术思想及临床经验的第三代传承人。

在这里，笔者要介绍自己的恩师王文雄先生。文雄先生是先生挚友，小先生1岁，福建福州人，师从笔者师爷顾燮卿先生。文雄先生与先生在1951年前后相识于成都市第一人民医院。文雄先生和先生一样受过良好的中西文化教育，精通英语，二人机缘相投，都有良好的英语功底，相互之间多用英语交流，然而文雄先生更显出温文尔雅、谦逊可敬的气质。先生敬重文雄先生，每年春节大年初一必到王家拜年，经常还有诗词互和。图1是1961年8月先生读到文雄先生在病床上有些伤感写的一首诗后，抄录后以文雄先生原韵相和一首的笔迹。先生在诗中赞扬“雄老精于医，且久学佛”，这两首诗相互倾述，足见恩师与先生友情深厚。

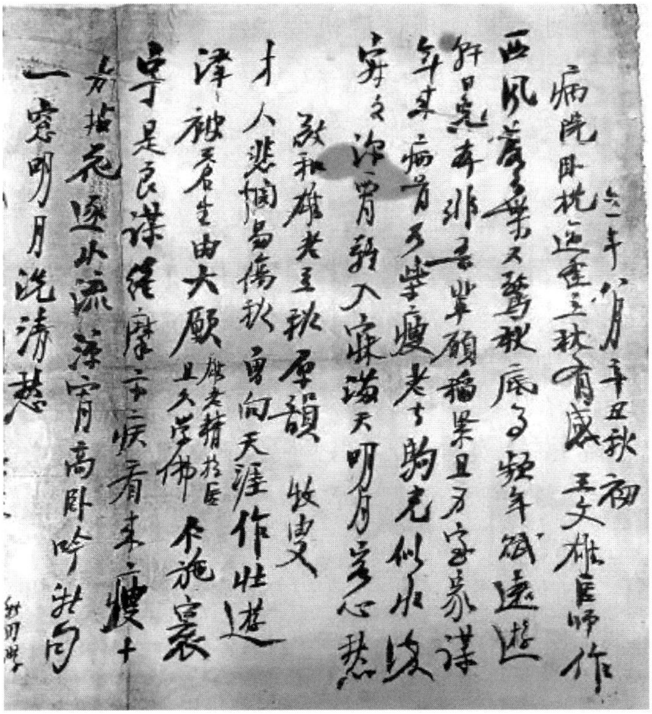

图 1　先生与王文雄先生相和诗稿

先生晚年时候对徒弟有交代，“以后有事，可向文雄老师请教”。在中医学上，文雄先生也非常敬重先生的学识，他们经常互相交流学习，都有着非常传统的中医学建树。笔者在 1980 年从成都中医学校毕业之后被分配到成都市第一人民医院（即成都市中西医结合医院），王文雄先生亲自到医院相关部门要求“曾彦适的孙儿由我来带”，就此收笔者为徒。笔者执弟子礼于王文雄先生，跟师学习，接受着恩师传统的中医熏陶，他在笔者的成长过程中倾注着心血，师父之恩没齿难忘。笔者继承先生的学术思想和临床经验的同时，也继承了恩师善治温病的学术特长。

在笔者认真学习、继承先辈们学术思想和临床经验的临床实践过程当中，一直努力像先辈们那样把中医的理论知识与临床实践相结合，努力让先辈们的学术思想与临床经验能够更好地为现代社会服务。

（一）重视辨证诊断，抓住病机要点

在诊治疾病的过程中，笔者一直继承先生重视辨证诊断，所有中医治疗措施始终围绕证候这种状态，特别是证候状态中的病机要点进行针对性很强的治疗。

1. 探寻证候实质，理解辨证诊断关键

笔者在不断学习先生学术思想及临床经验过程中，结合自身的实践，首先对中医证候的实质进行深入探寻。中医证候是人体在某一阶段功能失调状态的中医学分类认识，这样的证候分类，重点在分清证候的性质状态和部位状态，同时要分清某一阶段，证候在受具体时空条件影响下形成病势变化中的证候病机要点。

中国工程院院士王永炎与北京中医学院（现北京中医药大学）博士生导师鲁兆麟先生共同主编的中医药学高级丛书《中医内科学》对中医证候中的核心“证”的概念，有这样精辟的论述：“证，是中医病理学的病理单元或病理层次，它反映具体条件下机体状态的本质。”两位专家如此定义中医“证”的实质，其核心价值是强调证候反映的是在“具体条件”之下，“机体”在“状态”上的本质。

笔者认为，就中医证候这样的“状态”而言，包含着证候的性质状态、部位状态、病势状态三个“状态”要素，而辨证诊断的关键，是在这个证候性质状态、部位状态之上的病势状态中，准确判断并把握住证候中的病机要点。

下面列图显示中医证候的实质（图 2）：这个证候示意图里，像竖轴样的线条，代表着证候的寒热虚实等性质状态、横轴样的线条代表着证候的脏腑经络、六经、三焦、卫气营血等部位状态。这是证候状态的两个最基本要素。

再请看下面的图 3：这个示意图代表着证候两要素相结合后的综合状态，是证候在一个平面上的判断意义。如脏虚、腑实、经寒、络热等。

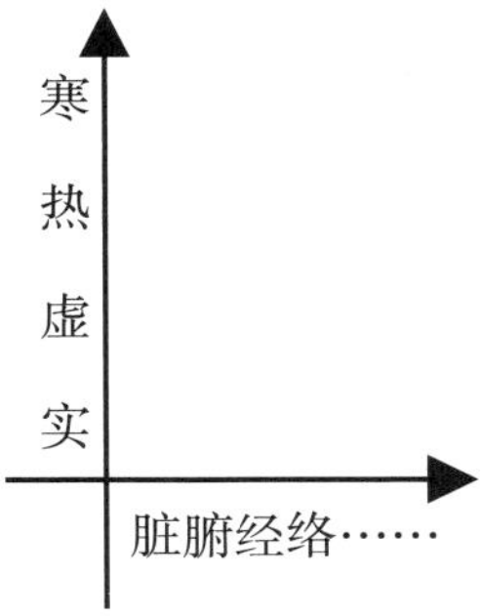

图 2　证候示意图之一

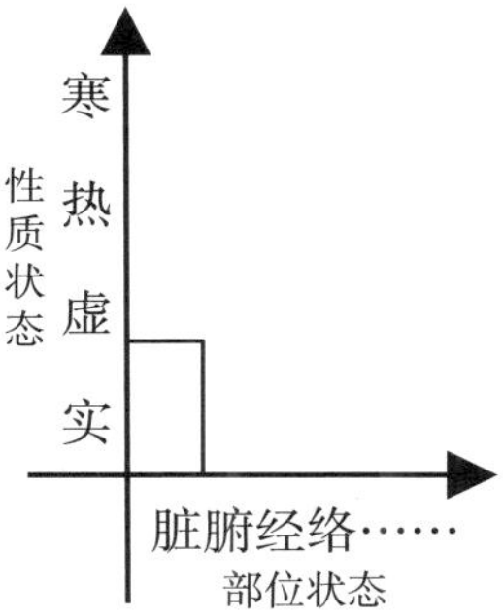

图 3　证候示意图之二

这里特别需要注意的是，证候绝不只是一个平面几何图上这样简单的概括，即不是某个脏腑经络、寒热虚实状态的简单描述。证候还具有在特定时空条件之下，受各种因素影响所具有的病势变化，以及随着病势变化形成的各种病机要点（图 4）。

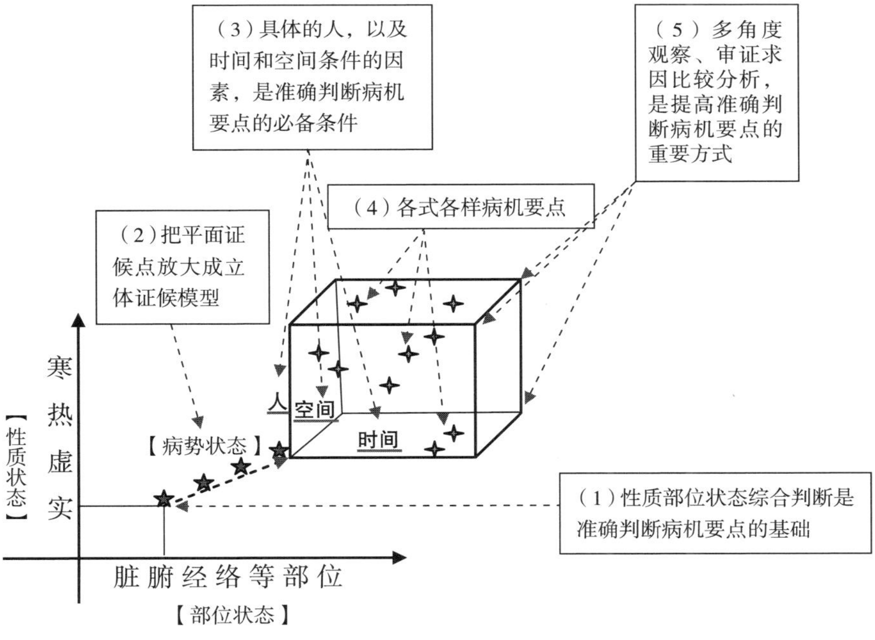

图 4　证候示意图之三

图 4 的图示说明：

（1）表示证候平面上寒热虚实性质状态、脏腑经络等部位状态综合判断。这是证候最基础的分类认识与判断。

（2）表示在这个平面基础判断之上的病势状态的演变。“病势”这个状态，犹如在寒热虚实性质状态、脏腑经络部位状态综合判断的基础点上的立体延伸与放大。

（3）表示证候病势在延伸与放大时，是受着具体人及时间、空间条件影响，这是导致病势各种不同的复杂变化的重要因素。

这里需要注意的是，以上三个方面，构成了证候“性质状态”“部位状态”“病势状态”的三个要素。而“病势状态”中，由于证候的性质和部位状态受着当下个体及其具体时间、具体空间条件影响，会随着病势的各种变化，形成各具特色的病机要点，这就使得同样的证候，如风寒表证，会因为病势中不同个体、不同时间和空间条件，而演绎出各具特色的麻黄汤加减汤证、桂枝汤加减汤证、大青龙汤加减汤证、荆防败毒散加减汤证、杏苏散加减汤证、葱豉汤加减汤证等的病机要点来。

（4）表示证候的性质和部位综合状态，在具体的人、时间、空间——特定时空条件影响下形成的各具特色的病机要点。

这里尤其需要指出的是，证候在病势中，因为不同个体，以及不同时空条件，所演绎出的病机要点正是中医临床辨证诊断的根本着眼点。中医辨证诊断，就是要在证候这三个要素中，通过“审症求因”“因证互参”综合分析，做出准确的病机要点判断。从根本上讲，这样的病机判断结果，才是中医从证候状态上干预、治疗人体失调功能状态最有效的切入点。

（5）表示当我们建立起以个体、时间、空间的寒热虚实、脏腑经络等证候病机模型的时候，能够让我们多角度地审查、分析、比较、辨识证候的病机要点，提高辨证诊断的准确性。这也从另一个方面提示，在使用传统中医对人体功能失调的证候进行有效辨证诊断时，应该充分重视对影响证候病机要点多重因素的调查，主动建立起具体人、具体时间和空间条件的判断证候病机要点模型，如此多角度综合比较分析，才利于做出准确的辨证诊断。

综上所述，由于证候有病机要点的特殊性——极具阶段性、个性化的状态存在，因此证候绝不可能仅凭一个寒热虚实脏腑经络的基础状态被完全概括。

要以中医辨证施治的方法，从状态上去认识、治疗疾病，除了要分清寒热虚实、脏腑经络等的基本状态之外，还要从不同时间、不同空间、不同人体的具体条件，多角度、立体地进行观察分析，才能认清证候的本质，才能准确抓住极具阶段性、个性化的病机要点，有效治疗疾病。

先生能够从人体功能状态上治疗各种疾病，正是具备了准确抓住病机要点的能力。

笔者受先生这样认识疾病处治疾病方法的影响，在临床上处治各式各样的疑难病证获得了非常理想的临床效果。

记得20世纪90年代初期，有一位中年男性从事公交驾驶工作，因为“盗汗”找笔者诊治。

那是一个初冬季节，当时患者盗汗非常明显，已经延续大半年，据患者家属介绍，“他夜晚出汗太吓人了，晚上开灯时候发现，他的被盖上都在冒烟烟（形容患者在睡眠时出汗令被盖上面泛起雾状、热气腾腾出汗的样子）”，可见盗汗非常厉害。问及病情并细查脉舌，阴虚现象显露无遗。其人口舌干燥，手脚心发热，心烦失眠，头昏，眼睛干涩，舌象红赤少苔，脉象细、弦、数，平时又喜食辛辣厚味，具有典型肝肾阴虚，虚火内扰之盗汗特征。观察所服方药，当归六黄汤、六味地黄丸、知柏地黄丸、二至丸，各种治疗阴虚盗汗的方药几乎服遍，均无明显效果。

当时笔者认为，该患者所服方药过于阴寒，故本着“善补阴者，必于阳中求阴”的观点，以滋肾丸（黄柏、知母、肉桂）加味治疗，但是1周之后患者反馈的信息是“没有效果”，因此，治疗阴虚的路子已经走不通了。这时笔者询问患者：“除了盗汗之外，感觉还有什么特别不舒服的地方？”他告诉笔者：“还有就是感觉肩背强痛不适。”紧接着他又说：“曾医生，还有一个特别的现象，就是我出汗主要在下半身，上半身几乎没有出汗。”

于是笔者摒弃一切围绕阴虚治疗的法子，转而使用辛温宣散的治法，以麻杏苡甘汤加入桑枝、秦艽等，轻剂宣散风湿为治，汤方只用2剂。3天之后，患者高兴地告知笔者，服药之后，上半身有少许汗出，肩背强痛有明显改善，最为奇特的是“下半身盗汗情况也有一定改善”。

这样的治疗效果当然使笔者信心大增，于是加重辛温开解之力，将麻杏苡甘汤改为麻黄加术汤加减，更加羌活辛温宣散之品，令其再服3剂。3天后患者复诊，告知服药之后，上半身有汗，周身轻松，下半身出汗明显改善，更让笔者惊讶的是，原来一派阴虚少苔的舌象，这时却出现舌面满布淡黄厚腻苔的湿热舌象，同时伴有口干苦腻的湿热症状，于是马上改用清理胆胃湿热之法，以栀子厚朴汤合小柴胡汤加茵陈、藿香等治疗，调理数周之后，“阴虚盗汗”之病竟然痊愈。

回过头来分析该患者的“阴虚盗汗”，其实“盗汗”是真，“阴虚”却是一个假象。笔者所用辛温宣散之法和其后的清理湿热之法，与滋养阴血方法截然相反，而能对盗汗起到很好的效果，足见该患者的盗汗一定不是阴虚。从服用辛温宣散药物之后出现舌苔反而淡黄厚腻的湿热现象推断，该患者是一个上闭下脱，湿热病邪深陷营分的漏汗证。服用辛温宣散药物反而出现湿热舌象，是病邪从营血分转出气分的佳兆。

总结这则案例的治疗思路时，笔者认识到，这是一个完全秉承着先生重视针对证候在具体时空条件下的病机要点状态，谨慎灵活处治各种疾病的学术思想的收获。

当患者出现明显“阴虚盗汗”而按照阴虚盗汗治疗没有效果的时候，从患者反映出的“肩背强痛，上半身反而无汗”的细节，同时结合患者为男性壮年，从事的是公交车驾驶工作，历经半年多夏秋暑热季节，公交车驾驶室内，下半身被烘热炙烤，上半身被公交车驾驶室内安装的风扇直吹，都是容易造成这种上闭下脱漏汗证的原因，同时患者还有偏食厚味食物的嗜好，容易造成湿热内阻。在这样详尽分析病史背景资料之后，才有之后的改弦易张，先以麻杏苡甘汤小剂试服，继而大剂麻黄加术汤，最后以栀子厚朴汤和小柴胡汤加减，分阶段、按步骤治疗这例盗汗患者，终收良好效果。

笔者40多年来一直秉承着先生这样的学术思想，犹如以上诊治案例一样，不断进行中医临床实践，获得了理想的临床效果。从小到伤风感冒、发热、咳嗽、胃痛、腹泻、失眠、亚健康状态，大到各种老年慢性病、重症肌无力，乃至于各种癌症术后、放化疗后调理治疗，甚至是晚期癌症调理治疗、健康维护，都获得了积极的疗效。即便是笔者使用的刮痧术、放血术等外治技术，也恪守中医辨证施治原则，在准确辨认肌肤痧或血肉痧的不同络脉受邪证候的病机要点基础上，才分别有针对性地用于临床，进而获得有中医学意义的临床疗效。

2. 剖析病机概念，明确病机要点实质

有了以上认真学习先生根据病机要点处治疾病的深切体会之后，笔者认识到有必要对中医的病机概念做一次深入分析，也有必要对《中医基础理论》中有关“病机”的概念，从中医证候状态的角度做进一步“病机要点”的分析和定义，进而明确掌握病机要点在中医辨证施治诊疗过程中的重要性，也更能像先生那样掌握病机要点处治各种疾病。

下面从四个方面对先生所重视的病机要点进行阐述。

（1）病机与病机要点的联系与区别

在讨论病机和病机要点之前，首先需要明确，无论是“病机”还是“病机要点”，一定都具有中医病证及中医证候——从状态上分类认识人体功能失调的“状态”基本属性。

在全国高等中医药院校规划教材（第九版）《中医基础理论》中论述的中医“病机”，是继论述“病因”“发病”之后的一个重要篇章。教材明确指出“病机”是“疾病发生、发展与变化的规律和机理”。而由国家级双语示范课程中医学基础负责人王新华先生主编的中医药学高级丛书《中医基础理论》，更直接在此基础上解释病机是“病因作用于人体，致使机体某一部位或层次的生理状态遭到破坏，产生或形态或机能或代谢等方面的某种失调、障碍或损害，且自身又不能一时自行康复的病理变化”。这样的病机定义，在一定程度上淡化了前人在诊治疾病中，对病机解释为“病之机要”“病之机括”的观点。

毋庸置疑，把病机定义为疾病发生、发展与变化的规律和机理，非常利于使用中医阴阳五行、脏腑经络、精气血津液、病因发病等为理论根据，从证候状态上去讨论研究各种中医病证的病理变化。因此，疾病发生、发展与变化的规律和机理的中医病机概念，彰显着用传统中医从理论层面研究、认识、治疗中医病证的病理变化、病理机制的特点。

然而在实际临床工作中，笔者却体会到，要从中医辨证诊断角度出发——要能够像先生那样对各种疾病进行准确诊断与治疗，应该对《中医基础理论》中的病机概念与我们在中医临床辨证施治工作中经常提到的病机要点（即前人解释的“病之机要”“病之机括”）进行相应的比较分析，才有利于传统中医从证候状态入手，抓住病机要点，有效处治各类疾病。

这里，笔者从传统的病机概念，即“病之机要”“病之机括”入手，对病机要点做如下分析。

首先让我们再看看古时候“机”字的意思。《辞海》的解释是“古代弩箭上的发动机关”。而且认为“机”是“事物的枢要，关键”。因此，“机”往往是指某一事物中犹如古代弩箭上的发动机关（现代枪械中的扳机）一样的关键点。以这样的观点看待“病机”，那么病机则是认识、研究疾病发生、发展与变化中最为关键的那一个点。

让我们继续看看《辞海》对“机”的进一步解释。“机”还有“时会、形势”之意，如“时机”“转机”的意思。因此“病机”除去是中医证候中最为关键的那一个点之外，还是中医处治疾病证候的一个重要时间点和转机点。

当我们用辨证施治的观点指导中医临床工作，对证候进行辨别诊断之时，一定要分辨出证候状态中的关键点。这样的关键点不仅能够让我们认清当下证候状态的重要特点，而且更能通过干预这个点纠正证候状态，向好的健康状态转化。

像先生那样，用传统中医望、闻、问、切的手段，从人体功能状态上对证候进行辨证诊断时，一定非常非常重视在证候中这个由病态向健康态转化的病机关键点，它是中医调理治疗病证的最佳切入点，因此应该把它命名为病机要点。

需要在这里着重强调的是，证候与病机要点的关联性，病机要点是中医证候中的病机要点，因此，病机要点仍然具有证候的性质状态和部位状态的基本属性。

把证候与病机要点放在中医疾病的概念中来分析，证候本身就具有阶段性的寒热虚实、脏腑经络等失调状态的基本特性。也就是说，证候可以表现在疾病的初期、中期、末期等任何时期，而病机要点则只是局限在当下被干预处治证候状态的那一个点上；用证候的观点可以对疾病进行分型上的认识与研究，但要对疾病进行有效治疗，则必须对证候中的病机要点做出准确的诊断，把处治证候落实到病机要点之上。

只有对病机要点进行有效干预与治疗，才能从整体状态上获得对疾病防治的效果——才能把传统中医从整体上获得防治疾病的效果落实在对病机要点处治的实处。

还需要注意的是，传统中医对疾病的认识：疾病是在病因作用下，从发病、进而由浅入深、发展、演变、好转、告愈（或者死亡）的一个过程。显然只靠干预处治疾病中某一个阶段的证候，特别是干预处治证候中这样一个病机要点，是不可能获得对整个疾病的治疗效果的。因此，要通过干预处治证候病机要点有效治疗疾病，就必须做到分阶段、按步骤、有目的地一个病机要点接着一个病机要点地调理治疗。

这种分阶段、按步骤地调理治疗各种人体失调证候状态的方式，可以最终让人体恢复到一种阴阳协调，气机升降出入正常、精神元气充盛的养生健康状态——依照《内经》所谓“不问其病，以平为期”以及“治病求本”的指导思想，对疾病进行有效的治疗。这样的治疗思路，正是先生这样的医家能够有效调理治疗疾病，甚至是治疗各种疑难重病的根本所在。

通过以上分析，可以得出这样的结论：

病机与病机要点，其实都是讨论中医疾病、证候中的概念问题，都包含着中医证候状态的概念，也就是都包含着证候所具有的寒热虚实、脏腑经络等的性质状态与部位状态的基本特征。

而在临床具体应用上：

“病机”，是侧重从各个层面讨论疾病发生、发展与变化的规律、机理、道理、原理等。如《中医基础理论》中指出的基本病机、脏腑病机、经络病机、形体官窍病机，还有《伤寒学》《温病学》中讨论的六经病机、卫气营血、三焦病机等。

“病机要点”，则侧重于在干预治疗具体时空条件之下的证候关键点。这里需要特别强调的是，这个当下证候的关键点（有医家把它称作疾病“机要”或“机括”），更是有效干预处治疾病证候的最佳切入点。

（2）分析病机要点多重因素

显然，准确把握病机要点、对病机要点做出准确的诊断是提高中医临床疗效的关键所在。

以唯物主义的观点分析，证候的病机要点是具体的人在特定时空条件和因素之下形成的。因此，要解决准确把握病机要点的问题，就需要实事求是、全面而深入地分析形成证候状态的各种要素，只有明辨这些要素的基本特点，才有可能把握住处治疾病证候的病机要点。

这里必须指出的是，对形成证候的各种要素特点的分析，不是西医学从解剖、生理、病理上的分析探求，而是从证候这种状态上，分辨其所具有的寒热虚实、阴阳气血、脏腑经络等性质状态和部位状态特点，也就是从这样的“状态”出发，找准病机要点。

要对任何事物从状态上去辨识它的特点，绝对不能单纯地针对事物本身，而应该结合该事物所处的环境等条件因素进行综合分析。例如对水的状态特点进行认识与分析。水在任何时候的物质结构都是 H_2O，而水却可以在不同的时空环境条件下，随着温度或环境的变化表现出液态（液体）、气态（蒸汽）和固态（冰）的不同状态特点来。因此我们从状态上认识事物特征的时候，绝对不能离开事物状态所处的具体环境条件因素去单独分析和认识。中医对疾病状态的认识、对证候状态的认识，乃至于对病机要点这样的状态认识，都需要结合具体的时空条件，或具体的环境因素进行全面综合分析。

让我们回到《素问·至真要大论》中对“病机”的详细论述，从中我们可以深切体会到在《内经》时期古人对“病机要点”认识的智慧。

从整体上讲，《素问·至真要大论》主要讨论了五运六气的有关概念及六气变化所致疾病的机理、证候、诊断、治法，并讨论了方剂的配伍、佐制、服法、禁忌等，进而概括出著名的“病机十九条”等重要医学内容。

当笔者仔细研读《素问·至真要大论》时，发现该篇是从“天地之大纪，人神之通应”最为宏观的角度，围绕“病机”进行各种具体治法的讨论。而其中最能够说明“病机”问题的经文，就是岐伯与黄帝详细讨论“病机十九条”的这段文字。

“帝曰：善。夫百病之生也，皆生于风寒暑湿燥火，以之化之变也。经言盛者泻之，虚者补之，余锡以方士，而方士用之，尚未能十全，余欲令要道必行，桴鼓相应，犹拔刺雪污，工巧神圣，可得闻乎？岐伯曰：审察病机，无失气宜，此之谓也。帝曰：愿闻病机何如？岐伯曰：诸风掉眩，皆属于肝。诸寒收引，皆属于肾。诸气膹郁，皆属于肺。诸湿肿满，皆属于脾。诸热瞀瘛，皆属于火。诸痛痒疮，皆属于心。诸厥固泄，皆属于下。诸痿喘呕，皆属于上。诸禁鼓栗，如丧神守，皆属于火。诸痉项强，皆属于湿。诸逆冲上，皆属于火。诸胀腹大，皆属于热。诸躁狂越，皆属于火。诸暴强直，皆属于风。诸病有声，鼓之如鼓，皆属于热。诸病胕肿，疼酸惊骇，皆属于火。诸转反戾，水液混浊，皆属于热。诸病水液，澄澈清冷，皆属于寒。诸呕吐酸，暴注下迫，皆属于热。故大要曰：谨守病机，各司其属，有者求之，无者求之，盛者责之，虚者责之，必先五胜，疏其血气，令其调达，而致和平，此之谓也。”

这段经文是在黄帝与岐伯讨论五运六气有关概念及六气变化所致疾病的机理、证候、诊断之后，黄帝向岐伯请教如何使用“工巧神圣”的方法，有效治疗疾病的重要文字。

如何使用工巧神圣治疗各类疾病？岐伯明确回答黄帝，必须做到“审察病机，无失气宜”。

这句话的关键在于“无失气宜”。这里的“气”结合《至真要大论》全文分析，与五运六气、六气变化的环境因素有着密切关系。也就是说，具体对疾病进行干预治疗时，一定不要忘记关注外界环境等因素对疾病状态的影响。

比如，简单的一个风寒感冒表卫证候，既可以使用麻黄汤，也可以使用桂枝汤，更甚者还可以使用大青龙汤，或人参败毒散、杏苏散、葱豉汤、红糖姜水等，这些治疗风寒袭表的感冒汤方，还可能有各式各样的加减变化。要用好这些汤方及各式各样的加减，就必须在了解患者所表现出的头痛、身痛、清涕、鼻塞、恶风、恶寒、咳嗽、咯痰、脉浮、舌苔薄白的风寒表证后，进一步分析风寒表证的发病时间、季节、感邪轻重、病程经过、治疗情况，以及患者年龄大小、男女性别、体质状态、旧有疾病等因素，如此才能够准确把握处治风寒表证当下证候的病机要点，进而对风寒感冒进行有的放矢的治疗。

如：对病程不久，感邪较重，年轻、身体较壮，而且有头痛、发热、身疼腰疼、骨节疼痛、恶风无汗而喘节等麻黄八证存在时，则选用麻黄汤加减；病程偏久，感邪较轻，年龄偏大，身体较弱，而且有头痛、发热、汗出、恶风、脉浮缓桂枝五证存在时，则选用桂枝汤加减；身体更为强壮，感邪尤为严重的麻黄汤证伴有心烦者，则可以选用大青龙汤加减；感邪十分严重，时间相对偏久，而又有一定虚弱状态者，则可以选用人参败毒散加减；感冒时间短，而且是在秋凉季节感受风寒病邪，只有轻微清涕者则选用杏苏散加减；如果是一天以内的轻微感冒，只是稍微清涕、稍微恶寒，没有其他伴随症状，则选用葱豉汤加减；如果是轻微受凉，而且平时体质偏弱、偏寒性，在短时间内出现清涕、恶风等，则可用红糖姜水治疗。如此等等，这里就不一一列举了。

概而言之，要准确地认识及把握病机这个要点，就不能只是重视疾病证候本身的性质状态、部位状态等特点，而应该从中医宏观的角度，以“无失气宜”的态度，对形成当下证候状态时的多重因素进行综合分析。

也就是说，病机要点的特点，是受多重因素影响而形成的一个点。这些因素包括性别、体质状况、旧有疾病、患病时间、季节气候、感邪轻重、发病经过、病程状况、干预治疗状况、生活起居习惯、平时生活嗜好等。要抓住证候的病机要点，一定要结合以上条件和因素进行综合分析。

证候的病机要点，绝对不能脱离以上条件单独呈现出来。

因此，像先生这样的传统中医医生在诊治疾病时，非常重视对导致疾病证候的各种时空条件等病史因素进行调查分析，诊病时总要进行宽范围地病史追踪调查，进而综合分析，抓准病机要点。如此辨证施治，就可以获得理想的临床效果。

由此笔者认识到：要掌握病机要点，就必须要深入了解、分析、理解、把握这些多重因素与疾病证候的性质状态和部位状态的关系。这正是《素问·至真要大论》“审察病机，无失气宜”“谨候气宜，不失病机”重视证候病机要点多重因素的重要内涵所在。

（3）因证互参掌握病机要点

下面接着分析《素问素问·至真要大论》“审察病机，无失气宜”之后的重要经文。

在“岐伯曰，审察病机，无失气宜，此之谓也”之后，黄帝向岐伯继续发问，“愿闻病机何如？”岐伯并没有直接回答这个问题，而是从以下两个判断病机要点的途径，对如何抓住《素问·至真要大论》中的病机要点做出相应阐述。

判断病机要点的第一个途径：明确证候属性。

岐伯首先列举十九条五脏、风寒湿火热、上下等病机所具有证候的属性，即从“诸风掉眩，皆属于肝……诸呕吐酸，暴注下迫，皆属于热”，重点举例论述病机所具有的证候属性。要判断病机要点，首先要把握并准确判断证候（人体各种失调状态）的基本属性。

判断病机要点的第二个途径：分析形成证候的条件。

在列举十九条说明病机在证候状态上的特点之后，岐伯更着重指出如何把握证候病机要点的方法：

“故大要曰：谨守病机，各司其属，有者求之，无者求之，盛者责之，虚者责之，必先五胜，疏其血气，令其调达，而致和平，此之谓也。”

这段经文告诉我们，要像岐伯那样利用“工巧神圣”的方法，犹如“拔刺雪污”地处治疾病，就一定要在干预处治疾病证候时，“各司其属”。

传统中医用辨证施治原则和方法干预处治疾病时，一定要对形成疾病证候状态的相关因素进行广泛调查了解，探寻各种与当下疾病证候相关的条件和因素，要把疾病证候状态的相关因素与疾病证候状态本身的特点联系在一起，进行更广泛地“司属归类”，让其形成一个立体的具有当下时空条件特色的证候状态，特别让证候与形成证候的原因、条件构成相应的证据链，进而开展多方面、多层次的比较，利用综合分析的方法，抓住病机要点。

有这样一则重视客观条件解决具体问题的寓言故事：

在一个北风呼啸的冬天，在一堵横在南北方向的墙壁之下，一位小力士挑战与自己一起站在南面墙壁之下的大力士。他对大力士说：“你的力气再大，也不可能把这根枯草扔过这堵墙。”于是大力士拾起地上的枯草向墙壁的北面扔去。可是，这根枯草刚刚出手，就被呼啸而来的北风吹了回来。这时小力士捡起明显重于枯草的一个砖头，奋力向北面扔去，砖头抵抗住了北风的力量，被小力士成功地扔了过去。小力士在这次比试力气的过程中获胜。

这则寓言故事充分说明，在解决任何问题的时候，必须根据当下的具体条件和因素，选择最合适方法的道理。在冬天北风呼啸之时，要在横在南北方向的那堵墙下，向北边成功投掷东西，显然需要选择有一定质量的砖头，而不可能选择容易被北风吹回来的枯草。小力士把砖头、枯草，与具体冬季、北风呼啸、横在南北方向上的墙壁、向北方投掷东西等时间、空间环境条件因素进行宽范围的联系，形成了一个立体时空条件模型，进而在这样的时空模型中，把砖头、枯草放在具体时空条件中进行综合分析比较，之后，小力士机智地让大力士选择枯草，自己选择了砖头，从而成功战胜了大力士。这正是根据并正确利用了具体时空条件，选择正确方法解决问题的有趣故事。

抓住病机要点处治疾病证候也是这样，首先要对处治对象做具体特点分析，正如经文指出的“有者求之”。即首先要像调查了解十九条证候状态特征那样，把临床表现出来的各种失调功能状态（症状体征）进行司属归类，把症状、体征等临床表现进行性质状态与部位状态的归类整理，分辨出症状、体征的所具有的寒热虚实、阴阳气血、脏腑经络的性质状态与部位状态。犹如小力士首先要分析砖头与枯草的质地属性一样，才有可能在具体条件之下清楚选择投掷的对象。

不仅如此，要准确抓住处治疾病证候的关键点，还必须做到“无者求之”。所谓“无者求之”是指在没有临床症状、体征的地方，也要仔细探求与证候状态相关信息。结合《素问·至真要大论》原文相关内容理解，笔者认为，这样的信息，包括五运六气等多种环境因素，当然也是指当下时空条件的诸多因素。这些诸多因素也正是《素问·至真要大论》中提到“气宜”的概念。

“无失”和“谨候”这个“气宜”，就是告诫为医之人，在审察处治疾病证候病机要点的时候，必须要结合当下时空条件的各种因素，对证候所具有的性质状态、部位状态进行因证互参的综合分析与比较，才有可能对病机要点做出准确的判断，选择正确的方法对疾病状态进行有效治疗。这犹如小力士在选择投掷石块或枯草时，必须充分结合分析具体横在南北方向上的这堵墙，还要结合分析恰在冬季北风呼啸之时的具体条件、由南向北的投掷方式等，让“枯草”“砖头”，与“冬季”“北风”“横在南北方向上的墙”建立联系，形成有比较价值的证据链，这时选择投掷质量较重的砖头才会取得战胜大力士的结果。

综上所述，要准确把握证候状态中的病机要点，就必须要在处治疾病证候时，对当下证候所具有性质状态、部位状态进行有效分析归类，并充分调查了解形成当下证候状态的时空背景条件因素，继而采用“审证求因”“因证互参”的方式，让时空条件因素与证候状态形成一个立体的、极具阶段性个性化的证候模型（丰富饱满的病情状况），让证候与形成证候的原因、条件构成相应的证据链，从中进行相互比较分析，就能准确抓住病机要点。

另外，《素问·至真要大论》提到的“盛者责之，虚者责之”，是在强调不论对什么样的患者，也不论证候的虚实状态如何，都需要使用审证求因、因证互参，这一抓住病机要点的方法，对病机状态进行准确判断与把握。而“必先五胜，疏其血气，令其调达，而致和平。此之谓也”，是介绍根据病机要点，利用中医五行生克制化关系，协调五脏气机，脏腑气血，如此则可以逐步让脏腑经络气血调达，阴阳协调，气机升降出入正常，最终恢复到一种平衡的养生健康状态。笔者认为，这正是《内经》在对疾病进行治疗时，提出的“不问其病，以平为期”主体思想的具体写照之一，也正是岐伯发出“此之谓也”感叹的真实原因。

（4）病机要点概念及其意义

通过对《中医基础理论》《素问·至真要大论》中的病机概念分析，笔者认为病机不仅有中医疾病发生、发展与变化的规律和机理的概念，更具有中医临床工作中，在具体处治疾病证候状态时，受到当下特定时空条件和因素影响形成的、疾病证候状态所具有的“病机要点”的重要概念。

在这里，笔者为病机要点做如下定义：

所谓病机要点，是中医在辨证施治原则指导之下，具体处治疾病证候时，疾病证候受当时具体时空条件影响，形成证候状态上犹如古代弩箭上的发动机关（现代枪械中的扳机）一样重要的关键点。这个关键点，也是干预治疗疾病证候状态，让疾病状态向健康状态有效转化的最佳切入点。

理解并掌握“病机要点”这样的概念，能够让我们在中医辨证施治的临床工作中，注重准确诊断病机要点，有效干预病机要点，能够把传统中医从人体功能状态上，按照寒热虚实、脏腑经络的证候分类调理治疗疾病、维护健康的特色优势，落实在纠正特定时空条件之下的病机要点的实质上。

需要注意的是，传统中医对任何疾病的治疗，都是从人体失调功能状态入手的。这样的治疗，必须分阶段、按步骤来实施。在病机要点的概念中，有着明确的时空条件的要求，特别强调传统中医对疾病的治疗，必须落实在一个个时空条件中的每一个病机要点的失调状态上，然后以“不问其病，以平为期”恢复和维护人体顺从自然规律的养生健康状态为目的，按照标本缓急，分阶段、按步骤地解决证候中病机要点的失调问题，从而对疾病进行有效治疗。笔者认为，这正是传统中医能够以辨证施治的原则和方法，有效处治任何疾病的实质所在。

不仅如此，由于证候病机要点受着特定时空条件下外界环境因素的密切影响，因此，传统中医完全可以智慧地营造出利于疾病证候状态调治的外部条件，在这种外部条件的基础上更有效地干预各种失调的证候状态。这是我们在明了病机要点概念的内涵之后，能够更有效指导中医临床工作的重要意义所在。

比如，以传统中医养生理念和原则为根据，拟定的包括饮食有节（忌口）、起居有常（按时作息、不熬夜）、不妄作劳（劳逸适度）等各种行为干预措施，让患者在传统中医的养生状态中，更积极有效地接受传统中医对疾病证候的调理和治疗。这又如我们要搅拌一大杯糖水一样，必须利用温度等外界环境条件，让水保持在最佳的液体状态，才能方便我们把糖均匀地搅拌在水这个液体之中。如果水温在 100℃以上或者 0℃以下，我们就不可能完成这项搅拌糖水的工作。

通过以上对病机要点的概念及意义分析，笔者更深切地体会到先生终其一生的中医临床工作。他重视综合分析当下疾病证候状态与多种时空条件因素的相互关系，在辨证诊断之时，特别重视以审证求因、因证互参的思维方式，立体、多角度、多层次地分析比较，进而准确判断证候的病机要点，根据病机要点，甚至要营造一些环境条件，巧妙灵活施术，加减变化用药，通过分阶段、按步骤、有目的地纠正一个个的病机要点，促使证候状态不断向养生健康状态转化。这正是先生治疗各种疾病，救治危厄，获得良好临床疗效的理论根源，也对包括笔者在内的先生后人们的行医之路，产生了深远的影响。

3. 建立诊断模式，方便利用诊病方法

经笔者初步梳理，影响证候状态的主要因素有以下几种：证候出现的时间长短；感受邪气的环境、季节、气候；感受邪气的轻重以及机体受损程度；各种治疗干预；旧有疾病与旧有证候；起居失常；体质、年龄、性别等个性因素。尤其需要注意的是，以上各种复杂因素，往往相互兼夹，混合一起影响着证候在特定时空条件下的病机要点状态的各种复杂变化。

因此，要达到准确抓住处治疾病证候的病机要点的目的，就必须对这样复杂多变的外在因素和条件做详尽调查。

为了在临床上能够像先生那样，熟练应用望、闻、问、切调查病情、准确辨证、抓准处治疾病的病机要点，笔者遵循先生教诲的“临证总要从容，要考虑季节、气候、环境因素，问病总要详尽，情志、好恶、精力、眠、食、二便皆与疾病有关，均须询问清楚；也须问及前医诊治情况”（《遗稿》322 页），在工作中建立起有效全面了解病情，抓住病机要点的辨证诊断模式，不仅能够提高自己的诊治效率，也传授给笔者所带徒弟，让他们能够很好地应用这一方法，提高中医诊治疾病的效果。

下面简要介绍笔者根据先生要求拟定的在临床常用的调查病情把握病机的诊断模式：

初诊时辨证诊断步骤：

第一步晓主诉：首先要调查了解患者最难受、最需要医生帮助解决的身体、心理上的不适体验和感受，比如痛、胀、昏、僵、麻、痒、倦、冷、热、干、汗、烦、眠、便、溲、咳、痰、涕、聋、疮、疹、出血、带下等。

同时，调查这种体验和感受有多久了，知晓不适体验感受的具体时间。这是最初对患者所具有的症状和体征的调查，是对人体整体功能状态最初的认识。

这里特别应该强调，调查了解这些症状、体征出现的具体时间，为我们深入调查了解患者功能失调状态的各种原因和条件，给出了一个时间和空间。如此我们更容易在这个特定时空状态中去探寻造成人体功能失调的原因，通过综合分析，抓准证候的病机要点。

第二步详病史：在了解有时空状态特点的主诉之后，应该进入第二个步骤，详细调查与主诉相关的各种病史资料。

这个病史资料是相当宽泛的，不仅包含诊断学中的现病史，也包含与主诉密切相关的既往病史。

其一，调查发病经过：调查了解患者自己感觉到的造成身体、心理不适的原因；或者这些不适感受在什么状况下加重或者反复。

其二，调查治疗干预：调查了解症状体征经过何种检查、经过何种治疗；检查结果如何、治疗干预效果如何等。

其三，调查体质旧病：调查了解患者年龄、性别、个体体质，经常出现的症状、体征，旧有疾病，以及妇女的经、带、胎、产情况，儿科特有病况等。

以上三项，其实是在了解主诉症状、体征基础上，列出的一个人体功能失调状态在具体人、具体时间、具体空间条件下的立体特征，为最后综合分析病机要点，提供必不可少的条件。

第三步识基础：这里所谓“基础”是指与个体气机升降、阴阳协调息息相关的饮食、二便、睡眠状况的调查。这是了解人体功能失调状态最不能缺少的病史资料。

饮食调查：了解饮食胃口的好坏、饮食之后消化情况，以及饮食的偏好、饮食规律、饮食搭配等。

二便调查：大便的排解时间、排解次数、质地软硬、排解的通畅度等；小便的颜色、次数、夜尿、通畅度等。

睡眠调查：睡眠的规律、夜眠时间长短、入睡时间、睡眠质量、梦境情况，以及午睡状况等。

这个“识基础”的调查，其实也可归入第二步详病史步骤，但是由于饮食二便及睡眠代表着人体最基本的气机升降出入、阴阳协调情况，与中医从功能状态上诊治疾病方式关系重大，因此单独列出一步作为重点调查。

第四步明当下：是指详细调查了解当下患者的不适体验和感受。

要求调查了解患者当时所能够感受和体验到的全部不适的症状和体征，特别强调需要调查了解当下在饮食、二便、睡眠方面不适的体验和感受，更要特别仔细、详尽地调查脉、舌象。

对于当下的症状和体征，特别是饮食、二便、睡眠的不适感受和体验，以及脉象、舌象的调查，往往是分析证候病机要点的重要切入点，特别需要用心调查，应该用尽望、闻、问、切的诊查手段，达到一种“见彼有病，若己有之”的仔细体察病情的境界。

第五步辨病机：通过以上四步详尽调查获得第一手资料之后，应该从代表着当下失调功能状态的症状体、征入手，结合患者主诉、病史、饮食、睡眠、二便的基本情况做出综合全面分析，重点是通过证候与原因相互联系——“审证求因”“因证互参”的综合分析比较，进而对证候在当时具体条件下的病机要点做出准确诊断。

复诊时调查了解疾病的步骤：

第一步看反应：详细调查了解患者服药和治疗的反应情况，经过治疗之后症状、体征改善与否，以及是否还有加重情况（新症状和新体征等）。

这个步骤的调查，不仅是了解治疗干预的效果，而且是对上次干预措施性质、程度等信息的反馈调查，是进一步对证候病机要点做出准确诊断和调治的重要根据之一。

第二步排干扰：即进行治疗期间的其他各种干扰因素调查，排除其他治疗，生活起居、饮食因素等对上次治疗的影响。只有排除了这些干扰因素，才能真正了解到正面的治疗干预效果，也才能为准确判断病机要点和进一步调理治疗提供可靠信息。

第三步识基础：（与初诊相同）。

第四步明当下：（与初诊相同）。

第五步辨病机：（与初诊相同）。

以上对证候病机要点的五个调查分析步骤，正是笔者汲取先生在辨证诊断中的宝贵经验，遵循着“尊重个体，收集特色病状；辨别属性，厘清证候类别；分清时限，明确证候阶段；审求证因，探寻证候条件；参照脉舌，印证当下证候；比较权衡，抓住病机要点；对待疑似，力主谨慎诊断；通盘考虑，关注眠食二便”八个辨证诊断经验，使其更能够有效地运用于现今临床工作中。

综上所述，笔者之所以在学习先生学术思想和临床经验的过程中，去深入分析中医证候的真实内涵，是因为笔者在学习和实践过程中认识到，先生针对证候状态处方用药获得良好疗效的实质，是他能够熟练根据具体时空条件之下证候所具有的病机要点进行有效治疗。

只有弄清楚了病机要点这个实质，才能真正像先生那样准确抓住病机要点，才能在临床上取得很好的疗效，才能真正把先生实在的医疗技术学到手。这也是对先生学术思想和临床经验的最好继承，是继承先生学术思想和临床经验的关键环节。

同时，笔者还不断完善先生在诊断疾病时“临证总要从容，要考虑到气候季节的变化，起居环境的影响，问病总要详尽，情志、好恶、旧疾、精力、眠食二便皆与疾病有关，均须询问清楚”的诊查疾病方法，并按照先生辨证诊断上的八点经验，拟定方便临床操作的五个诊断模式，不仅提高了临床诊查疾病的效率，也传承了先生在辨证诊断方面的学术思想。

笔者继承先生在临床工作中，重视辨证诊断，特别重视调查具体患者在特定时空条件之下的多方因素，更积极学习先生以“审证求因”“因证互参”的思维方式抓住病机要点的学术思想和临床经验，获得了理想的临床效果。笔者将继续努力继承好这笔宝贵遗产。

（二）坚持病历书写，留下更多诊籍

笔者整理先生的临床经验和学术思想，在于能够收集到大量先生生前留下的宝贵临床文献资料。因此要继承和传承好传统中医，一定要像先生那样勤于笔耕，多多记录有中医特色的诊籍，书写临床笔记、学习心得，不断总结临床经验。

在这一点上笔者特别重视向先生学习，坚持书写像先生那样有诊疗特色的中医诊籍。

笔者体会，在诊治过程中，按照先生的诊病模式撰写诊籍，首先能够让笔者更加从容地面对疾病，特别是一些疑难杂病和重病，能够给中医辨证诊断中的病机要点诊断提供更为充足的思考时间，为准确辨证提供保障。因此，自从2006年医院开始书写电子病历以来，笔者积极掌握电脑知识，努力书写完整的电子病历。到目前为止，笔者已经书写电子病历十几万份，为积蓄资料，总结经验，进一步提升中医技术创造了条件。

临证勤写中医诊籍，是笔者仿照先生诊治疾病方式直接获益的地方之一，因此笔者自己按照先生诊病模式书写中医诊籍，提升诊病效率的同时，也督促所带徒弟遵循先生全面调查了解病情诊病路子，按照笔者所拟定的诊病步骤，撰写临床诊籍，并希望这样的诊籍在之后的临床工作中得到不断完善，能够传之于后，在继承传统中医工作中，发挥好铺路石的作用。

（三）崇尚多种手段，调治病机要点

先生在施术方面的临床经验和重要学术思想，是治疗手段不拒来路，具备多种方式方法对人体各种证候病机要点状态进行有效治疗，根据证候中的病机要点，在丰富多彩的中医治疗方法中选择最为贴切的治疗方案和措施。

笔者在学习继承先生以多手段调治证候状态的临床经验和学术思想时，认真学习了《素问·异法方宜论》。经文在分别讲述从东方来的“砭石”、西方来的“毒药”、北方来的“灸焫”、南方来的“九针”、中央来的“导引按跻”之后，有一段具体使用以上五种技术的总结性论述：“故圣人杂合以治，各得其所宜。故治所以异而病皆愈者，得病之情，知治之大体也。”

作为一名合格的中医医生，应该具备掌握多手段治疗疾病的能力，应该像先生那样，在对疾病治疗上，形成一种具有多种能力处治疾病证候病机要点状态的态势。只要能够准确了解病情，从整体状态上把握住处治疾病的证候病机要点，灵活使用与其相适应的治疗方案和方法，就能治愈疾病。

笔者崇尚并继承先生本着《内经》多手段治疗疾病风格，积极丰富自己的治疗措施。

在1995年前后，笔者跟随先生徒弟温如秀老师开始学习并掌握了卓有疗效的刮痧术。1997年在医院创立中医经络刮痧专科（这一专科是成都地区的首创）。在不断钻研刮痧术的中医治病原理、使用工具、操作手法、适应病证的过程当中，笔者深刻认识到刮痧术是一个归属于中医针灸学浅表刺激皮肤络脉的刺络技术，应该在中医辨证施治原则指导之下，灵活有效地用之于临床。

不仅如此，随着刮痧术的有效开展，笔者还继续深入研究与刮痧术有关的治疗痧证的其他技术，研发同样有刺络特征的放痧术，开发出有缪刺井穴特点的多种刺络泻邪放血术。现在，这些放血术与刮痧术一起，已经成为笔者掌握的能够有效应用于临床的刺络泻邪技术。

《素问·三部九候论》在具体论述虚实补泻方法的临床运用时指出：“实则泻之，虚则补之，必先去其血脉而后调之，无问其病，以平为期。”这应该是《内经》对人体整体虚实调理治疗最基本、最全面的解释。

中医学认为，以“实则泻之、虚则补之”调理治疗疾病之前，必须有一个排解血脉、血络病邪的过程，为整体虚实状态的深度调理做铺垫。这是中医整体调理治疗虚实（乃至于寒热、脏腑经络等）证候状态，提高临床疗效必须遵循的治疗原则。

毋庸置疑，笔者现在操行的具有刺络泻邪特征的刮痧术、放血术，以出血和出血性痧疹的手段，排解血脉、血络病邪，正是本着《内经》这一最基本的整体调治原则，是一个综合性前期调治的重要手段。这一手段也秉承着先生针对证候病机要点，以多手段综合调理治疗疾病的学术思想，用之临床均收到很好的效果。

不仅如此，笔者现在积极推进的中医治未病、中医健康管理工作体系中的健康干预部分，有内服中药汤剂、丸散剂、膏剂、药膳，还有除刮痧术、放血术以外的刺络拔罐、天灸发疱、三伏灸、三九贴、揿针埋针等中医适宜技术，形成了以中医辨证施治原则为指导，刺络泻邪刮痧术、放血术为特色，内外施术相结合的综合治疗干预体系。这些都反映着先生以多手段综合调理治疗疾病的学术思想。

笔者所操行的中医刮痧术，已经得到全国同道的认可。自2006年开始到现在，连续三届被推举为中国针灸学会砭石与刮痧专业委员会委员，并在2016年被选为常务委员。2008年笔者编著的《中国民间刮痧术》一书由四川科学技术出版社出版发行。2018年在笔者的积极倡议之下，经过成都针灸学会批准，成立了成都针灸学会中医刮痧专业委员会，由笔者担任主任委员，带领30多名委员深入研究和应用有刺络泻邪意义的刮痧术。2019年由笔者主持制定了《中医刮痧疗痧法操作规范》《肌肤痧的评估判断规范与诊断标准》，已经在成都针灸学会备案，正在不断地推广和应用之中。

（四）尊重生命整体，力推健康管理

笔者于2009年中标《四川省中医药“治未病”中心健康工程项目》的研究课题，并在此基础上于2011年中标《成都地区中医健康管理体系建设方案研究》课题。这两个课题的宗旨，都在于利用传统中医的方法积极开展对疾病，特别是各类老年慢性病，甚至是重大器质性疾病的预防与健康维护。

1. 弄清治未病的实质

任何一个事物的结果，都有一个从量变到质变的过程。疾病的形成也是如此。

从整体上讲，任何疾病的发生，往往开始于疾病初期给人体造成的功能状态上的失调，只是疾病轻微量上的变化，当这个功能状态失调量不断堆积，达到相当程度之后，就会造成组织器官结构上的器质性损伤，发生器质性重大疾病，乃至于组织器官的坏死，直至死亡。

因此，及早地从人体功能状态入手维护健康，特别是从人体功能失调的亚健康状态和一些老慢病的的功能失调状态入手，积极纠正人体的各种功能失调，对于早期防治疾病具有十分重要的意义。这也非常符合传统中医所强调的“治未病”理念。

笔者认识到，先生这一套有传统中医学特色，对人体功能状态失调证候的调治，以及尊重生命整体，重视让人体顺从自然规律的养生调养、保健方法，对现今存在着的大量以人体功能失调改变为特征的亚健康状态，以及高血压、糖尿病、冠心病、慢阻肺、癌症等疾病的早期防治，具有非常明显的优势。

在课题的进行过程中，先生在“认证确、用药灵”“拯人之急”“司人之命”基础上形成的“对整体状态的养生健康观、对证候状态的病机要点观、对病机要点的灵活调治观，对疾病状态的分步治疗观”重要学术思想，对笔者产生了巨大影响。

笔者提出：当今政府倡导的中医治未病的实质，是在号召整个中医界，充分利用传统中医养生原理、原则和方法，以及中医对功能性疾病治疗的优势，开展有中医学特色的健康评估，根据中医辨证施治原则，进行多种形式的个性化健康教育，以及使用各种中医适宜技术，综合开展对人体功能失调状态有效干预的中医健康管理服务，建立起一个规范化的中医健康管理体系，并能有效嵌入到国家疾病防控工作，参与到社会的公共健康服务之中。

其重要意义，不仅在于以传统中医的养生保健和辨证施治方法，对人体功能状态，特别是各种早期功能失调状态进行有效干预，以预防疾病，特别是预防重大器质性疾病的发生，让个体恢复或维护一种顺从自然规律的养生健康状态，更能在现阶段的中医“治未病”工作中，对传统中医进行一次卓有成效的继承和传承。

2. 力推健康管理体系

在中医治未病工作中，笔者力推建立有以上概念与意义的中医健康管理服务体系。这样的观点，受到有关专家的肯定。《成都地区中医健康管理体系建设方案研究》课题获得“研究水平居省内领先”的结题评语。

课题中，笔者除了建立起中医健康管理的理论根据以外，还重视在中医健康管理体系中，构建有中医特色的健康评估、健康教育、健康干预的具体工作内容和工作程序。

在中医健康评估方面：除了遵循2009年4月9日中华中医药学会颁布实施的《中医体质分类与判定》标准开展体质辨识，更积极探索有中医治未病特点病历的书写模式，对造成各种体质、证候状态的原因和条件开展评估。比如，评估睡眠、饮食、二便、情绪性格、个人爱好、工作生活环境、起居习惯等生活细节，判断其中的健康危险因素的风险等。

在中医健康教育方面：充分利用现代科学技术的信息沟通优势，建立中医健康教育微信平台，并积极与有健康管理特色的软件公司合作，筹建健康行为干预服务团队，积极开展个性化的健康教育。

在中医健康干预方面：以中医辨证施治原则做指导，重视在准确辨证诊断基础上，使用中药内服、适宜技术外治等多种手段，针对证候病机要点开展有目的、分阶段，按步骤的综合调治工作。

3. 建立专科学术组织

笔者在中医健康管理工作体系中，推行的重视个体在自然、社会环境综合影响下形成的生命整体的健康状态，综合整体干预人体各种功能失调状态，不断让个体恢复或者维护一种阴阳协调平衡、气机升降出入正常，能够顺从自然规律的养生健康状态等核心内容，正是先生对为医之人提出的不仅“拯人之急”，更要“司人之命”重要学术思想的体现。

值得高兴的是，笔者受先生学术思想影响形成的课题研究思路，得到了业界的认可。2012年在笔者的倡导之下，在成都中医药学会正式成立了中医健康管理专业委员会。2019年3月成都中医药学会重新组建该专业委员会，由笔者担任主任委员，正式改名为“成都中医药学会中医健康管理专科分会”，让中医健康管理规范化体系建设，在成都地区有了一个新的学科建设的雏形。

（五）积极带教徒弟，传承传统中医

当笔者研究总结先生丰富传统中医特色的临床经验、学术思想时，发现这些经验和思想的形成，与先生接受沈绍九、彭香谷两位祖师爷的深刻教诲密不可分，先生执弟子礼于两位祖师爷，受益巨大。不仅如此，先生更根据自己跟师学徒时积累下的学医经验，有效指导着徒弟和学生，先生带教的学生们，特别是先生亲炙弟子白淑仪老师、温如秀老师能够很好地传承着有先生临床经验和学术思想内涵的传统中医，进而影响着作为先生嫡孙的笔者，让笔者有更好的机会继承先生丰富的临床经验和学术思想。这种传承方式能够使有着传统中医理论灵魂的传统中医技术，随着时代的进步，得到很好的继承与发展。

笔者在自己的中医实践中，也践行着先生学习、实践传统中医的过程。1980年从成都中医学校毕业之后，即拜师于先生挚友王文雄恩师门下。在恩师的指导下，也在先生夫人、笔者先祖母李霁云，以及先生亲炙弟子白淑仪老师、温如秀老师的教导下，一边实践，一边学习，从理论到实践，又从实践到理论，再到实践。即便是在1983年至1987年进入成都中医学院（现成都中医药大学）函授大学深造期间，也没有脱离这样学习实践中医的模式。这是笔者像先生那样在学习实践传统中医过程中，在中医学业上获得进步的重要原因。

在笔者学习践行传统中医的过程中，也不忘向先生和恩师学习，像他们一样给年轻医生传授学习实践传统中医的经验与体会。特别是当笔者晋升主任中医师高级职称，获得政府部门颁发的成都市名中医、四川省名中医的称号之后，积极参加四川省中医药管理局、成都市中医药管理局、成都市金牛区卫生健康委员会组织的师带徒工作。自2012年开始，先后签约带徒15人，截至2021年年底，15名徒弟均已通过政府相关部门组织的出师考核。

在带徒工作中，笔者拟定带徒的教学大纲，传授有先生特色的中医临床经验与学术思想，督促徒弟们秉承传统中医的观点，不断进行临床实践。在这个过程中，重视勤写有中医特色的中医诊籍，重视辨证诊断中的病机要点诊断，重视传统中医的操作技术与技巧，熟练掌握根据病机要点多方面处治证候、治疗疾病的方法和措施，特别传授给徒弟们富有中医刺络泻邪特色的刮痧术与放血术，使他

们成为一个有中医全科技能，以维护人体生命健康状态为宗旨的合格中医人才。

2017年笔者的儿子曾甫进（先生重孙）结婚，儿媳李韦维女士立志要跟笔者从事中医工作，与笔者正式签约成为徒弟。笔者希望儿媳徒弟认真刻苦学习传统中医，更好地继承先生的学术思想和临床经验，并更加发扬光大。

笔者现已过花甲年龄，在40多年的中医临床工作中，一直秉承家传、严遵师训，以首重继承的原则，坚持工作在中医临床工作的第一线。笔者将继续努力，继承好有先生特色的传统中医，带好徒弟，并希望能够在当今更有利于传统医学发展的大好环境之下，积极创新，建立起有传统中医特色的中医健康管理服务机制，更好地服务社会，也让具有传统中医特色的先生的学术思想，发出更耀眼的光辉。

先生学术传承图见图5。

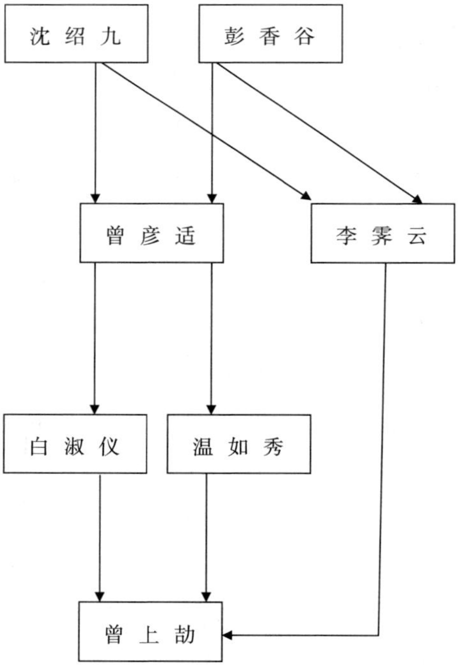

图5 曾彦适学术传承图

论著提要

川派中医药名家系列丛书

曾彦适

纵观先生30多年的行医经历，大半部分时间都工作在临床第一线，他是一个多实践、少著述的人。幸得政府发现先生有教授传统中医的能力，将先生调入成都中医进修学校。在校期间，先生需要撰写中医临床教案，这时才有时间和机会整理以前的医学笔记，总结一些临床医治重大疾病的验案，才有他带教实习学生时修改临证笔记等的机会，也才有笔者在2015年整理出版的《曾彦适医学遗稿》。

为了满足本系列丛书的编写体例，下面姑且把《遗稿》中七个部分的内容作为先生论著，撰写一个简要的有中医学术价值方面的综述，请读者参考。

一、“恒盦医学笔记”概述

“恒盦医学笔记”是先生在20世纪初，成都市著名老中医沈绍九老先生仙逝之后，跟从彭香谷老先生的临床笔记，以及收集当时各种渠道的医学知识，包括各种偏方、验方等。其间也记载着一些沈氏门派的医学见识。

“恒盦医学笔记”的写作背景以及对“恒盦”二字的解释，在《遗稿》中已经做了详尽介绍。这里只做“恒盦笔记”有中医学术价值部分的简要介绍。

“好记性不如烂笔头。”任何一门技术的学习与提升，无疑都需要反复训练，加深记忆，然后经过自身不懈实践才能获得。在这个过程中，勤做临床笔记，的确是一个非常重要的学医方法。

先生虽然天资聪慧，但是仍然精勤不倦，从开始师从沈绍九祖师爷，到师从彭香谷祖师爷，都翔实认真地做好临床笔记，这为他以后的技术经验积累、丰富多彩的教案编写、精彩的课堂教育，以及学术思想的形成，无疑具有巨大的帮助。

“恒盦医学笔记”中主要记载彭香谷老先生和沈绍九老先生在临床诊治时对先生的教导，或先生质疑请益等内容，皆为难得的精要之谈。具体内容，读者可阅读《遗稿》。

二、“恒龕问学笔记”概述

笔者于1980年正式师从先生挚友王文雄恩师之后，作为先生的长子，笔者的父亲曾远期，甚是喜悦，更是十分重视。为了更好地让笔者学好传统中医，特别亲手抄录先生的“恒龕问学笔记”手稿。这个笔记不仅有先生学医、行医临床笔记的特点，更体现着曾氏家族对继承有着沈氏、彭氏学术基因中医医学的重视。

“恒龕问学笔记”的编者按，对其学术价值有如下概括（《遗稿》55页）：

它（“恒龕问学笔记”）系祖父结合临床，在临证诊治方面请教于彭香谷老先生所做的记录。彭老的教诲阐发，具体而微，从析理到处方、用药，都言之有据，难能可贵。从该笔记的字里行间，看得出彭老先生的点拨，对先生在医学上的进步大有裨益。

不仅如此，这样的“裨益”，对我们后学也有着重大的启示作用。

三、“华阳曾彦适医学语录”概述

“华阳曾彦适医学语录”写作背景及其来龙去脉，已经在《遗稿》的编者按中做了详尽叙述。

这是一篇先生口述，并经先生妻弟（笔者的五舅爷）细心整理的手稿。本文大概的记录时间是1959年到1963年。这时的先生已经在成都中医进修学校教书，有了用中医理论较为系统地总结30多年学习传统中医，实践传统中医经验的能力。文中概括了先生在辨证施治过程中，掌握阴阳两纲的要点，以及先生治疗哮喘、麻疹、疟疾、痢疾、急慢性肝炎、闭经及胎前产后等疾病的治疗方法与观点。如此文稿，是笔者系统总结先生临床经验，特别是提炼先生学术思想的重要参考文献之一。

四、“恒龕医案”概述

“恒龕医案”是一篇由先生亲手撰写，内容翔实精当，以中医观点立论，论据条理清晰，先生自己的临证评讲文献。这应该是先生在成都中医进修学校教学时所编写的中医临证备用教材。

这篇文献的最大特色，正如笔者在《遗稿》70 ～ 71 页中对“恒龕医案”所加编者按总结的那样：

首先值得珍贵的是祖父对各种真假寒热、真假虚实的辨认方法。祖父在临证时不仅重视病患在临床上所表现的症状特征，特别是脉象、舌象的特点，更重视对造成人体各种症状体征的病史资料收集。辨证施治，审证求因，因证互参，相互配合，是祖父按照传统中医诊疗技术，抓准疾病证候的病机要点，最为关键的临证思维方法。也是祖父善于排除假象，抓准寒热虚实的实质获得良好疗效的重要途径。

在长期的医疗临床实践中，祖父形成了擅长使用温补法的特长。阅读祖父论述温补两个治疗法则，（能够）认清多种温法和多种补法的不同，还要分清具体使用温法、补法的时机，根据不同的证候病机特点，使用各种温补技巧。

祖父在其所选医案中表现出的有步骤的诊疗措施，都体现出祖父重视证候病机变化的阶段性，或先以辛温解表，后以寒凉攻里；或先以清肝泄热，后以甘温理脾和胃；或不失时机地直接使用大剂温热有毒药物，或补剂缓投，慢慢助其元气的恢复、气血阴阳的协调。祖父这些治疗技术的娴熟应用，都体现出了他从证候中掌握病机变化要点的智慧。

以上总结也正是这篇文章的学术价值所在。

本书也多受这篇文章的启发，总结先生的临床经验，提炼先生的学术思想。

五、“曾彦适临证教学医案选编”概述

“曾彦适临证教学医案选编”（简称“医案选编”）的写作背景，在《遗稿》已经有详尽介绍。其中的学术价值，主要集中在以下两个方面：

其一，“医案选编”全部是带教医案，即全部是先生指导学生，由学生记录（也有部分是先生自己记录）、先生批改的教学案例。这些案例不仅是先生精心带教学生徒弟的真实资料，而且体现了传统中医以师带徒，带教实习，传授中医技能的教学特色。这样的教学，让跟从先生实习、见习的徒弟和学生们获得了切实的临床实践体会，实为传统中医医生（师父），以师带徒形式传授传统中医可以借鉴的教学模式。

其二，“医案选编”选择的69例复诊案例，不仅可以观察到先生处治患者后的效果，而且可以观察到先生对具体病人、具体时间、具体条件下的变化用药和施术的加减。通过这些变化，读者可以更多地细细品味，深入理解先生临证时，以中医辨证施治，抓准病机要点，灵活施术，分阶段、按步骤治疗疾病的多种能力，并加以借鉴。

六、“伤寒论新讲”概述

“伤寒论新讲”是先生在成都中医进修学校时的授课讲稿。

这个“新讲”的学术价值，在《遗稿》254页的编者按中有如下论述：

历代研究《伤寒论》的文献汗牛充栋，目前大专院校的教材已经将《伤寒论》上升为《伤寒学》进行全面系统的研究和教学，较祖父当时授课的内容更加丰富和周密。然而在当时的情况下，祖父能够根据自己学习实践《伤寒论》的过程，参考谭次仲的《伤寒评志》，总结《伤寒论》中相关要点，作深入浅出的讲解，有参考可取之处。

特别是在第四部分“《伤寒论》的精义”中，从临床症状体征出发，论证《伤寒论》系统归类的证候群，总结《伤寒论》中的寒热大法，分析《伤寒论》中“三脏四变”的辨识要点，阐述《伤寒论》中排解病邪，辨证用药加减之法，最终从禁止滥用汗、吐、下法中揭示出《伤寒论》重视人命的根本宗旨。这些观点的阐发，的确能够让吾辈从中体会到作为良医治疗疾病的根本思路。

七、“曾彦适对重症温热病、阑尾穿孔腹膜炎的治疗思路讲解”概述

“曾彦适对重症温热病、阑尾穿孔腹膜炎的治疗思路讲解”的写作背景、主要内容及主要学术评述，在《遗稿》中都有详尽介绍。

下面结合《遗稿》中编者按的内容，对其学术价值做简单介绍。

1. 治疗温热病的经验介绍

该文反映先生善于把握温热病证转化要点，灵活施治，以获得理想的临床疗效。尤其是《遗稿》中反复列举的 11 岁小孩罹患高热的诊治经过总结，充分反映了先生审时度势、知常达变的辨证施治的技术水平。

2. 中医治愈肠痈（阑尾炎、穿破腹膜炎）报告

该文介绍先生坚持以中医的辨证施治理念为指导，不以“阑尾炎”“阑尾穿孔腹膜炎”这些病名为依据，而是抓住临床表现出的厥阴证候的病机要点，根据厥阴病的经方——乌梅丸拟方用药，积极治疗，获得治愈阑尾炎及阑尾穿孔腹膜炎的出奇效果。诚如先生亲炙弟子白淑仪老师所讲：“恩师遗作‘中医治愈肠痈（阑尾炎、穿破腹膜炎）报告’，实为外科急症应用中医药非手术治疗的先驱。”

3. 中医治疗阑尾炎及阑尾穿孔腹膜炎的点滴经验

该文是先生逝世前 4 个多月对治疗阑尾炎及阑尾穿孔腹膜炎的进一步讲解，具体展示了先生对该病中医辨证施治的思维过程，弥足珍贵，值得我们后学者认真研习和继承。

更为可贵的是，这篇文稿是先生留给我们的著述绝笔，也是留给我们后人最为宝贵的念想……

川派中医药名家系列丛书

曾彦适

学术年谱

时间年限	主要事项	主要学术成长经历及成就
1925年开始	跟从成都针灸名医蔡玉林学习针灸学	初受中医以及针灸学的启蒙
1932年8月至1936年1月	与夫人李霁云一道拜师于成都名中医沈绍九	尊师重道，刻苦学习中医学，夯实中医基础，累积学医笔记28册（惜已遗失）
1934年开始	在文庙前街家中悬挂“国医曾彦适内科针灸科诊所”匾牌	正式操行中医业。常利用周末时间，在顺城街安乐寺内任成都益寿善堂义诊医师；曾先后被聘为成都光华大学及朝阳学院特约校医
1936年开始	沈绍九去世之后，执弟子礼于彭香谷，潜心学医	一边临床一边请教，领悟师父中医精髓，撰写《恒盦医学笔记》《恒盦问学笔记》
1945年伏天	成都霍乱流行，先生对脾肾阳衰、津液消脱所致重症霍乱．以“附子理中汤”，甚至“三生饮”挽救危厄	获效神奇，活人无数，世间以“火神菩萨”“曾火神”誉之
1950年	逐渐从私自开业行医转向公立医院行医	任成都市中医师学筹会第二分会副主任兼督导学习委员及市第二区人民政协卫生委员会委员
1951年8月，	逐渐从私自开业行医转向公立医院行医	任成都市立第一人民医院中医门诊部内科特约医师
1955年2月	开始在公立医院执业	被聘为成都市立第一医院正式医师，后转调市第二人民医院任中医内科主任。
1958年	任成都市第二人民医院内科主任期间，专门负责诊治住院部危重患者。	处治各种诸如蛛网膜下腔出血、脑卒中后的尿潴留，还有阑尾穿孔腹膜炎等危重病症，均用中药治愈。尤其是用中药治愈阑尾穿孔腹膜炎成功案例及经验总结，实为外科急症应用中医药非手术治疗的先驱
1959年初	奉调到成都市高级中医学校兼课任教	每周讲中医医史2小时，中医内科学4小时。学员有50余人，均系成都市各医院的西医科主任或主治医师。

续表

时间年限	主要事项	主要学术成长经历及成就
1959 年 5 月	在市二医院院办的业余中医学校任教	讲中医治疗法则，每周 8 小时。学员分甲、乙两班，皆本院高、中级医师及护士等百余人。这时的先生非常重视中医教学工作，认为中医教学工作更为有意义
1961 年以后	正式从成都市第二人民医院调到成都市中医进修学校任教	主讲《伤寒论》、中医内科学等。深受学生及同道好评。完成“恒龕医案”“华阳曾彦适医学语录”“伤寒论新讲”“治疗温热病的经验介绍”“中医治愈肠痈（阑尾炎、穿破腹膜炎）报告”“中医治疗阑尾炎及阑尾穿孔腹膜炎的点滴经验”等极具代表性的著述。同时留有带领学生临床见习、实习的数十万字教学医案
1960 年起	逐渐从成都市第二人民医院奉调成都市中医进修学校任教期间	经成都市卫生局及学校选定，收温如秀为徒
1962 年起	在成都市中医进修学校任教期间	经成都市卫生局及学校选定，收白淑仪为徒

参考文献

[1] 曾上劼.曾彦适医学遗稿 [M].成都：四川科学技术出版社，2015.
[2] 辞海[M].上海：上海辞书出版社，1979.
[3] 孙广仁.中医基础理论 [M].北京：中国中医药出版社，2012.
[4] 王永炎，鲁兆麟.中医内科学 [M].北京：人民卫生出版社，1999.
[5] 王新华.中医基础理论[M].北京：人民卫生出版社，2001.
[6] 付景华.中医四部经典[M].北京：中医古籍出版社，1996.

后记

编著本书是笔者再一次深入学习先生传统中医学术经验和学术思想的过程。在此过程当中，有一股力量不断激励着笔者，就是要像先生及所有中医前辈那样，牢固掌握传统中医理论，脚踏实地地进行中医临床实践，全心全意地服务社会。同时，也让笔者有机会结合自己40年中医临床实践，对如何更好地继承和发扬传统中医学做更深入的思考。

像先生这样的传统中医医生，能够仅凭望、闻、问、切，诊查疾病的手段，有效处治疾病，甚至是疑难重病，并不在于他们把每个疾病的病原体、病灶组织、细胞等解剖病理弄清楚了，而是在于他们能够有效辨认、纠正疾病在状态上所表现出的证候偏差，让人体恢复到一种养生健康状态。即以中医学的观点从状态认识疾病，纠正疾病在人体功能状态上的各种失调，恢复有中医学意义的养生健康状态，从而获得治愈疾病的疗效。

笔者深入分析先生的临床经验及学术思想上的特点，认为先生治疗疾病能够获得良好的临床疗效，正是由于他能够很好地认清各种疾病的寒热虚实、阴阳气血、脏腑经络、六经、卫气营血、三焦等的证候状态，特别是能够很好地把握这些证候状态在不同时空条件下的病机要点，能够分辨证候的真假、轻重，然后按照“寒则热之”“热则寒之”“实则泻之”“虚则补之”等治疗原则，操行各种有效纠正偏差的治疗技术，分阶段、按步骤地进行疾病状态的调理和治疗，以实现《内经》的“不问其病，以平为期”治疗目的。如此防治疾病的意义，不仅能够缓解疾病本身给人体造成的各种痛苦和不适体验，而且能从人体功能状态上调动、激发人体自身具备的抗病能力、修复能力、协调能力，起到防治疾病（甚至是一些疑难重病）的效果，还能让人体恢复并不断维护能够顺从自然规律的养生健康状态，杜绝各类疾病的发生。

这种从人体整体功能状态上，以恢复人体养生健康状态为宗旨形成的防治疾病方式，具体机理是什么？确实向现代科学，尤其是生命科学提出了更多、更为严肃的课题，有待于我们进行更深入的研究。

可喜的是，随着科学技术的不断发展与进步，现代科学技术已经对传统中医学的生命观、疾病观有了重新的积极认识。例如，我国著名科学家钱学森教授，很早就从他擅长的系统工程理论角度认识到中医学的特点在于从整体、从系统来看问题，而且认为从人体科学的观点，中医学有许多比西医学高明的地方。中国工程院院士樊代明教授，也能够从他提出的整合医学的角度，重新认识传统中医学的价值与优势。特别是樊代明教授能够从自身的西医临床实践中认识到，传统中医的理论与技术能够解决现在西医学解决不了的问题，应该得到很好的继承和发扬。中国中医科学院针灸研究所张维波教授，运用生物流体力学原理，提出经络是组织间质中具有低流阻特性的多孔介质通道，其中存在向经脉和沿经脉的两种组织液运动及流体性约束，化学物质和物理信号可沿此通道传递，对传统中医的经络体系进行非常有意义的科学研究。这样的研究进一步证实了中医从经络体系认识人体特有功能状态并以此指导临床实践的科学性。所有这些积极信息，都无时无刻不在对操行传统中医的笔者产生着巨大的鼓舞。

不仅如此，从宏观环境分析，传统中医学受到前所未有的重视，中医药的发展问题已经纳入国家的战略布局，中医各个学科正参加着我国医疗体制改革。笔者认为，在我国医疗体制不断改革，努力把医疗工作重点推向基层的今天，传统中医能够更好地适应我国医疗体制改革的需要，能够发挥在诊治疾病、预防疾病中简、便、效、廉的优势，利用传统中医理论与技术服务社会。为了实现这样的目的，应该更好地夯实中医学基础，不仅要在中医教学方面，不断探索以学院教学与师带徒教学相结合为特点的传统中医教学模式，而且应该积极建立起能够适应中医从人体功能失调状态，以及从人体整个生命状态认识疾病、治疗疾病、维护健康，有利于中医自身特点的医疗服务体系。例如，近几年来从国家层面推出的中医“治未病”健康工程项目、中医健康管理项目等，都是在这方面积极有效的探索。

“打铁需要自身硬！”

我们这一代传统中医医生有责任，更应该有义务把传统中医继承好、传承好。以期像先生那样，具有“理熟法熟”的中医学修养，掌握“认证确、用药灵”的中医技术，完成“拯人之急，司人之命”的医生使命。作为先生的后人，更要继承好先生“对生命状态的养生健康观，对证候状态的病机要点观，对病机要点的灵活调治观，对疾病状态的分步治疗观”的学术思想，用好传统中医理、法、方、药、术，全心全意地为社会服务，为现代医学的发展努力做出自己应有的贡献。

同道们，我们一起努力吧！

曾上劼

2021 年 10 月